牧野文化研究 聂好春 —— 著

牧野名胜

李景旺 / 主编

李金玉 聂好春 / 副主编

中国社会科学出版社

图书在版编目（CIP）数据

牧野名胜 / 聂好春著. —北京：中国社会科学出版社，2021.6
（牧野文化研究）
ISBN 978 - 7 - 5203 - 8178 - 9

Ⅰ.①牧…　Ⅱ.①聂…　Ⅲ.①名胜古迹—介绍—新乡
Ⅳ.①K928.706.13

中国版本图书馆 CIP 数据核字（2021）第 054969 号

出　版　人	赵剑英
责任编辑	安　芳
特约编辑	梁　钰
责任校对	张爱华
责任印制	李寡寡

出　　版	中国社会科学出版社
社　　址	北京鼓楼西大街甲 158 号
邮　　编	100720
网　　址	http://www.csspw.cn
发 行 部	010 - 84083685
门 市 部	010 - 84029450
经　　销	新华书店及其他书店

印　　刷	北京明恒达印务有限公司
装　　订	廊坊市广阳区广增装订厂
版　　次	2021 年 6 月第 1 版
印　　次	2021 年 6 月第 1 次印刷

开　　本	710 × 1000　1/16
印　　张	21.25
字　　数	350 千字
定　　价	118.00 元

新 乡 赋

——为《牧野文化研究丛书》代序

王国钦

　　新乡，是中华文明发祥地之一，新石器时期就有先民在此活动。新乡古称鄁国，春秋隶卫，战国属魏，汉为获嘉，自隋文帝开皇六年（586）置县，至今已1400余年。1949年5月7日和平解放，1949年8月至1952年11月曾为平原省省会。其建制、区划屡更，现辖二市、四区、六县。近年来，荣获了全国文明城市、国家卫生城市、国家园林城市、国家森林城市、中国最佳平安城市、中国优秀旅游城市、中国竞争力百强城市、中国十佳和谐可持续发展城市、《福布斯》中国大陆最佳商业城市、中国金融生态城市等光荣称号。2011年，新乡成为中原经济区中原城市群核心城市之一，2016年5月，新乡成为国家自主创新示范区。

　　新乡者，古来兵家必争之乡也。战鸣条而伐无道，终夏桀而起商汤；征牧野而绾恶纣，盟诸侯而成周武——其故事众所皆知也。围魏救赵，孙膑大败庞涓于桂陵；决战官渡，曹操以少巧胜于袁绍。赵匡胤黄袍加身，大宋文化陈桥始；岳鹏举精忠报国，义军抗金十八营……新中国之初，新乡曾为平原省会，当下乃十五项国家荣誉获得者、国家二级交通枢纽、河南之省辖市、豫北经济之重镇也。其北邻安邑而南望郑汴，古都鼎立于外而内获新生。登巍巍太行乎居高而临下，瞰滔滔黄河兮达古而通今。更东鲁西晋壤接两省者，鼓双翼正翩翩奋飞也。

　　新乡者，中华姓氏主要发源之乡也。周武王赐林姓于比干之子；姜太公庇祖荫兮尊享双姓。传黄帝之师建都封父，始为封姓；有周公之子被赐胙地，胙姓见称。辉县原乃共城，姓衍共洪龚恭段；伯倏被封延津，国开曾立南北燕。叔郑封毛，后有毛遂勇于自荐；司寇捐躯，封丘长留牛父英灵。知否季？食宁，始有宁氏双雄起；且看获嘉城外，长立蒙族五姓碑……史载六十七姓源出新乡，乃海外游子问祖中原之主要热土也。

新乡者，名人荟萃辈出之乡也。英雄治水，共工怒触不周山；剖心尽忠，国神复封忠烈公。直钩垂钓，吕尚得遇文王；名士遁世，孙登长啸苏门。辅国理政，原阳一十六相；同门三宰，人杰更显地灵。张苍精通历算，《九章算术》校正功千载；邵雍发愤苦读，《梅花组诗》预言九百年。解道闲愁，古今一场梅子雨；报国歌头，北宋唯有贺方回。孙奇逢躬耕百泉，位列三大名儒；李敏修宣讲新学，力倡教育救国。嵇文甫堪称学界巨子；徐世昌保持气节暮年……知否杨贵，十春秋奋战悬崖绝壁，创造出人工天河，高扬起一面精神旗帜……古往今来，新乡人能不油然而生自豪之情乎？

新乡者，文化积淀厚重之乡也。青铜器商代铸双壁，国之最圆鼎号子龙。汲冢竹书为纪年之祖；孟庄遗址乃文化之尊。登杏坛则忆圣人风采，品《木瓜》得赏《诗经》名篇。鎏金兽头出土魏王墓；三晋贵族重现车马坑。祖辛提梁卣堪称国宝；战国铸铁窑陶范水平。竹林七贤、李白高适、苏轼岳飞、元好问、郭小川、刘知侠、刘震云等名流隐士、墨客文人，或生于斯或游于斯，皆留下千古佳话矣。成语如天作之合、脱颖而出、歃血为盟、善始善终、运筹帷幄、细柳屯兵，以及没心菜、孟姜女、相思树、香泉寺、柳毅传书、翟母进饭的传说等，亦典出新乡之地或新乡之人也。流连于仰韶文化遗址，吟咏于龙山文化遗存，可观原生之民歌民舞，可玩创新之民间剪纸，复可赏传统之民戏民居……八方来者，亦将因祥符调、二夹弦之美妙乐曲而陶然乐矣哉！

新乡者，文化名胜俊游之乡也。太公庙庇护牧野大地，君子尊崇；比干庙彰表谏臣极则，妈祖归根。武王伐纣盛会同盟山；张良椎秦名噪博浪锥。三善难尽蒲邑之美；奇兽见证潞王奢华。三石坊勒石两代；千佛塔雕佛千尊。魏长城宏伟当年，遗迹已存两千载；中药材百泉大会，海内交易六百秋。太极书院，理学渊薮成风景；关山地貌，雄深险峻叹奇观。彭了凡瓮葬饿夫墓；陈玉成铁骨傲英魂。破司马迷魂兮忆故城络丝，望鸿门夜月兮染五陵晓色；赏李台晚照兮思牧野春耕，观原庄夏景兮漾卫水金波。平原省委旧址，记录辉煌历史；文化步行新街，彰显古贤精神。天苍苍野茫茫，山顶草原跑马岭；林密密水淙淙，避暑胜境白云寺。大河安澜，六十载浩荡东流去；湿地隐秘，万只鸟栖息嬉客来。万仙山、八里沟，壮美太行秀色；七里营、京华园，韵飘人文风光……旅而游之者，能不因之而流连忘返乎？

新乡者，堪谓中原美食之乡也。农博会金奖双获，原阳米无愧第一；原产地认证独颁，金银花绽放中原。封丘芹菜石榴，明清享用宫廷；辉县山楂香稻，今已惠及百姓。黄河鲤鱼跳龙门，双须赤尾；新乡熏枣益健康，色泽鲜明。肥而不腻乎罗锅酱肉；酥香软烂者新乡烧鸡。松酥起层，缠丝烧饼牛忠喜；长垣尚厨，中国烹饪第一乡。他如红焖羊肉、延津菠菜等，均亦远近闻名也……海内愿饱口福之欲者，新乡岂非中州首选乎？

新乡者，创新更新鼎新之乡也。忆当年人民公社，曾领先时代，留几多思辨；看今日城乡统筹，再与时俱进，敢万里弄潮。刘庄群众感念史来贺，问其间几多历史传奇？无私奉献不忘郑永和，慨辉县精神敢为人先。让一段岁月流金，太行公仆碑树吴金印；造几多乡村都市，刘志华好个巾帼英雄……耿瑞先宏图大展领头雁，范海涛变废为宝担责任，裴春亮富而思源惠乡邻。电池回收换来新乡少污染，挂壁公路终使汽车进山来……尽为民服务兮感动中国，数风流人物兮还看新乡。仰先进群体兮群星灿烂，育英雄辈出兮雏凤高鸣。

新乡者，和谐奉献崇文常新之乡也。季候分明兮冬寒夏热，人民勤劳兮春早秋凉。矿藏丰富兮振兴经济，土地肥沃兮图画粮棉。人才战略兮持续强市，机械制造兮海内闻名。战略重组，产业升级，集群发展迈新步；铜管铜业，冰箱冰柜，金龙新飞两夺冠；白鹭化纤，华兰生物，产品崛起赖创新。能源汽车生物医药，数十产品领先同行列前五；神九神十蛟龙航母，核心部件与祖国同行，破茧催生新乡模式；让新乡常新，改革成就新乡精神。机遇和挑战并存兮，路漫漫其修远；牧野兼榴花火红兮，泪盈盈而沾襟。

原载 2009 年 4 月 20 日《光明日报》

2018 年 5 月 28 日修订于中州知时斋

目　　录

第一章　秀美山川

第一节　太行山（新乡段）

太行山，又名五行山、王母山、女娲山，是中国东部地区的重要山脉和地理分界线。太行山脉位于山西省与华北平原之间，纵跨北京、河北、山西、河南四省、市，山脉北起北京市西山，向南延伸至河南与山西交界地区的王屋山，西接山西高原，东临华北平原，呈东北—西南走向，绵延400余公里。它是中国地形第二阶梯的东缘，也是黄土高原的东部界线。

牧野新乡是山河拱卫之城，山河文化相互交融。山，指太行山；河，指中华母亲河黄河和新乡卫河。

太行山一名五行山，或称皇母山。在今河南、山西、河北三省交界处，东北—西南走向。《尚书·禹贡》："太行、恒山，至于碣石，入于海。"《汉书·地理志》河内郡野王县："太行山在西北。"《元和郡县图志》引《述征记》："太行山首始于河内，自河内北至幽州，凡百岭，连亘十二州之界，有八陉。"《括地志》："太行连亘河北诸州，凡数千里，始于怀，而终于幽，为天下之脊。"

明代《卫辉府志》记载：

> 太行山西南跨怀庆，北接彰德，迤逦燕云，绵亘数千里。其间峰谷岩洞，景物万状，虽名因地立名，然实皆太行也。①

---

① （明）万历侯大节纂修，卫辉市地方史志办公室点校：《卫辉府志》卷一《地理志》（第一册），中州古籍出版社2010年版，第35页。

嘉靖《辉县志》记载：

> 太行山在县志西北五十里，西南跨怀庆府界。峰麓虽各有名，总呼为太行。宋程伊川云："太行千里一块石"。①

太行山"始于怀而终于幽"，这是古人的说法，先南后北，也是从中原说起的叙事法。如果按现代地图上北下南来说，就是"起于幽而终于怀"了。我们来看太行山的山体走势，恰似个英文字母的"S"形，这飞动的"S"形，又俨然是一条昂首甩尾的巨龙。叫人想起翻江倒海的飞龙、吞风吐雾的云龙、兴云降雨的蛟龙。张衡浑天仪上的龙，古碑螭首图案的龙，也似太行山这条巨龙，它的龙首恰好在首都北京，而龙尾则连接着我们中华民族的母亲河——黄河。这是一种巧合，还是大自然的赐予？抑或是一个奇妙的"天人合一"的意象。

"天下多名山，太行居第一。""得太行而得天下。"800 里太行山，被称作"华夏龙骨"，"千里太行贯神州，沧海碧波一巨龙。"宋代著作也说："太行横亘中国，号为天下脊。"因此太行山是中华民族的脊梁。太行山总面积约 11 万平方公里，人口近 4000 万，人称"中华民族的摇篮"。

宋代范成大诗《太行山》：

> 西北浮云卷暮秋，太行东麓照封丘。横峰倒岭知多少，行到燕山翠未休。

宋代徐范诗《太行山》：

> 茫茫远树隔烟霏，猎猎西风振客衣。山雨未晴岚气湿，溪流欲尽水声微。②

明代于谦有诗《太行山》：

---

① （明）嘉靖六年刻本、张天真纂修《辉县志》卷一《山川》，《天一阁藏明代方志选刊续编》(61)，上海书店 2014 年影印版，第 18 页。

② 范成大、徐范诗见（清）康熙《辉县志》卷十七《艺文》（下）。

信马行行过太行，一川野色共苍茫。云蒸雨气千峰暗，树带溪声五月凉。①

清代道光年间《辉县志》对太行山作了描述：

太行山由县西南环绕西北，绵亘数千里，直抵于海。其在县境者百余里，距县治或四五十里、七八十里不等。西南曰驼峰，正西曰石门，曰九莲，曰紫轩巍，曰白鹿。西北曰道人峰，曰华严岭，曰双人峰，曰瘦驴岭。正北曰玉柱峰，东北曰黑麓，曰百福。随地异名，皆太行也。县北为方山，亦发脉太行，巍然突峙，为辉邑主山，一支直注东南为滑山，为共山。一支折而西南为九山，为苏门，泉水出焉，若鹿台，若鳌来，屹拱太行。②

人们习惯上把太行山分为三段，即北太行（河北部分）、西太行（山西部分）和南太行。河南境内的部分为南太行，新乡正处于南太行的核心位置。

南太行长185公里，穿越安阳、鹤壁、新乡、焦作和济源5个地区，海拔在2000米左右。南太行正处在太行山南部"S"形拐弯处，南方来的暖湿气流在这里受到高山峡谷的阻隔，形成迎风坡雨，降水充沛，植被发育好。相比北太行，南太行降水更为丰沛，人类对山体开发更为悠久，为旅游开发提供了重要的旅游载体。太行山脉多东西向横谷，自古就是交通要道，商旅通衢。古时有著名的"太行八陉"，为交通要道。南太行既有北方山之雄伟，又具有南方水之灵秀。

河南省科学院地理所所长冯德显非常深情地说：

太行山，把最美的一段给了河南。③

---

① （明）万历侯大节纂修、卫辉市地方史志办公室点校：《卫辉府志》卷一《地理志》（第一册），中州古籍出版社2010年版，第35页。

② （清）道光《辉县志》卷四《地理·山水》，《中国地方志集成·河南省府县志辑》(17)，上海书店2013年版，第528—529页。

③ 聂作平：《太行山把最美的一段给了河南》，《风景名胜》2016年第8期。

作家聂作平说：

> 南太行是八百里太行山最美的一段，它是太行山这曲乐章的华彩段落，是太行山这首长诗的诗眼，是太行山这个美丽女子的锦瑟年华。[①]

第二节　黄河（新乡段）

黄河，中国北部大河，全长约 5464 公里，流域面积约 752443 平方公里；世界第五大长河，中国第二长河。

黄河新乡河段位处黄河下游上首，西与焦作市武陟县接壤，东与濮阳市濮阳县毗邻，流经平原示范区、原阳、封丘、长垣三县南界，长 174 公里，流域面积 4558 平方公里，占全市总面积的 49.5%，其中滩区面积 797 平方公里，为河南省最大，占河南省滩区面积的 44.3%；滩区人口最多，共 76.12 万人，占河南省滩区人口的近 60%；滩区迁建人口 15.98 万人，占河南省滩区迁建人口的 53%。其间有黄河一级支流天然文岩渠汇入，原阳至封丘河道系明清故道，距今有 500 多年的历史，两岸堤距 5.5—12.7 公里，河道宽、浅、散、乱，主流摆动频繁，为典型的游荡性河段；长垣河道形成于 1855 年铜瓦厢决口改道后，仅有 150 多年的历史，两岸堤距一般 5—20 公里，最宽处达 24 公里。

历史上，该区域灾患严重，为黄河下游河道变迁最为频繁的河段之一。在黄河下游 26 次大改道中，决口地点直接发生在这一地区的就有 8 次。

黄河新乡河段高于地面 20 米，为典型的游荡性河道，具有泥沙淤积严重、槽高、滩低、堤根洼、泄洪不畅、主流摆动频繁，以及极易发生斜河、横河，危及堤防安全的突出特点。同时，该河段还囊括了黄河下游河道的五项之最：最宽的河道断面——长垣大车集至山东阎潭闸堤距 24 公里；最大的临背悬差——封丘曹岗险工临背悬差达 10 米；最大的河道横比降——长垣马寨断面横比降达 3.85‰；最多的滩区人口近 52 万，约占

图 1-1 毛泽东题：没有黄河就没有我们这个民族

（作者拍摄于郑州黄河博物馆）

黄河下游滩区总人口的近 1/3、河南黄河滩区总人口的 1/2；最大的蓄滞洪区，包括滩区、倒灌区、滞洪区和分洪区等总面积达 2473 平方公里。另外，该河段也是黄河北决灾患损失最严重的区域之一。因此，注重历史经验的总结，充分运用现代科学技术手段，科学治河，是实现"让黄河成为造福人民的幸福河"① 的最佳抉择。

太行山把最美的一段留给了河南，黄河把最秀美的滩涂给了新乡，新乡成了太行山和黄河的"宠地"②。

黄河滩区环境优美，气候适宜，依托饲草丰富的资源优势，滩区群众大力发展牛羊饲养。黄河滩区的绿色奶牛养殖带和自然景观，是中原城市群沿黄"大外滩"的重要组成部分，故称"小外滩"，是人们观光休闲、回归自然的理想之地。原阳是"鱼米之乡"，水塘遍地，水边鸡鸭叫，水中有虾鱼。尤其是黄河百里长堤，堤旁水塘成片，片片相连，垂钓者络绎不绝，十分惬意。

滩区公路建设日新月异，如原阳滩区道路幸福路等"三横七纵"逐步由规划变为现实，路网密度日益提升、结构日驱合理，"连横合纵"目

---

① 习近平：《在黄河流域生态保护和高质量发展座谈会上的讲话》（2019 年 9 月 18 日），《求是》2019 年第 20 期。

② 魏国剑：《新乡——太行和黄河的"宠地"》，《大河报》2011 年 4 月 12 日第 10B 版。

标初现。为落实习近平总书记关于黄河流域生态保护和高质量发展重要讲话精神，加快沿黄生态带建设、方便群众生产生活、拉动区域经济增长当好了先行、打好了基础。

随着郑新融合上升为全省战略，沿黄区域的区位优势和发展潜力日益凸现。目前，新乡市力争把沿黄生态带打造成为集产业发展、生态观光、文化旅游、休闲农业于一体的经济综合区、休闲度假区。

第三节　卫河（新乡段）

卫河是新乡的母亲河，新乡境内共 75 公里，像一条玉带穿城而过，润泽了牧野大地，养育了一代又一代朴实勤劳的新乡人。

图 1-2　新乡市卫河

（作者拍摄）

卫河源自百泉，百泉为"卫水之源，引以灌田，其利甚溥"①。"卫河即百泉之水，自县西而南流，至新乡县合河镇入丹河，河宽七八尺至一丈不等，深五六尺不等。"②

①　（清）道光《辉县志》卷七《渠田志》，《中国地方志集成河南省府县志辑》（17），上海书店、巴蜀书社、江苏古籍出版社 2013 年版，第 575 页。

②　（清）道光《辉县志》卷七《渠田志》，《中国地方志集成河南省府县志辑》（17），上海书店、巴蜀书社、江苏古籍出版社 2013 年版，第 576 页。

卫河是明朝初期后的称谓。在隋代以前，卫河叫清水河，是一条自然河道。隋炀帝大业四年（608）兴修隋唐大运河，卫河就成了永济渠的一段。北宋期间卫河被称为御河，可见其当时的重要地位。明初期后改称卫河，是因为卫河的源头在卫辉府辉县，流经整个卫辉府，又在天津卫入海，因此名之为卫河；还有一个说法，流经地区大部分是春秋时期卫国的领地，因而得名。

卫河是海河水系五大河之一，发源于太行山南麓，流经新乡市、卫辉市、浚县、滑县、汤阴县、内黄县、清丰县、南乐县和山东省、河北省到天津市入海河，全长914公里，流域面积1.52万平方公里。在20世纪60年代以前，一直是华北平原的重要内河航道。通常所称的卫河，指新乡县合河乡到山东省临清市之间的河段，长347公里。昔日卫河航运发达，水产丰富，风光旖旎，它促进了南北经济繁荣和文化交流与发展，兼有航运、灌溉、饮用水、排涝、美化环境等几大功能。卫河以自己甘甜的乳汁哺育了人民，是造福于民的幸福河，也是新乡人民的母亲河。①

第四节　大运河（新乡段）

大运河新乡段河道基本上是现在新乡境内的卫河，即隋唐大运河永济渠的一部分，全长100多公里，历史上一直是华北平原重要的航运河道，而且是目前河南境内唯一一段可以看到的大运河河道。② 大运河已被列入2014年《世界文化遗产名录》，成为中国第46个世界遗产项目，共有运河沿线8省市35个城市的遗产点和河道参与，新乡也正是这35个城市其中之一。

新乡境内的运河就是现在的卫河，为隋唐大运河永济渠重要的一段。

卫河在战国时被称"清河、清水"，《水经注》载："清水出河内修武县之北黑山"，"黑山在县北白鹿山东，清水所出也"。"其水沥涧飞流，

---

① 参见岳庚寅、张晓红《千年运河》，《新乡日报·人文牧野》2018年4月13日第5版。

② 参见王元黎《隋唐大运河永济渠新乡段的历史变迁》，《华北水利水电学院学报（社科版）》2013年第6期。

清冷洞观，谓之清水矣。"① 因其为山泉水，清澈透明，与混浊的黄河水形成明显的对比，故名"清河"，现新乡至卫辉段的河道，基本是历史上的清水河。

永济渠开凿于隋大业四年（608），隋炀帝"发河北诸郡百余万众，引沁水，南达于河，北通涿郡"。其工程不全是重新开凿，主要是在东汉建安年间所开挖的白沟（今卫河）基础上进行疏浚、扩宽和改建的，引沁水而南通黄河，北与清、淇二水相接。该河流经武陟、新乡、汲城、黎阳（今浚县）、临河（今滑县）、内黄、河北省大名、山东省临清，向东北流至天津，再西北顺永定河逆水而上，到达涿郡（今北京西郊），全长两千多公里，形成了以洛阳为中心，以永济渠（今卫河）为纽带的北方航运大通道。

清光绪三十年（1904）后，道清、京汉铁路通车，卫河航运受到影响，水运事业日渐萧条。

中华人民共和国成立初，政府加大了卫河航运的管理，卫河航运开始复苏。至 20 世纪 50 年代末，卫河又迎来了一次航运的短暂黄金时期。据记载，1958 年、1959 年是卫河航运之顶峰期。当时行驶在卫河上的拖轮，可拖带 15 只船，载重量 1200 吨，拖带长度 250 丈，俨然水上火车。随着公路铁路的兴起，运输功能逐渐被替代。1966 年卫河水源枯竭，航运停止，成为排污地下水、承泄退坡水的季节性排涝河道。

卫河在历史上对两岸工商业的发展，曾起过重要的促进作用，它是豫北人民的母亲河。新乡市、卫辉市就是因卫河而兴盛的城市。新乡之所以能成为中原重镇，成为中原最早发展近现代工业的城市，在很大程度上取决于卫河的航运交通。卫河现在虽然丧失了航运功能，但其在文化、生态和旅游功能上日渐显现出强大的作用。

第五节　百泉（辉县市）

百泉位于河南省辉县苏门山南麓，总面积 3.4 平方公里，因湖底泉眼无数而得名，又因泉水自湖底喷涌而出，累累如贯珠，故名"珍珠泉"，

① 陈桥驿：《水经注校证》卷九，中华书局 2013 年版，第 212 页。

又名"捌刀泉"。① 又因"在苏门山下，泉通百道，故名百门泉"②。泉水甘洌，清澈见底，志书上有"甘泉之父"的称谓。百泉之名，最早见于《荀子·儒效》篇，武王伐纣"朝食于戚，暮宿于百泉"。1963 年被公布为河南省第一批文物保护单位，2001 年公布为第五批全国重点文物保护单位，国家 3A 级旅游景区。

百泉是河南省最大的、保护最好的古园林建筑群。素有"中州颐和园""北国小西湖"的美誉，景区内主要有百泉湖、卫源庙、苏门山、碑廊、啸台、清辉阁、邵夫子祠、安乐窝等 50 多个景点。

百泉湖开凿于商代，成熟于唐宋，完备于明清，已有 3000 多年的历史。历代名人在此游览、隐居，留下了无数赞美百泉的诗词歌赋。众所周知的魏晋时期的孙登，北宋时期的邵雍，大文学家苏轼，南宋岳飞，元朝王磐，明末清初孙奇逢以及清乾隆皇帝，留下啸台、安乐窝、饿夫墓、三碑亭、清晖阁、卫源庙、孔庙、邵夫子祠等名人遗址。

百泉历经开凿，清乾隆十五年（1750），绕岸砌石，成一长方形泉湖，湖中心有一条青石板铺成的小径，曲曲折折，将湖中的亭阁小桥联在一起。钓鱼亭、湖心亭、南大厅、下马亭、课桑亭、涌金亭、喷玉亭、灵源亭、错落有致地点缀在湖畔，独具匠心地玉立在湖间，玲珑秀丽，煞是好看。

今日的百泉湖，风光绮丽，景色宜人，湖水碧波荡漾，清澈纯净。湖畔刚复修的喷玉、灵源、放鱼、下马、诸亭延湖而立。北宋文学家苏轼在涌金亭中挥毫疾书"苏门山涌金亭"6 个大字，著名爱国将领冯玉祥 1928 年所建的湖心亭中高高矗立的"人民百泉"碑，镂刻着百泉饱经沧桑的履历。始建于元朝的清晖阁，古柏环绕，绿柳婆娑。

第六节　宝泉（辉县市）

河南宝泉旅游度假区位于新乡辉县市薄壁境内，属于典型的峡谷生态

---

① （清）道光《辉县志》卷四《地理·山水》，《中国地方志集成河南省府县志辑》（17），上海书店、巴蜀书社、江苏古籍出版社 2013 年版，第 530 页。

② （明）嘉靖《辉县志》卷一《山川》，《天一阁藏明代方志选刊续编》（61），上海书店出版社 2014 年版，第 19 页。

观光景区，总面积 110 平方公里，是国家森林保护区，国家级重点生态公益林和太行猕猴保护区，年平均气温 10 度左右，气候宜人，空气清新。

清代道光《辉县志》记载：

> 宝泉在县西七十里风门山半腰，自石窦流出下注石池，可鉴毛发。至岩畔悬流瀑布，或被长风自岸下吹卷，水皆倒扑岸上，白日晴空，飞雨骤至，亦奇观也。旧为明少保李戴别业，今属宝泉寺。①

今天的宝泉景区是由 20 世纪 70 年代宝泉水库改造而来，《辉县市志》记载：白云寺西约 10 公里即为宝泉沟。过去野兽出没，人迹罕至。其山势险峻，原始、自然、粗犷、神秘，称作"神沟圣地"。辉县人民在此兴建宝泉水库（设计库容 1 亿立方米）和水电站（装机容量 1 万千瓦）。电站上方即是潭头瀑布，25 米宽，约 300 米落差，最大流量 2500 立方米/秒，"上吻黑龙潭，下倾白龙潭，似玉龙飞腾，一泻千仞，壮美奔放"②。

宝泉景区以水为特点，打造一峡（游龙峡）、四谷（宝泉谷、叠翠谷、天瀑谷、飞虹谷），展示一瀑一谷的自然奇景。有见龙瀑、翡翠潭、飞龙瀑、跃龙瀑、飞虹桥、双龙瀑、凌云台、百鹿湖、奇石走廊、吸水灵石、五连瀑等 100 多处旅游景点，一步一景，一景一奇。其中见龙瀑落差达 320 米，瀑布最大流量可达 3000 立方米/秒，似云龙飞腾，气贯如虹。翡翠潭碧绿无瑕，明丽如画，潭水荡漾，犹如人间仙境。游龙湾曾荣登《中国国家地理》封面，峡湾蜿蜒，山崖瑰丽，碧水横溢。

景区内高山林立，峡谷万丈，森林繁茂，水源充沛，涧潭、瀑布、凉亭密布，保留着让人叹为观止的灵山秀水和原始美态。这里集雄、秀、奇、幽于一体，揽山、水、林、洞于一身，专家赞誉"贵在原始，美在天然"，人称"中原小九寨"。

---

① （清）道光《辉县志》卷四《地理·山水》，《中国地方志集成河南省府县志辑》（17），上海书店、巴蜀书社、江苏古籍出版社 2013 年版，第 531—532 页。北魏郦道元《水经注·淇水》："验其山有石窦，下深数丈，洞穴深远，莫究其极。"隋代江总《入龙丘岩精舍》诗："风窗穿石窦，月牖拂霜松。"苏轼《巫山》诗："石窦有洪泉，甘滑如流髓。"

② 辉县市史志编纂委员会编：《辉县市志》，中州古籍出版社 1992 年版，第 134 页。

第七节　八里沟（辉县市）

八里沟风景名胜区位于新乡市辉县，包括三个游览区，即八里沟游览区、天界山游览区、九莲山游览区，隶属于新乡南太行旅游度假区，总面积109平方公里，属典型的南太行风光，是国家5A级旅游景区、国家地质公园、自然猕猴保护区、河南省著名风景区、河南省十佳景区。她荟萃了太行山水精华，集奇、险、俊、秀、幽于一谷，号称"太行之魂、中华风骨"，被园林专家誉为"亚洲一绝"。

2020年1月7日，八里沟景区被国家文化和旅游部批准为国家5A级旅游景区。

处于太行山与华北平原结合部，为北亚热带向暖温带过渡区，属暖温带大陆性季风型气候。八里沟生物资源丰富，森林覆盖率达90%，年平均气温12℃，每立方厘米空气中负氧离子超过5000个，有"天然氧吧"之誉。

山门广场面积1万平方米，有"一湾碧水、两溪交汇、三组古建、四峰罗列、五岭环抱"的自然人文奇观。一湾碧水、两溪交汇指的是八里沟与西莲沟的两条溪流在此处汇流成凤凰湾。三组古建指的是由桥头堡、二仙桥、山门服务楼组成的汉唐建筑群和明清建筑的八里沟大酒店以及太行石屋式建筑。三组古建从时代上层层推递和谐过渡到八里沟的原始自然风光。四峰罗列指的是山门广场四周的睡美人峰、凤凰峰、佛掌峰、狮子峰等四座奇峰和五岭环抱指的是外围的关山、老爷顶、九莲山、抱犊山和玉屏山。

八里沟游览区包括桃花湾、红石河、猕猴区、玉皇宫、羊洲地五大景点，有山体观音、玉皇宫、马五神像、钟山九佛、石人迎客、老子布道、一线雄关、黑龙潭、天河瀑布等多个景点。其中八里沟大瀑布源于海拔1500米自山西流来入境的红石河，落差170米，最宽20多米，最小时也有5米。河水流经这一带的深沟飞流直下，形成排山倒海之势，直落千丈，激起数米高的冲天水柱和浪花。

八里沟早在远古时期就是共工氏等原始部落的重要活动区域。自魏晋以来，这里就已经成为好山乐水者的寻幽探胜之地，文人雅士纷纷前来，或卜地隐居，或观光游览，留下了众多的韵事佳话。抗日战争和解放战争时期，太行山区是八路军和解放军革命斗争的重要根据地，众多的革命领袖都对这片山、这方水留下了深刻的印象。

第八节　万仙山（辉县市）

万仙山景区位于河南省辉县市西北部太行山腹地，隶属于新乡南太行旅游度假区，距郑州市 150 公里，距新乡市 70 公里，总面积 64 平方公里，最高海拔 1672 米。这里群峰竞秀、层峦叠嶂、沟壑纵横、飞瀑流泉，既有雄强而苍茫的石壁景观，又有妙曼而秀雅的山乡风韵，集雄、壮、奇、幽、峻为一体。景区由中华影视村——郭亮、清幽山乡——南坪、人间仙境——罗姐寨、佛教圣地——三湖四个分景区组成。1990 年被确定为"省级风景名胜区"，2003 年被评审为省级地质公园。2005 年被评审为国家级地质公园，国家 4A 级旅游景区，是著名的旅游、避暑、休闲胜地和影视、写生基地。

万仙山有四大龙洞：黄龙洞、白龙洞、红龙洞、黑龙洞；四大崖梯：续梯、天梯、猴梯、寨门梯；四大奇石：日月星石、龙鳞石、神龙石、鸳鸯石；四大古寨：汉王寨、铁打寨、罗姐寨、蔺相如寨。

万仙山四季四景，应时变幻：春，花团锦簇，嫩饰赤岩；夏，绿漫峰峦，山丹点缀；秋，云高天蓝，红叶尽染；冬，雪填沟壑，冰挂高悬。万仙山没有商业泛滥的喧嚣，没有精雕细琢的人造景观，没有时尚开发的硬伤。仍然保留着浑然天成，仍充盈着洪荒野气，让人在跋涉的喘息中融入自然。

走进万仙山，住农舍，食农家饭，闻炊烟袅袅，瞧百年老宅，看蓝天白云，听瀑鸟合鸣，走林间小道，吸太行氧吧，坐石凳弈棋诵诗，临景挥笔，泼墨丹青，可领略时光倒流，归返原始的韵味。走进万仙山，森林浴、生态游、观日出、赏明月、登石梯、攀崖壁、探洞穴、濯清泉、认草药、拾蘑菇、品山泉甘甜，尝山果纯香，凭吊山寨墟址，发思古之幽情，看影视村天然外景，听村民讲拍摄趣闻，平添几分游乐，几分游兴。

自秦汉以来，万仙山上就有人家。光武帝刘秀被王莽追杀时，曾路过此地；北宋杨家将西征时曾在这里扎营，一个个古寨的寨墙、遗址依然残存，流传着许多故事和传说。20 世纪 80 年代，万仙山撩开神秘的面纱，著名导演谢晋在这里执导《清凉寺钟声》，题写了"太行明珠"，于本正导演在这里执导《走出地平线》，先后有《倒霉大叔的婚事》《战争角落》《举起手来》《天高地厚》等 40 多部影视剧在这里拍摄外景。郭亮村被誉为"华夏影视村""中国第一影视村"。

万仙山俊秀的景色，吸引着众多书画家、摄影家前来写生、采风。中央美院、广州美院等 100 多所艺术院校把万仙山定为写生基地，每年有数万名学生在这里临景习作。五龙啸聚洞天含涎孕灵气，万仙飘临云底奇石萌秀色。万仙山景色独特，山高气爽，气温与山下相差 6℃，盛夏季节，山下酷热难挡，山上清凉如秋。

万仙山道路顺畅，景区宾馆设施齐全，尤其是家庭旅馆别具特色，已成为各界人士旅游、避暑、休闲胜地和影视、写生基地。

第九节　关山（辉县市）

新乡关山国家地质公园（风景名胜区），位于太行山南麓辉县市上八里镇境内，面积约 34 平方公里，是国家级地质公园。

景区以红石峡、石柱林为代表，堪称"太行至尊灵水世界，华夏第一滑塌奇观"，集南太行水体景观和滑塌峰林这一独特的地质地貌于一体，融飞瀑流泉、清溪幽潭、石奇崖秀、峡险苔鲜、群柱耸峙、峰林竞秀、云海飞渡于一身，构成完整的风景体系，是南太行壮美与柔美的典范。

关山国家地质公园位于南太行山的弧形转折端，因此处有"一夫当关，万夫莫开"楔状关隘。适夕阳当关，紫霞劲射，辉煌耀目，人称"紫霞关"。此关始于春秋战国之前，至明代，历史上此关一直为兵家必争要塞，关山由此得名。高达 250 米的天柱，矗立在万仞绝壁之上，如擎天玉柱；山崩形成的逍遥苑，崩塌巨石东倒西歪，犹如一群醉汉；地裂形成的一线天，长达 2500 米，最窄处仅 20 厘米，双壁对峙，雄险伟岸。崖顶的两棵龙凤松风姿绰约，相趣成欢；250 万年水蚀切割形成的红石峡，丹崖碧水、潭瀑成串；仰望十字岭，俯瞰老爷顶，赏九峰山风光，观八里沟全景，是站在观景台上的切身感受；千百年来，古人采矿留下的百宝洞遗迹，在南太行山地区实属罕见，洞内纵横交错的洞庭与洞腔，支洞与暗穴犹如一座天然的地下迷宫，置身其中，流连忘返。

据说张良原阳博浪击秦后，隐居在关山的一条沟里，即张良沟也就是盘古河，苦读兵书，韬光养晦，得关山山水之灵性，终于厚集大成，后来辅助刘邦，成就了一段佳话。孤峰山上、张良沟内与张良有关的历史文化遗处：子房宫、藏书阁、抚琴台、奕台、驸马坟散落其间，以张良为背景的历史传说故事民间广为流传。

有人撰联称赞关山国家地质公园：

岩重崖叠铭志海陆变迁太行史卷，山崩水蚀雕塑峰石奇观绘北国画廊。

关山是一处自然条件优越，旅游地质资源丰富的地质公园，它的自然风景资源具有综合性、多元性的特征。由山岳、水系、植被、动物等组成了关山系统完整的风景体系，具有相当高的科学与美学价值。

第十节　天界山（辉县市）

天界山风景区位于辉县市西北部 25 公里的太行山深处，与八里沟景区交错相依，总面积 20 平方公里。这里山体险绝，翠林密布，文物有存，农户坐落，置身其间令人心旷神怡。天界山有名是因为老爷顶。"老爷顶"，素有"小华山"之誉，为省级文物保护单位。

老爷顶位于辉县市回龙村境内，海拔在南太行不是最高，有 1657 米，但号称太行第一峰。传说道教的创始人老子在此修炼，并最终成仙，辉县人一般称神仙人为老爷，山也叫老爷顶了。又因老子常乘紫色云团在高山上飘行，故老爷顶又叫紫团巍或青峰巍。还因与千里之遥的湖北武当山对峙，故又叫北铁顶，有"南金顶，北铁顶，南顶在武当，北顶在太行"之说。

登上天界山，可南眺黄河九曲回肠，北望太行千峰竞秀，东观林黛层峦叠嶂，西瞩白云缥缈不断，仰望太行晴天红日，俯视足下峻峰长川，它集奇、险、秀、幽于一山，融自然景观、人文景观为一体，给人一种超凡脱俗、飘飘欲仙的感觉。1990 年，经河南省园林专家评定，正式称此景为"亚洲一绝"。

回龙天界山风景区还有龙口瀑布、张沟流泉、太行猕猴群等珍贵景观。长期以来，太行新"愚公"张荣锁，率领全体村民，辟山凿洞、修道架桥，完成了一个又一个举世罕见的人选险工，创造了鬼斧神工的人间奇迹。回龙景区不仅开辟成为独特神奇的观赏胜地，也形成了内涵深厚的"红色"旅游。

第十一节　九莲山（辉县市）

九莲山景区位于河南省新乡市辉县上八里镇松树坪村，属太行山南麓，景区总面积 20 平方公里，毗邻八里沟、关山、回龙、王莽岭、锡崖沟景区。

九莲山因其九座山峰酷似一朵盛开的莲花而得名。清道光《辉县志》记载：九莲山"在石门口内西北，上有九峰形如莲花，故名。东山名'东莲'，因'西莲'得名，路皆石磴，甚险"①。九峰突兀而起，在中间围成一座几千平方米平台，称"九莲台"，古人曾留下"八卦山修正果，九莲台悟真谛"的名句。

西莲峡山水观光游览区——主要自然景观有天门口、九莲潭、天壶瀑布、天梯等。九莲潭绿水"静幽"，天壶瀑"气势如虹"。天壶瀑布下，聚水成潭，潭边崖壁陡峭，环境静幽，竹丛中一美妙少女抚琴，以琴抒心；巨石上一男子舞剑，以剑明志，一幅古代文人墨客，士子佳人，人琴合一图，形成以"天人合一"为特色主题的人文自然谷底游憩空间。

小西天民俗信仰游览区——小西天主要景观围绕西莲寺呈放射状，以富有民族色彩的信仰习俗等非物质文化遗产项目展示、展演、展现为主题特色。主要有西莲寺、东莲寺等。西莲寺保留着许多民俗信仰事象。其中"写帐"信仰习俗传统而又悠久，时间集中而又规模大。2008 年，省民俗专家首次在九莲山发现这一古老的信仰习俗"帐书"。这一奇特的文化现象被专家称为"三神"，即神奇、神秘、神圣。在民间早就有"写帐在中

---

① （清）道光《辉县志》卷四《地理·山》，《中国地方志集成河南省府县志辑》（17），上海书店、巴蜀书社、江苏古籍出版社 2013 年版，第 529 页。

原,交帐在西莲"的说法。目前,帐文化已引起众多民俗、非遗、美术、书法、文字、舞蹈等各类专家和学者的极大兴趣,国内各类媒体也对帐书文化现象进行了广泛、深入地报道,"九莲帐书"已被新乡市政府列入非物质文化遗产保护名录。

录辉县市张玲诗一首:

深山古寺是西莲,瀑鸣溪唱猴跳涧。

报晓金鸡引颈歌,迎客玉兔卧山巅。

珍贵青檀根抱石,洁白山菊崖壁悬。

救帝桑树枝叶茂,新近云梯惊且险。

仙人指路达崖顶,香绕古寺磬声远。

王莽岭峙刘秀城,西汉故事连景点。

第十二节　秋沟(辉县市)

秋沟景区位于辉县市南寨镇境内,距辉县市区50公里,总面积24平方公里。景区山高林密、峡谷壁垂、潭瀑繁多、怪石洞穴,古庙传说、神奇天然石缸(冰臼);春桃花烂漫、夏冰穴奥秘、秋红叶山果、冬冰挂雪松。被誉为"人间仙境,世外桃源",是休闲、度假、观光、避暑、写生绘画之胜地。

秋沟三步一潭、五步一瀑,景观绮丽,旅游景点繁多,景区内红岩绝壁、裂纹横竖、似刀劈斧削,如仙似兽,造型奇特,山区风貌至今仍保留着原始自然特色。

景区内常年活动着太行猕猴、金钱豹、野獾、野猪、野兔、山鸡、苍鹰等几十种野生动物和飞禽,有"天然动物园"之誉;各种花草树木上百种,中草药近千种,又有"植物王国"之称。尤其是这里的山桃树之多、面积之大,可谓太行山之最,故春赏桃花、秋观红叶,是景区的一大亮点。

特别是新近发现的大量古海洋动植物化石和神奇的天然石缸、冰穴等奥秘莫测、千古之谜无人知晓,又成为景区新的亮点;人文景观有古老的寺庙和迷人的传说,是一处自然景观和人文景观相映生辉,淳朴的民风民俗与太行风情兼备的景区,成为人们回归自然、向往原始山野风光的目的地。

第十三节　齐王寨（辉县市）

齐王寨是巍巍太行山中一个风景秀丽的小村落，位于辉县市南寨镇境内，西邻山西省陵川县，西北毗邻山西省壶关县，亦称"两省三县交汇处"。距辉县市区 45 公里，辉陵公路贯穿其境，交通便利，四通八达。景区内高低错落 50 余座山峰，最高海拔 1654 米。由于景区的自然保护意识，使得这里真实地保留了不事雕凿的原始风貌，浑然天成的自然景色，引得游人流连忘返。

2003 年初夏，著名导演冯小宁被这里的淳朴自然风光深深感染，遂率剧组到这里成就喜剧大片《举起手来》，并欣然命笔，留下了"白龙梦水齐王寨，太行奇山天柱沟"的题词。齐王寨景区又成了一座天然的"影视城"。

道光《辉县志》记载：

> 齐王寨在侯兆川西北，层山复岭之中，梯路数十丈，越寨再上梯路，为壶关界，连山四障，土肥水甘，居人数家。①

齐王寨的名字，相传始于秦初。公元前 221 年，秦军攻下齐国都城临淄，齐国灭亡，齐王建被贬黜百泉。城破之时，齐王的小儿子被人乘乱救出后隐藏在此，长大后乃自称齐王，欲复国报仇。如今，与当年有关的齐王楼、齐王宫、练兵场早已难寻踪迹，唯有这个地名，倔强地把那段历史传说至今。齐王寨留下无数脍炙人口的传说和相关遗址。"齐王瀑布"，一明一暗，相对倾尽亘古绝唱；"响泉""梦泉"，一南一北，回荡历史足音，述说千年夙愿。

第十四节　苏门山（辉县市）

苏门山，位于有"中州颐和园"之称的百泉北侧，在辉县市百泉镇

---

① （清）道光《辉县志》卷四《地理·关隘》，《中国地方志集成河南省府县志辑》（17），上海书店、巴蜀书社、江苏古籍出版社 2013 年版，第 528 页。

百泉风景区内，属于太行山的一道支脉，海拔仅有 184 米，与碧波荡漾的百泉湖交相辉映，形成了一处美丽的山水风景区。

嘉靖《辉县志》记载：

> 苏门山在县治西北七里，一名百门山。巅有大方石，存仙人迹三字。晋嵇康、孙登行至半山闻有鸾凤声。宋邵康节结庐受易于李之才，即此山也。元好问诗："烟景独觉苏门多"。韩准诗："苏门第一流"。①

古人砍柴为樵，取草为苏。苏门山西侧有一座山，称凤凰山，两山对峙如门，苏门者，即"樵苏者入山之门也"。也因山前有百泉，故也称百门山，它北连太行群岭，南吐清泉，满山翠柏，一片葱绿，祠宇亭台，点缀其间，奇异有趣，真实验证了唐代诗人刘禹锡的诗句："山不在高，有仙则名。"阴阳学家说苏门山"藏龙卧虎"，是难得的风水宝地。自古以来，这里也确实藏过"龙"，卧过"虎"。西周的共伯和，好行仁义，施政有方，代王行政 14 年，归来逍遥自得，隐居苏门山；秦始皇灭六国，把齐王田建软禁在苏门山中，直至饿死；晋代孙登隐居苏门山。

苏门山系太行山支脉，与百泉并誉。海拔约 180 米，背依崇山峻岭，俯临碧波清流，山上翠柏茂密，许多古迹掩映其间，景色奇异有趣。山顶有啸台，是魏晋时孙登隐居长啸处。孙登字公和，号苏门先生，土窑居之，夏则编草为裳，冬则披发至腹，善长啸，好易读，扶一弦琴，人见之与语不应。有村人将其高高抬起抛入湖中，观其怒，登从水中爬出，大笑而去。"竹林七贤"中的嵇康曾从游三年，问其所图，终不答。山腰有孔庙一座，建于明成化年间，清宣统二年增"戟门"和"子在川上"石坊。山右角有一院落，绕以周垣，表以重门，院内树荫蔽日，碑碣林立，名曰"安乐窝"，是宋代理学家邵雍的故宅和讲学处。下有长生洞，东有"饿夫墓"。

苏门山因历代有众多名人志士、文人墨客在此驻足挥毫，使其在全国众多的名山大川之中占有一席之地。这里曾诞生了北宋五子之一、著名理

---

① （明）嘉靖六年刻本、张天真纂修《辉县志》卷一《山川》，《天一阁藏明代方地选刊续编》(61)，上海书店 2014 年版，第 17—18 页。

学家、一代易学大师邵雍和明末清初中国三大儒之一的著名学者孙奇逢。妖娆妩媚的山光水色，又曾吸引了不少历代名人志士到此隐居、游览和讲学。如晋代的高适、孙登以及"竹林七贤"；唐代诗人贾岛、画家吴道子；宋代文学家苏东坡，理学家周敦颐、程颢、程颐；金代诗人元好问；元代中书令耶律楚材、许衡、姚文献；明代的唐寅、黄辉、魏允贞；清代的乾隆皇帝、郑板桥等。他们面对迷人的青山碧波，触景生情，或赋诗作文，或泼墨作画，留下了珍贵的墨宝。今天的百泉风景区，各类碑刻多达350余块，省级以上重点文物保护单位8处，市级以上45处，一般的文物保护点则更多，使百泉成为一个丰富多彩的艺术宝库，拥有很高的历史、科学、艺术价值。

第二章　寺庙道观

第一节　比干庙（卫辉市）

比干庙位于河南省新乡市下属的县级市卫辉市。比干庙是全国重点文物保护单位，著名的文物旅游景点和游览胜地、寻根圣地。

明代《卫辉府志》记载："殷比干庙在府城西北十五里。魏文帝时因墓立庙，唐贞观中修葺，大明洪武四年重建。成化元年，知县卢信奏入祀典。年来屡经修葺，岁久倾圮。万历十五年，知府周思宸撤而新之，周围墙垣易土以石，翰林萧良有为记。"①

比干是我国历史上第二位以死谏君的忠臣，第一个以死谏君的忠臣是夏朝末年长垣人关龙逄。

比干，殷商末年沫邑人，"纣诸父，为少师"，谏而三日不去朝，被纣王剖心。关龙逄，故里在今长垣恼里镇龙相村，夏末宰相，针对夏桀的暴行，献黄图死谏，立而不去，被夏王所杀。后长垣人建"双忠祠"，将关龙逄和比干一同纪念。不得不说，长垣人是相当厚道的。民国元方诗一首赞关龙逄：

> 死谏开先第一人，千秋从此解批鳞。
> 空言盛世能旌善，坯土何曾表直臣。②

在近年来的宣传中，将比干说成是"第一位以死谏君的忠臣""亘古第一忠臣"的说法再三出现，我们不能因为比干宣传影响比较大而罔顾

---

① （明）万历《卫辉府志》卷五《祠祀志·坛庙》。
② 宋广民主编：《长垣古代名人传》，中州古籍出版社 2017 年版，第 9 页。

历史史实。

2019 年 6 月 5 日和 6 月 13 日，《河南法制报》"回望历史：追寻中原古代法制文明系列报道"之 21、23 分两次连载了《河南法制报》记者马国福《关龙逢：死谏开先第一人》（上、下）的文章，提出：武死战，文死谏，是中国古代士大夫为国尽忠的最高境界。多少文官犯颜直谏，用生命书写忠臣义士的不朽篇章。在我国历史上，开死谏先河的当属夏朝的关龙逢。关龙逢（前 1713—前 1620 年），夏朝末年大臣，一生中经历了夏廑、孔甲、夏皋、夏发和夏桀五朝，曾在夏发和夏桀执政时期出任宰相，是夏末有名的两朝元老，也是中国历史上第一位因进谏忠言被杀的宰相。

乾隆有一首《黄葛篇》诗，将龙逢和比干并提："则那魏征不愿为龙逢比干，而愿为稷契皋夔。"① 乾隆帝的思想和魏孝文帝、唐太宗李世民有相通之处。乾隆帝尚且没有忘记关龙逢，我们当然也不能忘记关龙逢的存在。

其实，比干庙大门和照壁南面比干塑像下面的比干简介还是比较客观的：比干"是我国在历史上因进谏而遭剖心的亘古忠臣"，没有轻易下"第一"的结论。

比干庙坐北朝南，古建筑规模齐备，历史文化积淀丰厚，现占地 400 余亩。庙内碑刻林立、花木扶疏，苍柏遮顶，为游览观光提供了幽雅的环境。主体建筑有比干庙牌坊、比干文化广场、丹心牌坊、神道、长福广场、照壁、山门、仪门、木枋、碑廊、拜殿、大殿、石坊、墓碑亭等，大殿后以阴阳墙相隔留存有巨大的"天葬墓"。古碑廊内保存有大量历史文化珍品，真草隶篆等各类字体的历代名人石刻千姿百态。墓前古亭残碑上镶刻着"殷比干莫"四个字，据说为孔子剑刻遗迹，为孔子传世唯一真迹。北魏孝文帝"皇帝吊殷比干文"素与龙门二十品齐名，乾隆御碑为乾隆帝遗世唯一一通正楷碑，林氏姓源碑为研究林氏起源、分布、社会演变提供了重要实物。庙内的"没心菜""天葬墓""孔子剑刻碑"为比干庙留下了众多美好动人的传说，"开心柏""平冠柏""板柏""没心菜"其景物本身也构成了千古之谜。

---

① 转见霍德柱：《比干庙古碑刻解析》，中州古籍出版社 2015 年版，第 60 页。

历代官祭和民祭形成了丰富的祭祀习俗。祈福避禳、求财问禄，浓郁的财神信仰，经久不衰，香火鼎盛。每年农历的四月初四，海内外比干后裔、林氏儿女纷至沓来，拜谒先祖、传承家风，使比干精神得以光大发扬。2007 年，比干祭典被列为河南省首批非物质文化遗产。比干诞辰纪念活动已日渐成为河南著名的活动文化品牌。

卫辉人魏青铓女士《民国汲县今志》记载了一些比干庙的史实：

> 比干墓在县城北十五里，高十余丈，周二十余丈，石阙书"殷太师比干之墓"七字，墓前即比干庙。庙内古柏参天，封碑巍峨，不亚曲阜孔林，后殿三楹，规模宏敞。像做古衣冠，甚为庄严。墓上有无心草，今移植盆中。比干事迹，详史记殷本纪。武王克殷，崇封其墓。后魏太和十八年，魏主拓跋宏，自邺南巡过墓，有吊比干文，立碑祠下。唐太宗亲征辽左，路过殷墟，追赠比干为太师，谥曰"忠烈"。申令郡县，封墓葺祠。置守冢五家，以少牢时享。著于令甲，刻之金石。

关于"殷比干墓"是否为孔子亲自刻写，魏女士在总结各家观点后说：

> "此四字为后人所书，几成定论。"但有人"仍竟称为孔子书者，诚不知其何据"。"孔子因故临河而叹，可见未曾渡河，故汲县境内，凡历来相传之孔子击磬处，及世俗附会之南子墓、卫灵公墓，均齐东野人之语。又汲县县治，前在汲城，东魏始于陈城，侨置州郡，遂为后世迁治之昉，沿革甚明，亦不容惑乱也"。[①]

有人评论，魏青铓的《民国汲县今志》不同于一般的方志，摒弃溢美之风，实事求是，考证严谨，不妄言滥语。笔端感情饱满，辛辣恣肆，颇有豪气。其第十九章《名胜与古迹》介绍汲县的山川之美和人文之盛，灵动优美，如散文一般。

---

① 魏青铓：《民国汲县今志》第十九章《名胜及古迹》。

第二节 白云寺（辉县市）

白云寺位于辉县市区西约 30 公里处的薄壁镇白云寺国家森林公园景区内，太行山脉南端白鹿山下，原名白茅寺，又称"梦觉寺""大觉寺""白鹿寺"。

明嘉靖《辉县志》记载："白鹿山在县治西北五十里，内建僧刹，花竹奇丽，巅有泉水，流灌蔬菜，石似鹿形，故名。"① 清康熙《辉县志》记载："白鹿山在县西北五十里，内建僧刹，林木森郁，石窦滴泉，汇而为池，流灌蔬圃，亦胜景也，山有石似鹿形，故名。"②

白云寺创建于唐朝高宗年间，距今已有 1300 余年的历史，总占地面积 21.4 万平方米，为西北太行山区建筑最早、规模最大、保存最完好的佛教寺院。因乾隆皇帝江南巡视，莅此题有"白云自在"的匾额而闻名遐迩。1963 年，河南省公布寺院内的宋代五百罗汉碑和普照大禅师石塔为第一批省级文物保护单位。1986 年，河南省人民政府公布为省级重点文物保护单位。2006 年，白云寺被国务院批准列入全国第六批重点文物保护单位。

寺院坐北朝南，现存主要建筑有山门、天王殿、大雄宝殿、左右配殿、东西陪楼、东西厢房、钟鼓楼及地藏王殿等。现存大殿为明代建筑，其余为清代建筑，但许多构件仍保留有明显的唐宋风格，大殿内的清代壁画、彩绘及各部件的雕刻实为一流精品。

寺内现存重要文物主要有：宋碑一通，元代石塔两座，宋、明时期砖塔四座，明、清碑刻 21 块。另外还有宋代银杏树 6 株，金沙、银沙古泉两眼。

白云寺不仅是历史悠久的佛教文化圣地，而且是革命纪念地。1943 年冬，八路军太行第五军分区皮定均司令员在白云寺组织了前线指挥所。1947 年 9 月 15 日，太行七专署将辉县师范学校建在白云寺，亦称"白云寺师范"，学员数百名，为解放战争培养了大批的优秀干部。1949 年 2 月

---

① （明）嘉靖《辉县志》卷一《山川》。
② （清）康熙《辉县志》卷六《山川》。

14日辉县县城解放，学校迁入城区，白云寺又成为革命遗址纪念地。

白云寺作为名扬中原的千年古刹，先后接纳了数以百计的、来自四面八方的学者、名流和官宦的光临，留下了大量的诗赋与匾额。

金末元初文学家元好问，在金政权灭亡后避乱河南，曾在辉县西北大山中隐居十余年。期间在白云寺时，与众僧一道建造灵塔，撰写塔铭。号称"百泉居士"的明代著名学者、思想家李贽，曾在辉县做教谕，期间曾游览白云寺，畅游赋诗。明代另一位著名学者李濂（1488—1566），河南祥符（今开封市）人，写下了《游白茅寺记》散文一篇，成为研究白云寺历史的珍贵文献。清初，白云寺名播京城，引起了乾隆皇帝的神往。乾隆十五年（1750）九月，特意游览白云寺，留下了不朽诗篇，题写的"白云自在"匾额，成为寺院的荣耀。民国初年，袁世凯隐居辉县，在白鹿山一带修建山庄，期间和徐世昌等人曾频频光临白云寺等名刹。

古寺藏名山，钟声白云里。竹林葱葱，云海茫茫。高僧似云，灵塔如林。"豫南名山在石人，豫北寺院在白云"是白云古寺的口碑。

第三节　香泉寺（卫辉市）

香泉寺在卫辉市西北霖落山上，明万历《卫辉府志》记载：

> 霖落山，在县西北三十五里，近郡诸山，独此最称幽胜。重峦叠巘，瑰特千状。古木奇石，森立四围，中有香泉寺。[①]

香泉寺始建于北齐天保七年（556），在战国时期魏安釐王行宫旧址上所建。元代诗人王恽有诗云：

> 东山削出翠芙蓉，西壑谽谺贮雪风。人说魏王曾避暑，殿基犹是旧离宫。[②]

隋大业五年（609）重修，唐、宋、金、元、清历朝均有石刻、雕

---

① （明）万历《卫辉府志》卷一《山川》。

② （明）万历《卫辉府志》卷一《山川》。

像。它虽没有嵩山少林寺那样远近闻名，但是它在豫北地区却大有名气，素有"豫北第一古刹"之称。香泉寺石窟于2013年入选第七批全国文物保护单位。

图2-1 作者带领学生考察香泉寺（2014年8月22日）

香泉寺依山势分建为东、西两个寺院。两寺之间被一条劈山救母沟划开，隔溪相望，别有洞天。东边有唐开元年间雕刻的千佛洞石窟，是唐代佛教石刻艺术的优秀代表作品，为省级文物保护单位。千佛洞旁有一眼泉水和水池，池中泉水甘凉清香，旁边石壁上雕刻着"香泉"两个大字，上有篆书"潞国亲笔"，可以印证是明代驻藩卫辉的潞王的墨迹。旁有吴道子麻姑观音画像碑，栩栩如生。依山路上行，有卧羊石，为香泉寺八景之一。山路尽头有一处自然山洞名为洗心洞。这里曾是印度高僧那连提黎耶舍在6世纪中叶创建的我国有史可查的第一座麻风病院——疠人坊的遗存，这里是我国佛教史上的第一个慈善医疗机构，素有佛教"小西天"之称。

香泉寺西部是寺院的主体，根据明重修香泉寺记碑上的描述，原有山门、钟鼓楼、尊胜佛塔（又名安禅师塔、千佛塔）、稠禅师殿及配殿、稠禅师石塔、玉皇殿、古佛殿、地藏菩萨殿等。经过上百年的破坏，特别在抗日战争期间的破坏，已面目全非。现存的稠禅师殿仅为莲花柱遗迹。

稠禅师是名闻天下的嵩山少林寺的第二代住持，也是少林武术的开创者，他在北齐文宣帝天保七年（55）离开少林寺，在巡游讲学途中来到霖落山，见此地景美水甘，就选定为建道场和自身圆寂的福地。据此算来，稠禅师在此居住了25年。其间一定有许多不为人知的传奇故事需要有识之士挖掘整理。①

寺后为霖落山，山上有眺月台、狮子崖岩、舍身崖等景观。登顶望远，空旷无际，使人尘念俱寂，犹如置身仙境。

"香泉水响"为卫辉八景之一。另有"香泉八景"，分别是：佛洞烟霞、古塔凌云、凉台玩月、涧水涛声、竿山叠翠、乳岩寒流、香泉甘洌、炉山夕照。②

第四节　武王庙（获嘉县）

武王庙位于获嘉县城东 3 公里。因武王伐纣牧野大战前八百诸侯于此设坛誓师而得名。1986 年 11 月公布为河南省第二批重点文物保护单位。

获嘉"东峙同盟，西环清水"；"四野平坦，左夷右隆"。乾隆《获嘉县志》记载："同盟山在县东北五里，相传武王伐纣与诸侯同盟于此。有武王庙，山下旧有太公校阅台、演武场。"③

乾隆《获嘉县志》还记载："出东门五里峈然有阜，高而大者曰同盟山。相传周武革殷不期而会诸侯八百，为坛誓师。"④

《重修周武王庙碑记》载："邑之东北七里许有土岗。韩诗外传：周武王伐纣之时大会孟津，戊午渡河，遂于此观兵焉。故左有校阅台，右有饮马泉。"

民国《获嘉县志》记载："武王庙在县东七里，始建未详，元末毁于兵。明景泰七年邑人桑仲礼建，年久庙圮。"⑤ 康熙、道光、民国年间重修。

获嘉至新乡道路（G234）路旁有周武王塑像和明嘉靖辛亥（嘉靖三十年，1551 年）秋卫辉府获嘉县立"周武王同盟之山"指路碑，由此向里通往武王庙。

武王庙修建于高高的土岗之上，土岗便是所谓的同盟山。同盟山前有"周武王同盟之山"碑，为明正德九年（1514）立。山门前高高的石砌台

① 王胜昆编著：《卫辉怀古》，河南人民出版社 2015 年版，第 92 页。

② 魏青铦：《民国汲县今志》第十九章《名胜与古迹·霖落山》。

③ （清）乾隆《获嘉县志》卷二《山川》。

④ （清）贺振能：《重修武王庙记》，乾隆《获嘉县志》卷四《祠祀》。

⑤ 民国《获嘉县志》卷四《祠记》。

阶，登上建筑群所在平台。武王庙为坐北朝南中轴线对称形式的古代建筑群。自南至北依次有山门三间，二门一间，拜殿三间，后殿三间；拜殿前两侧有东西厢房各三间；大殿东侧有配殿两座各三间；后殿东西两侧有配殿各两座，各三间，共有主要建筑30余间。武王大殿为单檐歇山九脊造，绿色琉璃瓦盖顶；台基为须弥座式；建筑结构为明代风格。武王大殿上有"敬胜传心"四字。

除武王大殿外，庙里有周武王饮马池、唐槐、神源（原为牧誓园）、封神堂（原为归心堂）以及不同历史时期大量碑刻等。

武王庙山门檐柱对联引人注目：

积善累仁卜年七百，安民除暴同德三千。

庙山门内有清康熙五十九年（1720）《重修同盟山碑记》、道光八年（1828）《重修周武王庙碑记》、道光十四年（1834）《重修周武王饮马泉碑记》等碑刻。

庙中有参天唐槐。唐槐旁边墙壁上有获嘉县文化局所镶石刻《唐槐传》记载：唐槐为唐乾元元年（758）代国公郭子仪栽植，取怀慕武王兴周之意。大历十三年（778），郭子仪儿子郭暧携代宗四女升平公主车驾临同盟山，抔土施水，立栅护槐，因此唐槐亦称"子仪槐""金枝槐"。但唐槐前标志碑解释唐槐俗称"三心二意树"，古唐槐三杈，从根部不同方向生长，传为武则天随唐高宗去泰山封禅路过获嘉手植。

多山居士《题武王庙内唐槐》：

吊民伐罪事已空，落日荒台动秋风。
八百诸侯今何在，独留乔木恨无穷。

武王庙西有睎景门，睎，望也；眺望、远望；有怀想古昔之意。"睎景门"三字为苏轼所题。两侧有对联一副："览古明古以古鉴今知三才之道，赏景识景此景喻人晓八昧人生。"① 睎景门内两侧碑刻林立，极具史

① 三才：指天、地、人。《易·说卦》："是以立天之道，曰阴曰阳；立地之道，曰柔曰刚；立人之道，曰仁与义，兼三才而两之，故《易》六画而成卦；分阴分阳，迭用柔刚，故《易》六位而成章"。

料价值。

睎景门西有神源（原为牧誓园），大门两侧有对联："牧野大战武王率军举誓地，宁邑聚师，诸侯联兵结盟台。"左侧有碑刻录顾炎武句："武王伐纣，盟于获嘉"；右侧为赵孟頫录周公《无逸》篇，极具欣赏价值。

第五节　文庙（新乡市）

新乡市文庙位于红旗区人民政府院内。

文庙又称"孔庙"，即"孔子庙"，也称"学宫"，是纪念中国伟大思想家、教育家孔子的祠庙建筑，传统的中国城市都有文庙，在历代王朝更迭中又被称作夫子庙、至圣庙、先师庙、先圣庙、文宣王庙，尤以文庙之名更为普遍。其中南京夫子庙、曲阜孔庙、北京孔庙和吉林文庙并称为中国四大文庙。中国、朝鲜、日本、越南、印度尼西亚、新加坡、美国等国家分布着 2000 多座孔庙，其中中国国内有 1600 多座，而国内保存较好的孔庙只有 300 余座，列入国家重点文物保护单位的有 21 座。

乾隆《新乡县志》记载：新乡市文庙在北宋神宗赵顼熙宁六年（1073）"庙随县废"[1]，说明宋之前有文庙，但是具体什么时候建的，"唐以前无考"，很有可能是唐太宗时期所建。

宋哲宗元祐四年至五年（1089—1090），邑令李久在原址重修，有讲堂、斋室、庖厨等 40 余间。

金大定八年（1168）又建大成殿，不久毁于战乱。

元至顺二年（1331）重建大成殿，复毁于兵。

明洪武三年（1370）复建。明英宗天顺元年（1457）知县杨清重修大成殿、两庑、文昌祠，立戟门、棂星门、新明伦堂，时习、日新二斋，有库室、会馔堂、射圃亭。明弘治五年（1492），知县李全，邑义官臧荣修棂星门，易木以石。弘治七年（1494），知县王统增修大成殿。嘉靖十三年（1534），知县邹颐贤建尊经阁。隆庆四年（1570）知县张范建启圣祠。万历十三年（1585）邑人梁问孟葺学舍五，号榜以仁义礼智信，为

---

[1]　（清）乾隆《新乡县志》卷十一《学校》（上）。

屋 25 楹。万历二十年（1592），邑人梁问孟、邑令卢大谟修名宦乡贤祠，扩旧制各为三间。名宦有宋元明清卫辉府知府、知县、教谕 15 人，乡贤有五代周户部尚书吕咸休等 39 人。万历二十一年（1593），知县卢大谟修大成殿。崇祯四年（1631），知县刘文才修尊经阁。

清乾隆《新乡县志》给我们描述了一个清代中期文庙的景象：

> 学宫在县廨之东南，其制大成殿居中，五楹；东西两庑各七楹；前为戟门三楹，东西为耳门。门前为泮池，池中有石桥；又前为棂星门三楹，旧楹础皆以木为之，后易以石。东西为圣域贤关，二坊中为屏墙，东为儒学坊，入为驰道，为学门；门之后为敬一亭，为启圣祠，门之西折而北为明伦堂五楹，正当圣殿之后堂。前为神库三楹，后为教谕宅，为文公祠。学宫之东为尊经阁三楹，阁前东为名宦祠三楹，再前为魁星楼，西为乡贤祠三楹，再前为忠义孝悌祠三楹，前有坊，节孝祠亦如之，在东南角学宫稍远。①

文庙自宋元祐年间重建后，金代、明代和清初曾屡次扩建、重修，计建有大成殿、东西廊庑、棂星门、戟门、崇圣宫、明伦堂、泮池等。今仅存大成殿、明伦堂旧址。新乡文庙大成殿建筑结构严谨，木构件粗大，是市内仅存的庑殿顶建筑，至今还保留元代建筑的实物和构件，这在河南地区是极为罕见的。明伦堂系学宫建筑之一，建于宋末、历经宋、金、元、明、清多次修葺与重修。

新乡文庙有"大观圣作碑"，亦称"大观碑"，内容是北宋末年宋徽宗颁布的诏书，即"御制八行八刑条例"，宋徽宗赵佶撰文并书写，尚书左仆射门下侍郎（宰相）蔡京题额，并由当时的书法名家、书学博士李时雍摹写上石，立于全国各地。因由皇帝撰文并书写，因此称"圣作之碑"。额的上部及碑两侧刻有"二龙戏珠"和花草组成的图案，碑体高大，刻工精细。还有《重修新乡县儒学记碑》及《重修文庙记碑》等残碑若干。新乡文庙 1986 年被列为河南省第二批文物保护单位。

---

① （清）乾隆《新乡县志》卷一《图说》。

第六节　学堂岗圣庙（长垣市）

学堂岗圣庙位于长垣县城北 5 公里的满村乡学堂岗村东，2016 年被河南省人民政府公布为河南省第七批文物保护单位。

据史料记载：此地为孔子聘列国与四弟子（子路、曾皙、冉有、公西华）弦诵于此，故曰"学堂岗"。又载"岗极高"，"平广突兀，近岗土皆赤色"。

该庙始建于汉，唐、宋渐盛，元遭兵火无存，明天顺三年（1459）重建，经明、清两代数次增修，逐渐成为豫北规模宏大的豫北名胜。

清同治年间知县葛之镛撰《重修儒学记》记述：长垣为先圣讲学之地，"圣庙之建，肇自西汉，迄今二千余年，薄海内外，俎豆莘莘"①。

圣庙坐北面南，占地十亩。山门上方高悬一匾，上书"圣庙"二字。主体建筑有：戟门、棂星门、大成殿、碑亭、杏坛亭、深造堂等。

春秋时孔子和子路、曾皙、冉有、公西华四弟子周游列国。一次路过蒲城，到城北小岗村一带，忽然下起了大雨，师徒 5 人暂住下来，并在此讲学 7 天。空闲时，便与四弟子言谈各人的志向，了解他们治理国家的才能。此处又称"四子言志处"。子路任蒲宰时曾于此建草堂。俗称"北杏坛"，为古蒲八景之一。

圣庙的主体建筑为大成殿，大成殿两旁有两门，曰"春风""化雨"。大成殿有孔子塑像，粉金饰玉，盘膝抚琴，安坐其中。素有"圣人琴自己鸣，关夫子勒马听琴声"的传说。与此相关的是，在圣庙东南隅，有关帝庙，庙内有关夫子勒马侧耳聆听琴声的塑像。工匠陈海、崔旺等夜闻琴瑟之声，清越盈耳，"足证当时灵胜"。

第三庭院有杏坛碑亭，杏坛左右有"问志亭""咏归亭"，后改为"展才亭""鸣琴亭"。第四进庭院有深造堂，是办学讲课的学堂。深造堂两侧又有二斋，曰"成德""达材"。

民国二十二年（1933）、民国二十三年（1934），黄河两次决口，大成殿、深造堂等多处被冲塌。后被逐一修补，并于庙院内外栽植杨柏 118

---

① （清）同治《增续长垣县志》下卷《艺文志》。

株，"以壮观瞻而昭圣迹"①。

民国时期，整个学堂岗圣庙"庙貌宽广，形势巍峨，碑碣林立，惟大成殿前二碑光璧如鉴，古柏参天，大可数围。每值春际，白云缭绕，绿荫相映，望之俨如山庄，允称名胜之地"②。

中华人民共和国成立初期，庙宇、柏林犹存，后失于保护渐废。现仅存杏坛亭和碑刻数通。

第七节　吕祖阁（卫辉市）

卫辉吕祖阁又称"白云阁"，位于卫辉市城郊唐岗村。始建于盛唐，重建于清康熙二十二年（1684），曾多次修建。据传是吕洞宾脱凡升仙之宝地。

魏青铿《民国汲县今志》有白云阁条：白云阁又名"吕祖阁"，在县城西关外，分为两层，上层颜曰"白云阁"，下层颜曰"脱凡洞"。清康熙年间分守道田庆曾所建。大殿供吕纯阳像，汲人辄扶乩于此，后夹壁上有石刻风雷符及吕纯阳卧像，香火尚盛。③

吕纯阳，字洞宾。在民间，吕洞宾是一位与观音菩萨、关公一样妇孺皆知、香火占尽的人物，他们合称"三大神明"。唐宋以来，他与铁拐李、汉钟离、蓝采和、张果老、何仙姑、韩湘子、曹国舅并称为"八洞神仙"。在民间信仰中，他是八仙中最著名、民间传说最多的一位。

吕祖阁具有典型的清代早期建筑风格，总面积3万平方米。2016年公布为省级文物保护单位。齐名于北京白云观，有"北有白云观，南有吕祖阁"之盛誉。

中轴线上的建筑主要有：戏楼、山门、拜殿、前殿、脱凡洞、白云洞，东西厢房4座和6座东西配殿。吕祖阁正殿坐北朝南，其三层，阁有三层，高15米，雕梁画栋，宏伟壮观。有卫辉知府白涛题"白云阁"匾额悬置三层。

---

① 民国《长垣县志》卷二《坛庙》。

② 民国《长垣县志》卷三《名胜》。

③ 魏青铿：《民国汲县今志》第十九章《名胜及古迹》。

卫辉吕祖阁山门前门两侧的对联很是超凡脱俗：

古庙无灯凭月照，山门不锁待云封。

门楣上刻有狂草四字，因岁月沧桑，已很难辨认。似："云外仙界。"

民国学人阮汝潜 1915 年游历卫辉，撰有《卫辉游记》，详细记载了游吕祖阁的经历。[①]

民国总统徐世昌祖居河南卫辉府，曾和当时吕祖阁的道长相交甚厚，空闲时就会在一起聊上一番。吕祖阁前的大殿门口就留有徐世昌的一副对联，也是很大气、涤心：

看破红尘修炼几千载称神真仙缘，邯郸黄粱一梦四十年将相虚富贵。

石牌坊上的两副对联把人们带入了一个神奇世界：

绿水青山一幅图画天赐巧，仙风道院千年灵瑞地呈祥。
池水盘环喜见鸢鱼嬉戏，岗峦堆叠伫看龙凤呈祥。

第八节　关帝庙（红旗区）

关帝庙位于新乡城里十字东大街北侧，建于元至正年间（1341—1368 年），明万历、崇祯，清康熙、乾隆年间相继重修。

乾隆《新乡县志》记载："关帝庙在东门内，正殿五楹，拜殿三楹，舞楼三楹，东西并有耳门。元至正间建，万历崇正间先后重修。"康熙三年（1664）建春秋阁，有香火地一顷七亩，位于王村。[②]

关帝庙，是为了供奉三国时期蜀国的大将关羽而兴建的。

关羽（161—220），本字长生，后改字云长，河东郡解县人（今山西运城），雅号"美髯公"。早期跟随刘备辗转各地，于白马坡斩杀袁绍大

① 劳亦安辑：《古今游记丛钞》第二册"卷之八·河南省"，上海中华书局民国十三年（1924）版，民国二十五年（1936）再版。

② （清）乾隆《新乡县志》卷二十四《祠祀》（上）。

将颜良，与张飞一同被称为万人敌。关羽去世后，逐渐被神化，被民间尊为"关公"，又称"美髯公"。历代朝廷多有褒封，清代奉为"忠义神武灵佑仁勇威显关圣大帝"，崇为"武圣"，与"文圣"孔子齐名。《三国演义》尊其为蜀国"五虎上将"之首，毛宗岗称其为《演义》三绝中的"义绝"。

但是，关羽牺牲初年，人们对他的态度是相当淡，以至在他去世40年后的景耀三年（260），才被刘禅追谥为"壮缪侯"。

乾隆《新乡县志》记载：在募修关帝庙春秋阁时，说"吾邑旧有汉前将军关壮缪侯庙"①。

1915年，为提倡忠武壮烈精神，将关羽与岳飞合祀，关帝庙又名"关岳祠"。正殿供关云长和岳飞神位，两旁分列汉代至明清时期安邦定国的著名将领24位。东列：张飞、王濬、韩擒虎、李靖、苏定方、郭子仪、曹彬、韩世忠、旭烈兀、徐达、马胜、戚继光；西列：赵云、谢玄、贺若弼、尉迟敬德、李光弼、王彦章、狄青、刘锜、郭垲、常遇春、蓝玉、周玉吉。均木主，红底金字，祭日岁以春秋分后第一戊日，祭品用太牢，礼节与丁祭同。② 丁祭又称"祭丁"，为祭孔之礼。清顺治二年（1645）定制，每年春、秋二祭，均在仲月上丁，故称"丁祭"。

关帝庙坐北朝南，庙内现存建筑有戏楼、拜殿、正殿3座，计13间，占地面积2000平方米，戏楼面阔3间，10.8米，进深7米。重檐歇山顶，顶覆盖灰色小布瓦和蓝色琉璃瓦，戏楼中间正下方辟为山门，两侧还各造有耳房若干间。拜殿面阔5间15米，进深6.6米，悬山卷棚顶，上覆灰色筒、板瓦。正殿面阔5间15米，进深7.5米，单檐歇山顶，上覆绿色琉璃瓦。

关帝庙院内存有《重修关帝庙碑记》，明崇祯七年（1634）立。现碑已断成两截，下截字迹已毁，上截字大半可辨。文中记有李自成农民军在新乡活动情况。③

---

① （清）乾隆《新乡县志》卷二十四《祠祀》（上）。

② 民国《新乡县续志》卷二《祠祀》。

③ 新乡市红旗区史志编纂委员会编：《红旗区志》，生活·读书·新知三联书店1991年版，第370页。

新乡关帝庙大部分木构件仍保持元代建筑风格，三座主建筑基本上保留了原貌，是新乡市现存最早的一组古建筑群，是市级重点文物保护单位。

第九节　大觉寺（延津县）

大觉寺，古称"上乘寺"，始建于唐天宝年间（724—755）。明洪武年间置僧会司，宣德元年（1426）僧定元重修。因旧址重建，大殿内供奉如来，如来以宏慈大愿，摄爱众生，以己之大觉，归众生正觉，故该寺以"大觉"名之。

明嘉靖《延津县志》记载：大觉寺在"县治西北，唐建。国朝洪武中置僧会司，宣德元年僧定元重修古塔一座。赵子昂（孟頫）《长明灯记》一通。僧固建寺，同名"①。

明代邑人李戴在《鼎建大觉寺白衣观音阁记》中说："吾延城中有大觉寺，古刹胜槩也，居邑之西北隅。"②

明代延津人屈可伸曾撰《重修大觉寺记》："延于古今为战地兵燹之所……而（大觉）寺顾巍然独存，赵松雪（孟頫）所为书《长明灯记》其石至今犹雄庞敦固，如虎豹虬，挏立于山门之间。"③

在今大觉寺正殿前有一石碑，此碑立于明成化二十二年（1486），礼部听选监生王秉撰文。该碑位于大殿之前侧，与赵孟頫《长明灯记》分立神道两旁。碑面剥蚀严重，已难辨识，幸而博物馆藏有拓片，故能抄录而明晰之：

---

① （明）嘉靖《延津县志·祠祀志》。赵子昂一般指赵孟頫。赵孟頫（1254—1322），字子昂，号松雪道人，吴兴（今浙江省湖州市）人，原籍婺州兰溪。南宋晚期至元朝初期官员、书法家、画家、诗人。赵孟頫博学多才，能诗善文，通经济之学，工书法，精绘艺，擅金石，通律吕，解鉴赏，尤其以书法和绘画的成就最高。在绘画上，他开创元代新画风，被称为"元人冠冕"；赵孟頫亦善篆、隶、真、行、草书，尤以楷、行书著称于世。其书风遒媚、秀逸，结体严整、笔法圆熟，创"赵体"书，与欧阳询、颜真卿、柳公权并称"楷书四大家"。著有《松雪斋文集》等。

② （明）万历《延津县志》卷四《艺文》。

③ （清）康熙《延津县志》卷九《记》。

图2-2　延津大觉寺及万寿塔（2014年8月20日）

> 延津邑治西北一里许，有寺曰"大觉"，即古之"上乘寺"也。
> 盖肇于唐之天宝间，越五代，历宋元。

记载了大觉寺在明代从宣德己酉年（1429）到成化二十二年（1486）的重修过程，时间跨度50余年。

明清以来，大觉寺曾多次修葺。现存寺院南北长81米，东西宽49米，总面积4000平方米，建筑主要有万寿塔、大雄殿、鲁葛祠、厢房等以及较多的碑刻题记，碑刻中以赵孟頫书《长明灯记》碑最为著名。

万寿塔为一座六角七层的古塔，始建于唐天宝年间，毁于明嘉靖二十八年（1549），又二年（1551），知县李元春劝令士民重修，修了两层因财力不足而停工。隆庆三年（1569），知县陈彝募捐续修，又未完成。至万历十一年（1583），知县郝亦立再次施材续建，因郝奔丧，又未完成。直至万历十三年（1585），才有知县张光宇捐俸银命匠合顶，并铸千余斤重的铜宝瓶（塔葫芦）置于塔顶，至此才算竣工。重修该塔自破土到完成，共经历了3代皇帝、15任知县，历时36年。"万寿浮屠"是明代延津"十六景"之一。

大觉寺有白衣观音阁。李戴《鼎建大觉寺白衣观音阁记》中记载："吾延城中有大觉寺，古刹胜概也。居邑之西北隅，人皆曰西北乾方，一邑之寿山也，其形势宜高，谋建楼阁于寺后，塑白衣大士像。""越三载厥工告成，予往观之，登楼礼大士，凭栏眺望，一邑宇舍尽在目中，因叹曰：'危哉阁乎，居然大观也。'"此阁的创建，可以"壮一邑之形胜"。① "妙高楼阁"是明代延津"十六景"之一。

大觉寺《长明灯记》碑，系元延祐七年（1320）雕制，由元代国史编修官揭傒斯撰文，大书法家赵孟頫书丹。长明灯，又名"续明灯"，或"无尽灯"，即佛前日夜常明的灯。《长明灯记》碑主要介绍泰安王子野仙帖穆尔"割田千五百亩，入汴梁延津上乘寺，为长明灯资"之事。康熙《开封府志》云："长明灯其义甚深，微妙其功绝不可称量。"②

大觉寺有鲁葛祠（门头悬一小牌"财神殿"），原叫鲁班殿，建于明成化辛丑年（1471）间，三楹，殿内供奉鲁班、葛洪、比干三尊塑像。

大觉寺为河南省重点文物保护单位，2019年被公布为第八批全国重点文物保护单位。

第十节　姜太公庙（卫辉市、牧野区）

卫辉市姜太公庙位于卫辉市太公镇前太公泉村村西边的高岗上。相传该处为太公庙旧址，后太公庙搬迁至太公故居处建设后一度荒废。2001年在此复建姜太公殿，占地面积3亩，内塑太公及二门人塑像。太公故居、太公钓鱼处、姜太公墓、姜太公祠亦位于太公镇。

太公镇原称"太公泉镇"，2008年8月21日，经河南省人民政府批准，河南省民政厅批复，卫辉市太公泉镇更名为"太公镇"。位于河南省卫辉市西北部，距市区11公里，西邻辉县市张村乡。

明万历《卫辉府志》记载："姜太公庙在府城西北三十里太公泉上，因墓而建，有汉崔瑗碑、晋卢无忌碑。"③ 说明至少汉代已有太公庙。

崔瑗（77—142），字子玉，东汉安平（今河北省安平县）人，东汉官吏、书法家。曾立太公庙碑，谓太公庙"高林秀木，翘楚竞茂"。

卢无忌，河北范阳人，自太子洗马来为汲令，于晋武帝太康十年（289）三月十九日撰《齐太公吕望表》，刻石立碑于太公庙。《齐太公吕

---

① （明）万历《延津县志》卷四《艺文》。

② （清）康熙《开封府志》卷十九《寺观》。

③ （明）万历《卫辉府志》卷五《祠祀志》。

望表》又称《吕望表》《太公望表》。现已失，仅存拓片。《太公望表》首句"齐太公吕望者，此县人也"，可谓一个十分重要的论断。《太公望表》是天下名碑，在太公文化研究、汲冢书研究、晋朝碑刻及书法艺术研究等诸多方面有着重大的影响。

北魏郦道元《水经注·清水》：

> 又东过汲县北，（汲）县，故汲郡治，晋太康中立。城西北有石夹水，飞湍浚急，人亦谓之"磻溪"，言太公尝钓于此也。城东门北侧有太公庙，庙前有碑，碑云：太公望者，河内汲人也。县民故会稽太守杜宣白令崔瑗曰：太公本生于汲，旧居犹存。君与高、国同宗太公，载在经传，今临此国，宜正其位，以明尊祖之义。于是国老王喜，廷掾郑笃，功曹邡勤等咸曰：宜之。遂立坛祀，为之位主。城北三十里，有太公泉，泉上又有太公庙，庙侧高林秀木，翘楚竞茂。相传云：太公之故居也。晋太康中，范阳卢无忌为汲令，立碑于其上。太公避纣之乱，屠隐市朝，遁钓鱼水，何必渭滨，然后磻溪，苟惬神心，曲渚则可，"磻溪"之名，斯无嫌矣。其水东南流，潜行地下，又东南复出，俗谓之雹水，东南历姆野。自朝歌以南，南暨清水，土地平衍，据皋跨泽，悉姆野矣。[1]

在唐宋以前，姜子牙被历代皇帝和历代典籍尊为兵家鼻祖、武圣，唐肃宗封姜子牙为"武成王"，武庙就是来源于武成王庙的简称。宋真宗时，又封姜子牙为"昭烈武成王"。到了元朝时期，民间对姜子牙增加了一些神话传说。到明代万历年间，许仲琳创作了《封神演义》小说，从此，姜子牙由人变成了神，并且为民间广为信奉。

卫辉汲城村、旧县城东门内以及新乡市牧野区也各有太公庙一处。

新乡姜太公庙位于新乡市牧野区，为新乡市重点文物保护单位。[2]

牧野区人文底蕴深厚，历史记载牧野大战曾发生于此，现在的杨岗村、茹岗村、畅岗村原名为古龙岗、古凤岗和古龟岗，县志上称"三

---

① （北魏）郦道元著，陈桥驿校证：《水经注校证》，中华书局2013年版，第215—216页。

② 新乡市郊区史志编纂委员会编：《新乡市郊区志》，生活·读书·新知三联书店1993年版，第279—280页。

岗"，相传是武王伐纣兵临牧野时驻扎的村落。

清乾隆《新乡县志》记载："三岗在县北三里许，龙岗、凤岗、龟岗，东西迤延数里。凤岗，相传为太公鹰扬之所，周武王拜吕望为尚父即此地，今太公庙存。"[1] "太公庙在凤岗。宋绍圣、元贞间重修，国朝康熙知县李登瀛修复之，置祀田，后裔春秋奉祭。"[2]

清代亦有碑记，记述"凤岗之上，太公庙在焉，其村编户多吕姓"，太公庙"历宋元迄今"。

民国年间《新乡县续志》记载："太公庙在凤岗，载旧志，今存。"[3]

近年来，对新乡太公庙进行了大规模的修缮，现由大殿、配殿、戏楼、钟楼、鼓楼等组成。

第十一节　普救寺（辉县市）

辉县普救寺位于河南辉县市西 19 公里处，太行山南麓冀屯乡褚邱万柏山上，占地壹佰余亩。松柏林立、四季常青，今建有大雄宝殿，地藏菩萨殿、观间阁、念佛堂、藏经楼、居士楼等。周围还有莺莺坟、炮塔岭、白马将军庙等。

普救寺始建年代不详，明万历碑刻于嘉靖年进行大规模修缮。现存明嘉靖、万历、清康熙、乾隆、道光古碑十余通，并记载明代褚邱镇是晋豫的交通要道。

《新乡日报》在《大牧野》专栏以《古村探幽：褚邱与〈西厢记〉》[4] 为题报道过普救寺的情况——在辉县市西约 20 公里处，有一处村落名褚邱，这里有钟声洪亮的普救寺，有白马将军庙庙基，让人最为关注的是，这里流传着一个美丽动人的传说——张生和崔莺莺的故事。

据史料记载，元代时，褚姓首居于此，因该地沙丘起伏，故名褚丘。明代称褚丘镇，今称褚邱。据考证，崔莺莺和张生的故事起源于唐代的

---

① （清）乾隆《新乡县志》卷八《山川》。
② （清）乾隆《新乡县志》卷二十四《祠祀》（上）。
③ 民国《新乡县续志》卷二《祠祀》。
④ 姬光环：《古村探幽：褚邱与〈西厢记〉》，《新乡日报·大牧野》2013 年 6 月 21 日第 5 版。

《莺莺传》，元代戏曲家王实甫将其改编成为《西厢记》，被代代相传至今，其发生地在辉县市冀屯镇褚邱村。说《西厢记》的故事发生在那里，是因为当地诸多村镇能够证实崔莺莺与张生故事的遗迹甚多，在冀屯镇上官村有莺莺坟，在上八里镇有李虎寨、炮台岭，褚邱村西北部有白马将军庙遗址等。而且，褚邱村的崔姓历史上确有人在朝中做过相国，当时皇帝曾授以"崔相国"匾额。

冀屯镇还有一个说法，因张生和崔莺莺两人私下相爱，有悖当时封建礼教，为人们所不齿，致使褚邱当地方圆几十里的人至今不唱《西厢记》这出戏，包括褚邱村崔氏后代的女性，至今取名忌取英（莺）字。

据了解，2005年以来，辉县市文化局、非物质文化遗产保护中心专门组织有关专家、学者，对普救寺周边的文化遗存，作了较详细的考证。大家认为，该故事具有珍贵的文学价值，是电视剧、话剧、舞美剧等文学创作的丰富矿藏。同时，它还具有人类学、民族学、民俗学综合价值，它以悲剧的力量，揭示了封建制度对人性的摧残，警示一代又一代人珍惜自己的爱情生活。

2007年2月，《张生和崔莺莺的故事》被河南省人民政府列入第一批省级非物质文化遗产名录。

第十二节　卫源庙（辉县市）

卫源庙位于辉县百泉风景区百泉湖北岸，依山傍水而建，是过去人们祭悼河神的地方。因百泉为卫水之源，人们在此建庙祭祀水神，取名"卫源庙"。

该庙初建于隋，后各代多对其整修，现存建筑以山门和大殿为主。大殿为九脊绿瓦顶，绘梁画柱，金碧辉煌，颇为壮观。殿东端立有唐碑"百门陂碑记"。陂是蓄水的池塘，可以蓄积泉水灌溉良田。该碑文抒发了古人对百泉水利造福人类的崇敬之情，也是了解唐代水利发展的重要史料。

清初，卫源庙已成为中轴式建筑群，由山门、拜亭、清辉殿、寝殿、钟鼓二楼、五龙王庙、宣泽侯庙等组成。

康熙二十八年（1689）邑令滑彬重修大门并整饬钟鼓二楼、大殿、寝殿、廊庑，周围墙垣，粉饰一新，一起整修的还有啸台、安乐窝、清晖阁等建筑。认为卫河"上下咸资为百世永利，是以设庙事神，载在祀典"，"祀典之关于民社也久矣，有功德于民者祀之，能御大灾、捍大患者祀之。今卫源神上济漕运，下灌民田，且能于地方水旱祷之彻应"。因此，历代对卫源庙都有修葺，自上次嘉靖年间修葺以来已百余年，风雨摧残，亟须维护。通过修缮，各处"莫不焕然备矣"。焕然，焕然一新也。

乾隆诗曰：

驻跸苏门下，躬瞻清卫源。地灵神以妥，派远物蒙恩。
百颗珠呈琲，一泓月贮痕。流淇润桑土，利泽永中原。①

第十三节　东宁寺（红旗区）

东宁寺俗名"小塔"，位于新乡市红旗区东台头村。始建年代久远无可考证，根据现存石像石刻造像为唐代寺院，坐北朝南。因历史悠久历经沧桑寺院废圮严重，1931年重修佛尊塔，不久毁于战乱，仅存下残塔石佛像石刻造像石碑等。

1984年在文物普查中被新乡县人民政府公布为县级文物保护单位，1995年开始重修东宁寺，历经20余年的时间大部分建筑已得到了恢复。现东宁寺占地面积18亩，建筑雄伟，有山门、大佛殿、千手观音殿、尊提菩萨殿、十二老母殿、祖师殿、玉皇殿、佛尊塔。佛尊塔为寺院主体建筑，高7层26米。2008年被河南省人民政府公布为第五批省级文物保护单位。

第十四节　定国寺（牧野区）

定国寺，即定国禅寺，为河南省七大佛寺之一。该寺位于新乡市牧野区，东濒107国道，西望历史文化名村定国村。据传，该寺始建于北魏。

---

① （清）弘历：《卫源庙诗》，见潘长顺等编《新乡历代名胜诗选》，中国文史出版社1992年版，第177页。

现任方丈释心舫，系河南省佛教协会副会长，新乡市佛教协会会长。"定国禅寺"四字为著名书法家唐玉润书写。

明正德《新乡县志》寺观一节里记载有定国寺。

清乾隆《新乡县志》记载："定国寺在定国村，明弘治间重修。"[①]

知县王统[②]记述了他刚从外地来到新乡任知县，亲见定国寺云树苍翠、绿树成荫，长老了明管理有方，名不虚传。

定国寺虽为古刹，但屡经兵燹，碑刻漫灭，存者无几，不知创自何代。五代时期后周广顺二年（952）、宋徽宗大观二年（1108）和明代景泰三年（1425）均有修葺，"于古而今，谈胜境者不得不与定国（寺）也"。定国寺"为古今名刹，而了明为人如此又有可取者"。[③]

定国寺现为四殿四进院落，从南至北依次坐落着照壁、山门、大雄宝殿以及大佛殿等古典佛教建筑。定国寺是千年名刹，整体建筑红墙绿瓦，庄严肃穆，规模宏大。

第十五节　登觉寺（获嘉县）

登觉寺位于获嘉县城南边相距 12 公里大辛庄乡大辛庄村。

据寺前碑刻简介，春秋战国前，河道营（今大辛庄）之北，平阳之地有岗突起，宛如凤形，岗之南面旧有废基，后人相传为寺因屡遭战乱几次毁于兵燹，寺院无存，明天顺甲申年（1464）僧净德再建登觉寺，落成于成化丁未年（1487）。

乾隆《获嘉县志》记载："登觉寺在县南大辛庄，明天顺间建，僧净德掘地得断碑，视篆额有'登觉'字，因名。"[④] 嘉靖三十一年（1552）重修，现存山门、后殿和耳房，另有明成化十三年（1477）大铁钟。

咸丰十年（1860），获嘉县大辛庄乡南务村人李登蟾，在登觉寺聚众

① （清）乾隆《新乡县志》卷二十五《祠祀》（下）。

② 王统，字必元，江西抚州府临川县人，明朝政治人物。江西乡试第三名举人。弘治三年（1490）进士。曾祖王思敬；祖父王汝为，教授；父王大纶，母冯氏。

③ 清知县王统所记见乾隆《新乡县志》卷二十五《祠祀》（下）。

④ （清）乾隆《获嘉县志》卷四《寺观》。天顺为中国明朝第六个皇帝明英宗朱祁镇经夺门之变后第二次登基后的年号，使用时间为公元 1457—1464 年，共使用 8 年。

反抗官府滥征黄河土方加价款。其子李占彪（约1817—1861），字流芳，为清末豫北农民起义领袖，曾两次在登觉寺举起义旗。

咸丰五年（1855），新乡县张炳在龙泉寺聚众抗漕并围攻新乡县城，李占彪便在获嘉登觉寺聚众响应，举起反厘捐、反征夫、反派草料的义旗。后因张炳起义失败，李占彪孤掌难鸣，便隐伏起来，伺机再举。

咸丰七年（1857），河南捻军活动频繁，山东、湖北等省的地方性农民起义也较前增多，李占彪又以登觉寺为基地，二次举起抗清义旗，同清军大战于新乡的大阳堤。后又在中和镇第三次起义，咸丰十一年（1861）6月4日和5日两次攻原武县城不克。乃转攻延津，仍不克。8日，两军大战于阳武齐亦集（今原阳县齐街镇）。李占彪指挥起义军将清兵重重包围，清兵损失惨重，清军把总张清云被击毙。后大量清军前来救援，李占彪败走，起义军损失500余人。后连续被清军围攻，最后李占彪于同年6月15日战死。李占彪农民起义对豫北农民革命运动产生了深远的影响。[①]

另外，登觉寺周边之岗，为春秋战国时期遗址，1979年被获嘉县人民政府定为县级重点文物保护单位。经勘查，该遗址文化层1—1.5米，从出土文物看系春秋战国时期遗物，其对研究春秋战国时期的文化经济有着重要的参考价值。

登觉寺对研究明清政治、军事、经济、文化等有重要参考价值，2005年被新乡市人民政府定为市级重点文物保护单位。

第十六节　牧野观（凤泉区）

牧野观位于凤凰山南麓，距新乡市13公里处。

牧野大地，物华天宝，人杰地灵，四季分明，林茂粮丰，自古就是风水宝地，兵家必争。三千年前，武王伐纣，在这里留下众多历史遗迹和民间传说，方圆百里之内不可胜数的营屯村落，诉说着武王当年安营屯兵的壮阔。分将池村相传就是姜子牙分兵点将的地方，更传有武王伐纣时的点将台、旗杆石、群马沟等遗址，村中曾有"分将祠"，历经战火毁败。

---

① 《获嘉县志》编纂委员会编：《获嘉县志》，生活·读书·新知三联书店1991年版，第645页。

为了发掘牧野大地文化遗产，弘扬古牧野几千年的灿烂文化，经有关部门批准，辉县市孟庄镇大蒲水村申海燕女士出资，重修"分将祠"，名之"牧野观"。

牧野观背倚太行余脉凤凰山，面临南水北调丹江水。收野观由子牙殿、三清殿、玉皇殿、寝宫和其他神殿组成。道观殿堂恢宏，圣像多座，壁画新奇，满目琳琅，其他设施一应俱全，是香客和游客的理想胜地。

牧野观大门对联：

> 远山近水澄雾色，清风明月净道心。
>
> 参透阴阳康而寿，悟彻天人识玄机。
>
> 昆仑太行成就道家千秋伟业，丹江卫水讴歌牧野万代辉煌。

第三章 塔阁路桥

第一节 望京楼（卫辉市）

望京楼位于卫辉古城内，卫辉为潞王朱翊镠（1568—1614）封藩之地，望京楼为潞王所建。望京楼是全国少有的石构无梁殿古建筑，以其独特的建筑艺术，成为全国保存完整、规模较大、价值较高的建筑之一。2000年，河南省人民政府批准公布为第三批省级文物保护单位。2006年，作为全国最大的石构无梁殿古建筑，被国务院批准列入第六批全国重点文物保护单位。

朱翊镠为明穆宗朱载垕第四子，明神宗朱翊钧同母弟，生母孝定太后李氏，潞闵王朱常淓之父。隆庆四年（1570）二岁时受封潞王，居京师二十年，朱翊镠受尽李太后恩宠和时任皇帝纵容，万历帝曾赐其田地万顷。万历十七年（1589）二十二岁时就藩卫辉府。王府虽好，终是离开了繁华的都城。据说，望京楼就是潞王为瞭望京城、解思母之念而建。潞王在藩26年，在王位35年。万历四十二年（1614）孝定太后去世，讣告到卫辉，朱翊镠惊恐悲痛之下，不久即病逝，年47岁，谥号简王。

望京楼于万历十九年（1591）冬动工修建。潞王府征调了十几个县数千万的能工巧匠，连续两年施工，在万历二十一年（1593）秋天竣工。建楼所用石料大多来自太行山中。

清代新乡人许作梅诗：

> 犹有秦宫在，十年客泪收。燕飞何处宿，春尽不知游。
> 绣阁晴云复，屏山怪石留。长林角巾者，乘兴亦登楼。①

---

① 魏青铓纂《民国汲县今志》第十九章《名胜及古迹》。

2017 年，卫辉市文物部门对望京楼进行了加固修缮，除顶层的大殿无法复原外，其他部分重新回到了 400 年前的模样，并于 8 月 28 日举行了望京楼主题公园开园仪式。望京楼承载着卫辉的历史与延续，是文化底蕴与厚重的见证。

第二节　玲珑塔（平原示范区）

玲珑塔，又名"徽塔"，也叫"雁塔"，位于新乡市平原示范区原武镇东关，建于北宋崇宁四年（1105），明万历辛丑年（1601）修葺，后多次整修。该塔原为善护寺内的建筑，清嘉庆年间失火，寺毁塔存。1963 年公布为河南省第一批文物保护单位，2013 年公布为第七批全国重点文物保护单位。

图 3-1　原武玲珑塔（右三为作者）

玲珑塔为平面六角形 13 层叠涩密檐楼阁式砖塔，全塔高约 47.25 米，地表现存 12 层，底层被泥沙淤埋。因黄河多次迁浸，塔身向东北严重倾斜，巧成自然景观。该塔原为一层北向辟门，现门面南，为二层塔室券门改建。全塔轮廓略呈抛物线形，斗拱屋檐，装饰假窗，均为雕砖垒砌。塔身自下而上，每层塔径高度递减。内设通道，曲径通塔顶，欣然登之，八景尽收眼底，实为一观赏游览之胜地。

清乾隆《原武县志》载：

善护寺傍城而东，外有清溪环抱，雁塔（即善护寺塔）雄峙其左，每当暮云阴霭，零雨空蒙，水光潋滟，树色烟笼，觉城郭人物，隐隐如在画图中。①

"烟寺暮雨"为原武八景之一。

进士出身的原武人李九苞曾作《玲珑塔赋》：

惟塔之玲珑也，倚摩乎中天，竦峙乎梵宫。磴盘盘而踞地，顶矗矗而凌空。②

邑人黄东来有诗赞曰：

塔高势俨然，风雨几经年。欲向登临后，遥追建设前。
不徒遮白日，直欲捣青天。独自留名胜，原陵代代传。

邑人张宝贤有诗：

问君可是丈人峰？何日山东徙寺东，向欲升天今得路，嘉名不愧赐玲珑。③

清代郭德光有《咏古寺》诗：

古寺临城气象雄，偶逢日暮雨蒙蒙。
山门隐约笼轻雾，佛殿崔嵬傍晚风。
石砌遥怜三经滑，僧房远照一灯红。

---

① （清）乾隆《原武县志》卷一《八景说》。

② 原阳县志编纂委员会整理：《重修原武县志（中华民国二十四年整理本）》，内部印刷。1997年版，第63页。

③ 黄东来、张宝贤诗见原阳县志编纂委员会整理《重修原武县志（中华民国二十四年整理本）》，内部印刷。1997年版，第64页。

来朝日出新晴后，宝塔玲珑插碧空。①

玲珑塔迄今已近千年历史，历经火灾和无数次水患、战乱、地震等仍保护完好，体现了古人高超的建筑水平。玲珑塔造型美观，观之赏心悦目，为宋代佛塔之佳作，被誉为中国的比萨斜塔。

第三节　广唐寺塔（延津县）

广唐寺塔，又称"白马塔"，坐落在延津县塔铺街道办事处塔铺村广唐寺旧址，始建于唐天宝年间，从其建筑风格推测，应重建于宋代中期，距今已有近千年的历史。2006 年被公布为河南省第四批文物保护单位，2013 年公布为第七批全国重点文物保护单位。

广唐寺塔建于唐天宝年间。天宝（742 年正月—756 年七月），是唐玄宗李隆基的年号，共计使用 15 年。明万历《延津县志》记载有"广堂寺"，"在县北二十里塔儿铺，正殿三楹，后殿三楹，伽蓝祖师殿各三楹，大门三楹，有塔建于唐天宝间，祷雨灵应碑记一通"。② 明嘉靖《延津县志》记载：白马塔"其下有泉眼，人不敢废，遇旱祷雨即应"。③ 清康熙《延津县志》记载："唐天宝古塔在广唐寺。"

广唐寺塔造型充满唐风宋韵，其抛物线的造型优美，线条流畅，形象肃穆，栩栩如生。2013 年 3 月被国务院核定为第七批全国重点文物保护单位。

延津县地处河南省北部，古称酸枣县，宋改延津县，县治在塔铺建治长达 1400 余年，可谓历史悠久。古黄河又长期在境内穿越并泛滥改道，可谓灾难深重。据明碑载，该塔是为镇河水泛滥而建。

广唐寺内有刻于明嘉靖四十二年（1563）《重修广唐寺塔记》石碑一块，上面记载着这样的内容：

广唐寺创于故酸枣邑，时梁武天监丁酉岁也，浮屠，唐后水陆殿

---

① 潘长顺等编：《新乡历代名胜诗选》，中国文史出版社 1992 年版，第 267 页。

② （明）万历《延津县志》卷一《寺院》。

③ （明）嘉靖《延津县志·古迹》。

　　如之中，① 名曰"白马塔"，屹屹然，不知何以一篑之不覆。即邑迁通郭（村），居人列寺之东向，乃以塔名铺，迄于今，治则西北之于东南相距二十里许矣。

　　广唐寺塔为一座平面六角七级仿楼阁式砖塔，自地面以上通高 26.8 米，底层直径 9.6 米。塔外形高耸挺拔，自首层塔身以上宽度逐层收敛，高度均匀递减，使塔体外形轮廓呈秀丽的抛物线形，显示了古代高超的造塔技艺，对于古代建筑具有相当高的科学研究价值。千余年来，该塔历经风雨侵蚀，塔体损毁严重，塔檐脱落，塔顶无存。该地以塔名邑，故有"塔铺"之名。

　　明代诗人越应扬曾题《广唐古塔》七绝一首，记录了这座古寺的非凡气度：

　　　　灵鹫莲峰出化城，法云空寂念无生。慈航肯度诸方便，一拯民穷即大乘。②

　　明嘉靖《延津县志》记载，延津县有古塔二：

　　　　一在大觉寺，外有檐阿，层隔实其内，人不可登。一在广唐寺，虚内，层分，数十人登之可以望远。其下有泉眼，人不敢废，遇旱祷雨即应。③

　　清康熙四十一年（1702）的《延津县志》中也有着这样的记载：

　　　　唐天宝古塔在广唐寺，虚内数层，塔顶容数十人登，旱祷雨即

---

　　① 浮屠：即佛塔。"水陆殿如之中"即"如（经过）水陆殿之（到）中（庭院之中）"。此句意在指明塔之位置。水陆殿即天王殿，往往位于山门之后，属寺院第一殿。唐代寺院以塔为主，塔即佛，所以塔一般都在大雄宝殿之前，即"塔在殿前"。而唐代以后，尤其到了宋代，殿的位置逐渐重要起来，殿即佛，不再以塔为主，而是以殿为主，所以塔一般建在殿之后，形成"前殿后塔"的格局。所以，塔的位置往往成为判断一个寺院遗址是唐代的还是唐以后或是宋代的重要依据之一。碑文解读参考新乡职业技术学院霍德柱老师博客。

　　② （明）万历《延津县志》卷四。

　　③ （明）嘉靖《延津县志·古迹》。

应，人呼为灵祠。

千余年来，该塔历经风雨侵蚀，塔体损毁严重，塔檐脱落，塔顶无存，急需抢救维修。2020年，延津县文化广电和旅游局委托郑州大学城市规划设计研究院有限公司对该塔进行了勘察设计，国家文物局拨专款进行维修。广唐寺塔将以新的英姿矗立在黄河故道，它见证了延津邑治和古黄河的历史变迁，它所蕴涵的黄河文化和白马文化，对当今传承黄河文明和挖掘黄河文化具有现实意义和时代价值。

第四节　镇国塔（卫辉市）

镇国塔又名"灵应塔"，位于卫辉市建设路东段，创建于明万历十三年（1585），由卫辉知府周思宸主持修建，清代和民国时期又有多次维修。[①]

该塔气势雄伟，结构坚固，具有鲜明的明代建筑风格，1986年公布为河南省第二批文物保护单位。从京港澳高速公路下来，在取道卫辉的路上，醒目的镇国塔位于建设路中心圆盘绿化带上，成为进入卫辉无法规避的标志物。

镇国塔为七层六角楼阁式砖塔，高约34.5米，由下向上逐渐收缩成锥状形，塔身通体由长42厘米，宽19厘米，厚9厘米的青砖垒砌，每层檐下有砖雕仿木结构的额枋、斗拱等装饰，并砌出线条柔和的腰檐，每层有望窗、塔心室，塔心室内设有佛龛共21个，佛龛与望窗相交，形成塔道。每一层南北各辟一券门，在门楣上镶嵌有石碣一方，正北面石碣上书"护国保民"，正南面石碣上书"灵应塔"，均为篆刻，上款为"卫辉知府周思宸"，下款为"大明万历十三年"。

从第一层塔门入室，登102个台阶踏道盘旋而上，便到达第七层。在塔顶内部砌有八卦图，中部有柏木刹杆，顶部用孔雀蓝色琉璃瓦覆盖。塔的每层六个角上都悬挂着一个风铃，风吹起的时候叮当作响，悦

---

① 卫辉市地方史志编纂委员会编：《卫辉市志》，生活·读书·新知三联书店1993年版，第549页。

耳动听。

据传此塔所在位置为中国版图——"雄鸡的心脏"位置，是一处风水宝地，故该塔又叫"护国灵应塔"。从塔名为"灵应塔""护国保民"字样，以及塔顶的八卦图等情况分析，此塔应当为明代卫辉知府周思宸所建的"风水塔"或"镇妖塔"。

镇国塔是研究明代建筑和砖石雕刻艺术的宝贵资料，为明代的建筑史、艺术史提供了宝贵的实物例证。

第五节　合河石桥（新乡县）

合河石桥位于新乡县合河乡合河村北门外，跨卫河之首。

合河位于新乡县西北部，东邻新乡市牧野区、卫滨区，西毗获嘉县，南临大召营镇，北隔共产主义渠与凤泉区相望。合河历史悠久，早在明清时期，就是商贾集地。合河地处豫北平原，卫河、共产主义渠越境而过。历史上有水旱码头，卫河流经市区、直达天津，为新乡名镇。

合河地处太行山前冲积扇和黄河、沁河冲积平原之间的交接洼地，因百泉河、小丹河会流于此而得名。历史上，合河桥从明至中华人民共和国成立前曾是豫北地区重要的交通主干道，桥的下游约15里分别有卫河码头及仓储，是大运河运输系统的组成部分。由于其重要历史、科学、艺术及实用价值，2006年6月被列为第四批省级文物保护单位。

合河古桥是一座七拱青石桥，古朴壮观，气势恢宏，结构严谨，保存完整，为豫北地区少有的大型石拱桥，是研究明代石桥的珍贵实物资料，对研究明代建筑史、美术史、科技史都具有较高的参考价值。

明清时诗人描述了合河石桥为东西河水合流的地方，"河水东西此合流"，"桥泊异乡舟"，"川峦夕照好，桥畔响渔歌"，美景胜景宛然眼前。

明代张应登诗：

> 河水东西此合流，卫源自是古神州。
> 已知运道通京国，况有藩封护冕旒。
> 芳草王孙随遍渡，灵槎使者任长游。
> 相传尚父曾垂钓，漠漠江云不可求。

明代邑人郭湄诗：

> 列嶂青当时，诸溪此合流。村成估客肆，桥泊异乡舟。
> 林卧霄光静，野晴冬气柔。终朝在城市，今日豁吟眸。

清代畅俊诗：

> 禹迹仍东注，洋洋古卫河。派从三郡合，帆映一舟过。
> 市集南琛贵，畴侵玉粒多。川峦夕照好，桥畔响渔歌。①

第六节　万寿塔（延津县）

万寿塔位于延津县城北街的大觉寺（古亦称"大乘寺"）内，始建于唐天宝年间（724—755 年），1986 年 11 月被公布为河南省重点文物保护单位。

大觉寺，位于延津县城北街，始建于唐天宝年间。明洪武年间置僧令司，宣统六年（1426）僧定元重修。大门三楹，二门三楹。正殿为大雄殿，三间，供奉佛祖释迦牟尼。大雄宝殿前右侧有元代书法家赵孟頫亲书《长明灯记》石刻一副。正殿两厢房左为伽蓝殿，右为地藏殿，正殿后为水陆殿（万历年间改为大土阁），三殿各三间。现仅存大殿。

"万寿浮屠"是延津十六景之一。万寿即万寿塔；浮屠即佛塔，也作"佛图""浮图"。明朝李戴纂、刘元会修明万历二十六年（1598）《延津县志》卷四记载了十六景及郁华、越应扬作的十六景诗，其中描述万寿塔的诗为：

> 突兀浮图百尺梯，□凭井邑叹遗黎。
> 中天万寿如清问，好仗慈恩为品题。

明御史周詠题诗一首：

> 浮屠高起城之陬，乘月攀登绝顶游。

① 张应登三人诗见（清）乾隆《新乡县志》卷八《山川》。

危蹬盘旋迷眺望，虚窗缥缈豁吟眸。

本来生灭原无相，岂是废兴自有由。

会得空门真意味，乾坤古今一浮沤。①

万寿塔整体建筑结构庄重浑厚，建筑宏伟，风格统一，严谨规整，具有典型的明代特征，为研究明代建筑史、科技史和艺术史提供了宝贵的实物例证。

第七节　酸枣阁（延津县）

酸枣阁位于延津县石婆固镇，石婆固镇集北村东头有一处沙丘，上面建有一处庙宇，名为东岳庙。庙宇后面，有一古老的方形阁楼，系明代建筑，叫酸枣阁。

作为地理名称的酸枣，在延津县北。春秋时期为郑国廪延邑。廪，本义米仓，此指沙土堆。因境内有虚廪堆延绵不绝而名，明嘉靖年间曾创办廪延书院。

明代延津人李戴曾撰《石婆固东岳庙古酸枣记》：

吾廪延，古酸枣邑也，以木得名，必为土之所宜，历观郊野，丛生则有之，未有成树者。惟石婆固东岳庙后遗一株（酸枣树），其大合抱，其高数丈，宛如怪石壁立……②

酸枣邑在战国时为韩所都。③ 秦王政五年（前242），发起"酸枣之役"，秦将蒙骜率军攻酸枣，拔酸枣及附近20余城。以境内多棘，置酸枣县。

东汉献帝初平元年（190），袁绍、袁术、曹操等十几路人马齐聚酸枣，举行讨董卓大会，称"酸枣盟誓"或"酸枣会盟"，以上几路诸侯称

---

① 周詠（1533—1595），字思养，号乐轩，其先山西人，徙居延津史良村。嘉靖三十七年（1558）举进士，居官清廉，后告老还乡，急人困厄，乐善好施。周詠此诗在万寿塔内嵌刻。

② （明）万历《延津县志》卷四《地理》。此文撰写于壬辰年（1592）十月。

③ （明）嘉靖《延津县志·沿革》。

为"酸枣联军"。曹操写《蒿里行》，记述了此段历史。[1]

隋朝开皇六年（580）复置酸枣县，移治今延津。北宋政和七年（1117），以境内有延津渡名，改称延津县，沿袭至今。明嘉靖《延津县志》记载，县有"酸枣山，在县西十五里，今名土山"[2]。"酸枣旧邑"为延津古八景之一，"酸枣遗踪"为延津古十六景之一。

明万历《延津县志》载："唐尉迟敬德奉命董修庙之役（即监造东岳庙工程），曾系马挂策（马鞭）其上。"[3] 后人便把这棵千年古树作为古迹保留下来。

至明代东岳庙倒塌，大树枯死，而根侧却另发新株。当时有姚、高、陈三姓人等修围墙以护之，继而新株亦死。之后为保护树干，建一座长宽各八尺，高两丈余的方形阁楼（酸枣阁），阁楼向南留小门，东西山墙上部各有小窗一孔。阁内棚楼板，楼上北墙中嵌石碣一方，刻"唐鄂国公尉迟敬德挂鞭处" 11 个字。小窗口伸出的树干即为传说中唐朝尉迟敬德挂鞭处。楼下北墙亦嵌有石碣，镌明代吏部尚书李戴所撰《石婆固东岳庙古酸枣记》。

李戴，字仁夫，号对泉，延津县城东街人。嘉靖辛酉年（1561）举人，隆庆二年（1568）进士，曾任工部尚书。李戴幼时曾与友朋散步酸枣树下，"玩而奇之"，撰写《石婆固东岳庙古酸枣记》时，已经距幼时30 载，但是对酸枣树的成长和管理依然非常关心，"何千百年不坏而坏于今耶？昔召伯巡行南国憩甘棠下，人爱不忍伤，至今遗迹尚存。酸枣非棠，然尉迟公古名臣也，勋伐不减召伯，则此树当与甘棠埒矣！"把酸枣和甘棠相比，将尉迟公与召伯相比，"况吾邑以此得名，顾不知爱耶？"

明代诗人越应扬题《酸枣遗踪》诗一首：

由来斯枣名斯邑，特地参天独尔奇。

---

① 曹操《蒿里行》：关东有义士，兴兵讨群凶。初期会盟津，乃心在咸阳。军合力不齐，踌躇而雁行。势利使人争，嗣还自相戕。淮南弟称号，刻玺于北方。铠甲生虮虱，万姓以死亡。白骨露于野，千里无鸡鸣。生民百遗一，念之断人肠。

② （明）嘉靖《延津县志·山川》。

③ 李戴：《石婆固东岳庙古酸枣记》，（明）万历《延津县志》卷四。

一自司空垂笔后，孤标千载茂声施。①

2018 年 2 月开始修建酸枣阁公园。酸枣阁为市级文物保护单位，成了延津文化旅游的新去处。

第八节 文昌阁（辉县市）

文昌阁位于辉县市文昌大道中段路南，坐北朝南，为木结构古建筑，因上覆彩色琉璃瓦，又名"琉璃阁"，被公布为河南省第五批文物保护单位。

元朝之前，文昌阁建在文庙内，明嘉靖时期重建在古城东南隅，万历五年（1577）移至现址。阁楼里供奉有文曲星君，引得文人学士前来祭拜。清顺治九年（1652）、嘉庆五年（1800）先后扩建重修，形成阁、台、亭殿、配廊、奎楼等建筑规模，建筑风格为明代特征。

清康熙《辉县志》记载："文昌阁在城外东南隅，万历丁丑（万历五年，1577）知县聂良杞从诸乡绅议建此，以兴文运，其规模宏敞，殿阁穹隆，上应奎壁，足称胜桀。顺治九年壬辰汴人张玉募化重修，创建奎光楼一座，前后殿宇新焕倍昔。每岁二月初二日，县官致祭。"②

聂良杞（1547—1619），字子实，号念初，江西省金溪县人。幼笃志好修，潜心性理思考。明代隆庆二年（1568）进士，授福建长乐知县，以父忧未赴。补河南辉县知县，在任五年如一日，均徭役，裁里甲，开河渠，廉洁奉公，勤于民政。擢礼部给事中。入祀乡贤祠。

文昌阁现仅存一阁，坐北朝南，由台基及阁体部分组成，台基呈正方形，青石分层垒砌。台前正中筑石阶，两侧置垂带。台沿有一对石狮，周围砌石栏杆、栏板。阁体居台中，平面八角形，两层，三重檐攒尖顶，通高 15.35 米。檐柱为大八角形石柱，全柱为圆形通天木柱，青砖包砌。顶为楼板，西侧置木楼梯，楼上有回廊。阁顶覆蓝、绿琉璃瓦，宝刹为琉璃宝珠。八条垂脊上均饰卷草图案，并置有狎鱼、狮子、仰天吼、仙人等形

---

① （明）万历《延津县志》卷四，附越应扬写古今十六景诗，《酸枣遗踪》。

② （清）康熙《辉县志》卷五《建制·祠典》。

象。上层檐下合转角处有五踩重昂斗拱和斜拱 16 攒。中层屋面八条垂脊上饰龙、凤、麒麟、奔马等，中层檐下除有一斗二升斗拱外，另有一周围廊平座，安格扇门四扇，其余七面均为坎墙和坎窗。下层屋面的八条博脊上饰奔鹿、牡丹、二龙戏珠、仙鹤、人物、凤凰、麒麟、荷花等。

阁体八角上悬挂着铃铛，这几个铃铛在天空中随风而动，不时发出清脆的响声，愈发衬托出这里历史的悠久。20 世纪四五十年代，在此东南出土很多商及战国时期的珍贵文物，因此，辉县琉璃阁遗址是先商文化辉卫型的典型代表。它的发现是夏文化研究的一个重大突破口，在中国考古学术史上具有非凡价值和意义。1976 年，公布为辉县重点文物保护单位。2005 年，公布为新乡市重点保护单位。2008 年，辉县市城区规划改造，对文昌阁进行了拆建重修。

文昌阁建筑结构严谨，造型精巧，工艺精致，气势宏伟，是豫北地区现存明代木构阁楼建筑和传承文昌文化的重要载体。2008 年文昌阁公布为河南省重点文物保护单位。如今，文昌阁被规划修整为广场，成为人们休闲娱乐、锻炼身体的好去处。

第九节　京港澳高速公路黄河大桥（原阳县）

京港澳高速公路（国家高速 G4）原阳黄河大桥位于原阳县蒋庄乡，是京港澳高速公路的重要组成部分，全长 9848.16 米，双向八车道，为国内同类跨河桥梁之最。

改革开放以来，国家和省高速公路建设如火如荼，地处天下之中的河南交通建设日新月异，高速公路里程长期居各省之冠，2019 年年底，河南省高速公路通车总里程 6967 公里，继续保持在全国第一方阵。① 目前，河南境内现有高速公路 21 条，双向四车道/六车道/八车道，全省 18 个省辖市中有 17 个省辖市形成了高速公路的十字交叉，全省 109 个县（市）中有 99 个通达高速公路，通达率 92%，其中 45 个县有两条高速通过。全省高速公路已基本形成了以郑州为中心的一个半小时中原城市

---

① 宋敏：《年内河南省将有 4 条高速通车全省高速公路总里程将达 6967 公里》，《河南日报》2019 年 12 月 4 日。

群经济圈，3 小时可达全省任何一个省辖市，6 小时可达周边 6 省任何一个省会城市。

数据显示，从 1986 年郑州黄河公路大桥建成，改革开放至今，黄河河南段已建成 17 座黄河公路大桥。目前，新乡到郑州已建以及在建的黄河大桥共有 11 座，分别是：郑州黄河公路大桥、郑州刘江黄河大桥、郑新黄河大桥、官渡黄河大桥、长东黄河铁路大桥、长垣东明黄河公路大桥、郑州黄河铁路大桥（旧）、郑州黄河铁路大桥（新）、开封黄河大桥、S213 开封黄河大桥以及郑济铁路黄河特大桥。其中，位于原阳县和平原示范区的黄河大桥有 7 座。原阳县和平原示范区已然成为南北交通大枢纽。

新乡向为"四达之区，中州一大都会也，揽胜橥于天成"，"左孟门，右太行，大河经其南，常山在其北"；"峰麓奇峻，地当冲要"；"北通燕赵，南走京洛"；"路通八省，星轺络绎"。[1] 高速公路和郑新间黄河大桥的建设给新乡的经济建设和郑新融合发展带来了新机遇。

京港澳高速公路原阳黄河大桥原名为"郑州黄河高速公路特大桥"或"郑州黄河二桥"，一边是郑州市惠济区刘江村，一边是新乡市原阳县蒋庄乡。2002 年 4 月 1 日，郑州黄河二桥开工建设，2004 年 10 月建成通车。2008 年 4 月 10 日，郑州黄河二桥更名为"刘江黄河大桥"。距上游郑州黄河公路大桥约 13 公里，是京港澳高速公路跨越黄河的公路大桥，设计时速 120 公里，是当时黄河上第一座钢管拱形特大桥，是现在黄河上最长，最宽阔的高速公路特大桥，也是中国最长、最宽阔的跨河高速公路特大桥。

刘江黄河大桥正式通车，这标志着中国国家规划的"五纵七横"国道主干线中的重要一纵——北京—港澳高速公路（国家高速 G4），以高速公路标准实现了全线贯通。刘江黄河大桥的通车一方面缓解了郑州黄河公路大桥的压力；另一方面，它的经营也给众多在建和即将建设的大桥提供一个可资借鉴的范本。

---

[1] （清）乾隆《新乡县志》卷八《形胜》。

第十节　郑新黄河大桥（原阳县）

郑新黄河大桥，原称"郑州黄河公铁两用桥"，是中国河南省境内一座连接郑州市惠济区和新乡市原阳县的黄河大桥，是107国道复线工程与京广高速铁路共同跨越黄河的公用特大桥梁。

郑新黄河大桥于2007年7月动工建设，公路部分于2010年9月29日通车运营；高速铁路部分于2012年12月26日通车运营。

郑新黄河大桥公路北连接线起点在原阳县同107国道顺接，于郑州市金水区小贺庄接107国道辅道处终止，全线长24.277千米。公路桥全长11.645千米，其中公路铁路合建长度达9.177千米；公路部分为双向六车道一级公路，铁路部分为双线高速铁路；项目投资总额49.8亿元。郑新黄河大桥公路成为当时世界上最长的公、铁两用大桥、河南省第一座跨越黄河的公、铁两用大桥。

郑新黄河大桥上层公路桥面宽32.5米，下层为双线客运专线，线间距7米。公铁合建段长9176.548米，是世界上设计标准最高的公铁两用桥，铁路设计速度350千米/小时，公路设计速度100千米/小时，荷载为国家标准的1.3倍。该桥结构形式新，三主桁、斜边桁主梁设计为世界首次采用，以满足桥面上宽下窄的要求；大桥施工方法新，主桥钢梁采用多点同步拖拉架设技术，世界领先。

郑新黄河大桥项目的建设，对缓解107国道郑州黄河公路大桥交通瓶颈，完善黄河中下游中原腹地河南省交通运输网络，加强郑州、新乡两市合作交流，加快以郑州为中心的中原城市群建设，实现黄河两岸城市资源共享、产业互补、生态共建，推动河南省经济社会快速全面协调发展，促进中原经济区建设，促进中部地区崛起具有重要意义。

第十一节　花园口黄河大桥（原阳县）

花园口黄河大桥，又称"郑州黄河公路大桥"，是中国河南省境内一座连接新乡市原阳县与郑州市的过河通道，是北京—香港公路（107国道）跨越黄河的一座特大桥梁，是郑州至滑县（213省道）路线的枢纽。

1984 年 7 月 5 日，郑州黄河公路大桥开工建设；于 1986 年 10 月 1 日通车运营。郑州黄河公路大桥南起郑州市花园口，北抵新乡市原阳县桥北乡马庄村，大桥全长 5549.86 米，桥面为双向四车道；设计速度 60 千米/小时；总投资 1.78 亿元。

1976 年 1 月，原河南省交通厅进行新黄河公路大桥的资料收集工作，并多次召开档案工作会议，初勘六个桥位，选出三条桥轴线，两次确定桥长，与中华人民共和国交通部、中华人民共和国水利电力部、中华人民共和国国家计划委员会、水利部黄河水利委员会等中央有关部门反复磋商，进行了六年零六个月的研讨。

1982 年年初，原河南省交通厅上交了郑州黄河公路大桥的《初步设计》。12 月 26 日，时任河南省副省长何竹康要求加速郑州黄河公路大桥的筹建，召集了原河南省交通厅和原河南省建委的相关负责人商讨，之后经历了半个月的时间，对大桥的初步设计进行了论证，批准采用简支梁方案。

1985 年 2 月 8 日，郑州黄河公路大桥 31 号开钻第一根水中钻孔桩。1986 年 4 月 7 日，郑州黄河公路大桥水中 30 个桥墩工程完成；7 月 14 日，郑州黄河公路大桥架梁合龙。9 月 17 日，郑州黄河公路大桥工程竣工；10 月 1 日，郑州黄河公路大桥通车运营。

花园口在黄河历史上具有特殊的纪念意义，该桥建成后，邓小平亲笔题写了"郑州黄河公路大桥"桥名。

郑州黄河公路大桥南起郑州市花园口，北抵河南省新乡市原阳县马庄，是连接郑州与新乡的重要枢纽，也是河南省内跨越黄河的重要快速通道。郑州黄河公路大桥的建成，方便了机动车辆交通工具南来北往，使郑州到新乡的里程比走老桥缩短 13 公里。

2012 年 10 月 7 日，值大桥终止 26 年的收费历史之时，新华社评论："郑州黄河公路大桥是跨黄河的第一座特大桥，为促进黄河两岸交通、推动交通运输事业快速发展发挥了重要作用。"

第十二节　官渡黄河大桥（原阳县）

官渡黄河大桥是河南省境内一座连接新乡市原阳县和郑州市中牟县的过河通道，是 107 国道东移改建工程往北跨越黄河的控制性工程。2016

年9月，官渡黄河大桥开工建设。2019年10月16日，官渡黄河大桥正式通车。

官渡黄河大桥北起新乡市原阳县，南至郑州市中牟县万滩镇，全长31.775千米，其中大桥全长7377米；桥面为双向八车道一级公路，设计车速100千米/小时；工程总投资约39.1亿元人民币。

官渡黄河大桥因位于历史上官渡之战古战场附近而得名。官渡之战是东汉末年"三大战役"之一（另外两大战役分别是夷陵之战和赤壁之战），也是中国历史上著名的以弱胜强的战役之一。东汉建安五年（200年），曹操与袁绍相持于官渡（今原阳县大宾乡马头村），展开战略决战。曹操奇袭袁军在乌巢（今延津县僧固乡东史固村）的粮仓，继而击溃袁军主力，奠定了统一中国北方的基础。

官渡黄河大桥缓解了区域交通压力，对于助力黄河滩区脱贫攻坚，促进黄河两岸人流、物流的便捷通行，加快以郑州为核心的中原城市群建设，加速郑新深度融合，带动整个新乡和黄河沿岸的经济发展等都具有重要意义。

第十三节　黄河第一铁路桥

郑州黄河铁路大桥，原名"平汉铁路郑州黄河大桥"，即"郑州黄河铁路老桥"，别名"中国黄河第一铁路大桥"，黄河北为新乡市原阳县，黄河南为郑州市惠济区古荥镇黄河桥村，是中国第一座横跨黄河南北的钢体结构铁路大桥。1903年9月1日，郑州黄河铁路大桥开工建设；于1906年4月1日通车运营；于1969年10月改造成单行道公路桥；于1988年6月24日完成拆除工程。郑州黄河铁路大桥桥长3015米，共102孔。①

历代黄河上的交通均以船渡往来，京广铁路黄河大桥的修建，为中国交通史揭开了新的一页。黄河铁路大桥位于新乡以南50公里处，对处于黄河北岸的新乡地区经济发展影响甚大。

---

① 新乡市地方史志编纂委员会编：《新乡市志》（上册），生活·读书·新知三联书店1994年版，第586页。

当时，桥址选定后，清政府先后聘请德国、美国和意大利等国工程师进行了现场查勘，但最后承建的是一家比利时的工程公司。大概是缺乏对黄河沿岸地质的考察，或者受困于当时建桥技术，比利时的公司把桥墩建筑在淤泥里，而非岩石层上，导致桥梁不够稳固，埋下后患。

但无论如何，在100多年前，就彼时的建造技术而言，这座桥在历史上地位显赫，堪称"中国铁路大桥之母"，是中国第一座横跨黄河南北的钢结构铁路大桥，也是新中国成立以前最长的桥。1952年10月31日，毛泽东视察黄河时，登上邙山头俯视黄河大桥，并发出"要把黄河的事情办好"的号召。

1969年10月，郑州黄河铁路大桥改造为单行道公路桥，桥面进行改造工程，加铺了钢筋混凝土板，仍由铁路桥工部门负责维护。每次放行只能通行30—50辆汽车，同一批放行的尾车发一面红色的"尾旗"，作为通行区间闭锁的办法。改造完毕后供南来北往的汽车通行，担负起通汽车的任务。笔者20世纪80年代就读郑州大学，来往新乡郑州间汽车经过此桥，南北双方更替半个小时放行，交通颇为拥堵，时间最长一次等待了8个小时才通过大桥，好在那时很少有私家车。

1987年，中华人民共和国国务院批准将郑州黄河铁路大桥拆除，7月27日开始拆除。1988年6月24日，郑州黄河铁路大桥拆除完毕，"黄河第一铁路桥"最终完成了它的历史使命。

河南省报经水利部批准留下南端5孔桥梁160米作为工业文物保存在黄河南岸的原址上，作为景区开放游览。2016年2月，黄河第一铁路桥（郑州黄河铁路大桥）旧址入选河南省第七批文物保护单位名单。2018年1月，郑州黄河铁路大桥入选第一批《中国工业遗产保护名录》。

第十四节　京广铁路黄河大桥

京广铁路黄河大桥，1958年5月14日开工，1960年4月20日竣工通车，全长为2889.8米，当时设计最高时速80千米。

站在黄河桥头，每隔三四分钟，就能看见一趟列车经过。鸣笛声，像一首旋律简单的乐曲，一天通行240趟列车，成千上万的旅客从遥远的地方，经过这里，再被送往遥远的地方。新乡经济借助铁路得以飞速发展。

时光如梭，白驹过隙，一晃 54 年过去了，它没有停歇过一刻。2014年 5 月 16 日，京广铁路郑州黄河大桥退休。

京广铁路郑州黄河大桥在建设伊始，由于当时的建桥技术和地理条件限制，大桥桥墩入土深度只有 30 米，基础较浅，每年汛期，河床冲刷对大桥的安全造成影响。担负大桥养护维修任务的郑州铁路局郑州桥工段黄河桥梁车间都会启动黄河铁路大桥度汛抛石，截至 2013 年已有 23 年历史。①

一笼笼用铁丝捆扎的石块在抛投手的奋力推动下，从一台台固定或能移动的铁架小车上抛入黄河，滚落在桥墩的前方，河面上顿时飞溅起几米高的水柱，这叫作"抛石"。

京广铁路郑州黄河大桥退役后，位于下游百余米的京广铁路新黄河特大桥（也是郑焦城际黄河大桥）正式启用将接过贯通京广线的重担。相对于老桥 30 米的浅桥基，新建郑焦城际铁路黄河大桥的桩基深入黄河水下近百米，能抵抗三百年一遇的洪水冲击。

第十五节　京广铁路（新乡市）

新乡之有铁路始于清光绪年间。光绪二十三年（1897），清廷与比利时订立借款和筑路合同，商定修筑芦沟桥至汉口铁路（始称芦汉铁路，后易名为京汉铁路、平汉铁路、京广铁路等名称），4 月开工修建。1903年，由正定修至新乡。1905 年 1 月，安阳至新乡间开通营业。1902 年，清廷同英国福公司签订造路协议，修筑道口至泽州（今晋城）铁路，由三里湾、道口经新乡至待王段，1904 年 1 月竣工，3 月 7 日通车。1905年 8 月芦汉铁路（新乡段）正式营运。至此，新乡成为京汉、道清两铁路十字交叉的重要枢纽。1906 年 4 月，京汉铁路建成通车，北起北京卢沟桥、南至武汉汉口。

---

① 薛璐：《郑州黄河铁路大桥服役 54 年退休，三桥经百年沧桑》，《郑州晚报》2014 年 5月 9 日。

1937年"七七事变"后，日军长驱直入，1938年2月中旬，侵占新乡，平汉铁路北段及道清铁路全陷日军手中，铁路管理权被日伪华北交通公司攫取。1938年，日军由道清路西端之清化经东马、陈庆跨丹、沁两河将该线延筑到怀庆（今沁阳）西关，增长18公里。1939年，又将该线三里湾、道口至游家坟一段拆除。所拆材料用于修筑新（乡）开（封）铁路。新开铁路是年5月通车，全长102.91公里。

1945年，日军投降，国民党军队自郑州、新乡一带沿平汉线进攻晋冀鲁豫解放区，国民政府交通部随军接管铁路。1947年，新乡、安阳间铁路陷于瘫痪。

1949年5月初，新乡解放。铁路工人积极修复机车，填补路基，加固桥梁，铺设股道，5月15日新乡至焦作段通车，25日新乡至郑州段通车，新乡至安阳段分南北两支队伍抢修，于10月3日在宜沟接轨。10月11日，由安阳开出的列车抵达新乡。

随着国民经济的恢复与发展，郑州铁路局对所辖京汉线逐步进行技术改造。经过线路换轨大修，加固提高桥梁等级，改造通讯信号设备，加强区段站的建设，运输效率大大提高。

1955年年底，开始对京汉线安阳至郑州站段进行复线建设，1958年5月15日竣工。同时，对新乡车站进行扩建，扩大客运票房及候车室，新建车站广场1.2万平方米和15股道的运输货场一处。1974年，新乡车站再次扩建，到1985年，新乡车站已拥有6条客车到发线，成为先进的电气集中信号连锁设备的客货两场纵列式一等区段站。

新乡铁路分局隶属于郑州铁路局，所辖范围北至京广线安阳站，南至黄河南岸站，东至新菏线吕陵站，西南至焦枝线邙山站，西北至太焦线五阳站。内有京广、太焦、焦枝、新菏四大干线，正线延展长度60466公里，地涉晋、鲁、豫三省。

除国家铁路外，新乡原来还有新（乡）长（垣）、新（乡）原（阳）、新（乡）辉（县）等地方铁路，形成地方运输网络，对新乡市及有关各县经济振兴曾经发挥了重要作用。①

---

① 新乡市地方史志编纂委员会编：《新乡市志》（上册），生活·读书·新知三联书店1994年版，第580页。

京广铁路（北京—广州）是一条从首都北京市通往广东省广州市的铁路，于 1957 年全线建成，全长 2302 千米。原分为北南两段。北段从北京市到湖北汉口，称为"京汉铁路"（1949 年以前称"平汉铁路""芦汉铁路"），于 1897 年 4 月动工到 1906 年 4 月建成。南段从广东广州到湖北武昌，称为"粤汉铁路"，于 1900 年 7 月动工到 1936 年 9 月建成。在 1957 年武汉长江大桥建成通车后，两条铁路接轨，并改名为"京广铁路"。2001 年 4 月 28 日，京广铁路全线完成电气化改造。2014 年 5 月 16 日，郑焦城际铁路黄河大桥竣工，京广铁路上运行的火车换到此桥上运行。

京广铁路在新乡地区曾设置过 7 个站，分别是塔岗、卫辉、新乡北、新乡（一等站）、七里营、亢村、忠义。京广铁路是中国最重要的一条南北铁路干线，其连接了 6 座省会、直辖市，以及多座大中型城市。

第十六节　道清铁路（新乡市）

道清铁路是从安阳滑县道口镇中经新乡至焦作市博爱县清化镇的一条豫北地方铁路，因东起滑县道口镇，西终止于博爱县的清化镇而得名。道清铁路全长 150 公里。1902 年 7 月开工，1904 年 3 月 7 日，道口至待王段通车。1907 年 3 月 3 日，道清铁路全线筑竣通车，是河南省内最早竣工的铁路线。

民国《新乡县续志》记载："道清铁路，光绪二十八年修入新境，东自白露站西入境，西至大召营西出境，城东南许窑为新乡老站，城西南为游家坟站。自游家坟北分支路与京汉铁路相联络为道清铁路新站。"[1]

道清铁路是英帝国主义为掠夺焦作煤矿资源而修建的一条运煤专用线，横跨浚县、滑县、汲县、新乡、获嘉、修武、河内 7 县。后来，又从清化向西南延修 13.25 公里。至此，道清铁路全长 163.70 公里，共设陈庄、清化、柏山、老君庙、李封、焦作、待王、修武、狮子营、获嘉、大召营、游家坟、新乡、白露、汲县、李源屯、柳卫、王庄、道口、三里湾 20 个车站，铁路沿线共建桥梁 94 座、涵洞 116 个、站房 32303 平方米。

---

[1] 民国《新乡县续志》卷一《交通》。

邑人田荫生记载了道清铁路通车后新乡的变化："自京汉道清相衔接，四通八达，商业日臻繁盛，数年以来，几为城镇乡贸迁有无之中心点。"① "道清铁路一半路段在新乡境内，提升了新乡在河南、特别是豫北地区的经济、政治地位，使新乡从一个三等小县成为豫北重镇，成为豫北地区政治、经济、文化中心，逐步取代了豫北三府（彰德府、卫辉府、怀庆府），并跻身于全国中等城市行列。"②

1938 年，道清铁路新乡段被拆除，道清铁路成为新乡铁路发展史上一段重要篇章。郑州大学历史学院研究生以道清铁路为题撰写硕士学位论文，探讨铁路与新乡兴起的关系，认为新乡因道清铁路从三等小县跻身于全国中等城市，"新乡从一个普通小县城变成了京汉铁路与道清铁路交汇的要冲，其战略地位和经济地位变得愈发重要"③。

第十七节　新开铁路（新乡市）

新开铁路是抗战时期日伪占领河南沦陷区所修筑的一条从新乡到开封的铁路，是日本为连接沦陷区平汉铁路与陇海铁路而修筑的。

抗日战争全面爆发之后，1937 年 11 月初，日军进攻并侵占豫北门户安阳。1938 年 2 月初，日军沿平汉铁路往南进犯，从 2 月 11 日至 2 月 17 日，先后占领汤阴、淇县、汲县、辉县、新乡。面对日军的猖狂进攻，国民党守军新编第八师奉命，将平汉铁路黄河大桥第 38 孔至 82 孔共计 44 孔的钢梁和桥墩全部炸毁，以阻止日军南侵。自此，平汉铁路中断。

1938 年 6 月，日军由徐州攻占开封后，继续向西进犯。由于当时陇海、平汉两条铁路在中牟一带和新乡以南黄河大桥处中断，运输受阻，日军为了把华北经陇海线和连云港构成运输通衢，决定修建自小冀经阳武、齐亦集、荆隆宫到开封的新开铁路。

由于线路所经地段地势平坦，路基随高就低，路堤高度一般只有 1 米

---

① 民国《新乡县续志》卷一《交通》。

② 赵新颜：《道清铁路兴衰故事》，《新乡日报》2012 年 8 月 24 日第 5 版。

③ 毛勇：《铁路与新乡城市的兴起（1905—1937）》，郑州大学历史学院 2010 年硕士学位毕业论文，第 12—13 页。

左右，近乎就地爬行，桥涵均是木便桥，轨料又系拆除道清铁路移用，使得工程比较容易，速度之快堪称战时筑路之最。新开铁路于 1939 年 5 月 5 日建成通车，并在太平镇站举行了通车典礼，当月 20 日开始临时运营。

新开铁路全线总长 102.913 公里，其中利用平汉铁路 14.23 公里，实际新建 88.683 公里，共设有新乡、小冀（日军占领时期改名为新南车站）、小冀镇、吕庄、阳武县、太平镇、齐亦集、荆隆宫、大马庄、开封 10 个车站。后来又在距新乡 7 公里处增设了 1 个召南车站，作为会让站用。

自 1939 年 5 月 5 日建成通车，到 1945 年 8 月 15 日日本投降，在此 6 年多的时间内，据概略推算经新开线运输的煤炭就有 500 万吨之多，新开铁路成为日本帝国主义疯狂掠夺我国经济资源的主要通道。[1]

日军华北铁道部队在伪河南省建设厅的协助下，裹挟沿线民众加入筑路及"护路"活动，新开铁路也成为中国抗日武装攻击的目标。日伪通过组建沿线"爱路村"及修筑防护铁路工程加强对铁路沿线的控制。新开铁路的修筑，便利了日军对占领区的控制，满足了日伪对河南物资的掠夺需求。

1945 年 9 月 29 日，国民政府将新开铁路改为"汴新铁路"。1947 年 3 月随着花园口合龙，黄河主流引归故道，陆续拆除汴新铁路。至此，通车时间不到 8 年、被日军侵占 6 年零 3 个月的新开铁路遂告结束。

第十八节　新荷铁路（新乡市）

新菏铁路西起新乡，东经长垣，于赵堤跨黄河进入山东省境内，经东明、菏泽南，与济菏铁路菏泽车站衔接。途经古固寨、延津、长垣、东明、吕陵店、菏泽南等 16 个站，全长 165.4 千米。其中河南境内 114.55 千米，山东境内 50.85 千米。

该线西交京广、新焦铁路，向东与菏（泽）兖（州）、兖（州）石（臼所）铁路相接。新菏线西可至西安、东可至石臼所港，横贯陕、晋、豫、鲁四省，是平行于陇海铁路，沟通我国西南、西北与华东华北广大地

---

[1]　张星军：《新开铁路建拆始末》，《新乡日报·人文牧野》2018 年 12 月 7 日第 5 版。

区物资交流的又一大动脉。新菏线的修建，对满足日益增大的客货运输的需要，开辟外运通道，支援华东、中南地区，促进国民经济的振兴及巩固国防，都具有十分重要的意义。

该线由铁道部第三工程局和大桥工程局承建。1983 年 3 月动工，1985 年 12 月 28 日全线通车。20 世纪 90 年代初期，年货运量上行为 1196 万吨，其中晋东南煤炭占 80% 以上，下行约 185 万吨。[1] 随着晋东南煤炭的开发，中原油田的开采以及沿途工农副各业的发展，该线担负的客货运量正日益增大。

新荷铁路起点新乡市，是河南省地级市。新乡市地处河南省北部，建国初期为平原省省会，是豫北地区重要的中心城市，中原地区重要的工业城市、中原经济区及中原城市群核心区城市之一，也是豫北的经济、教育、交通中心。截至 2018 年，新乡市辖 12 个县（市、区）、1 个城乡一体化示范区、2 个国家级开发区，总人口 617.34 万人，常住人口 579.41 万人。

菏泽，山东省地级市，中国牡丹之都，古称曹州，位于山东省西南部。菏泽原系天然古泽，济水所汇，菏水所出，连通古济水、泗水两大水系，唐更名龙池，清称夏月湖。清雍正十三年（1735）升曹州为府，附郭设县，因南有"菏山"，北有"雷泽"，赐名"菏泽"。2019 年，菏泽市下辖 2 个市辖区、7 个县，另设有 2 个开发区，常住人口 878.17 万人。

新菏铁路上有长东黄河大桥，位于河南省长垣市与山东省东明县的黄河上，长 10297.5 米。1983 年 10 月开工修建，1985 年 12 月竣工通车。

新菏铁路加强了河南山东的经济联系，促进了两省的经济发展。

第十九节　京广高速铁路（新乡市）

京广高速铁路，简称京广高铁，又称京广客运专线，是京港高速铁路（北京至香港）的重要组成部分，是中国《中长期铁路网规划》中"八纵八横"高速铁路的重要"一纵"，呈南北走向，截至 2020 年 6 月为世界

---

[1]　新乡市地方史志编纂委员会编：《新乡市志》（上），生活・读书・新知三联书店 1994 年版，第 584 页。

上运营里程最长的高速铁路。

2005 年 6 月 23 日,京广高速铁路武广段正式开工建设;2008 年 10 月,京广高速铁路京石武段动工建设;2009 年 12 月 26 日,京广高速铁路武广段开通运营,初期时速 350 千米/小时;2011 年 7 月 1 日,京广高速铁路武广段运营时速降至 300 千米/小时;2012 年 9 月 28 日,京广高速铁路郑武段开通运营;2012 年 12 月 26 日京广高速铁路京郑段开通,标志着京广高速铁路全线开通运营。

京广高速铁路自北京西站至广州南站,全长 2298 千米,共设 37 个车站,设计最高时速 350 千米,运营时速为 300 千米。

新乡高铁站一般指新乡东站,位于新乡市荣校路东段,107 国道(东环路)东侧,京港澳高速公路西侧,距北京 626 公里。新乡东站是中国铁路郑州局集团有限公司管辖的铁路枢纽。新乡东站途经线路为京广高速铁路。

2012 年 9 月 30 日,新乡东站主站房竣工。2012 年 12 月 26 日,新乡东站开通使用。新乡东站投入使用以后,保证了京广高速铁路石武段的顺利运行,同时进一步拉近了新乡与外部世界的距离,扩大了新乡人的行动半径,拓展了新乡人的生活和工作空间,新乡市民因此实现了快速"北上"或"南下"的梦想,成为新乡实现崛起的"加速器"。

第四章　祠堂故里

第一节　关龙逄故里（长垣市）

关龙逄故里在长垣市恼里镇龙相村，关龙逄是夏朝末年中国历史上第一个以死谏君的忠臣。[①]

关龙逄（前1713—前1620），中国历史上第一位名相[②]，故里在今长垣市恼里镇龙相村。古时此地称龙城，龙城相传为关龙逄读书处，其村又名龙相。[③]"考邑乘，关龙公为邑之龙相村人，有墓存焉"[④]。

夏王朝从公元前21世纪建立，直至公元前16世纪，最后一个君王夏桀荒淫暴虐，凶残无道。

关龙逄多次向夏桀进谏，要他关心百姓和国家，但夏桀根本听不进去。据说："夏桀为长夜之饮，龙逄尝引黄图以谏，立而不去。桀曰：子又妖言矣！于是焚黄图，杀龙逄。"因此关龙逄成为我国历史上第一个以死谏君的忠臣。

夏桀杀害了关龙逄，更加肆无忌惮，再也没人敢犯颜进谏了。这时商民族日益兴盛起来，首领商汤率师讨伐夏桀。夏桀的军队不堪一击，在鸣条（今封丘县东南）一战便彻底溃败了。夏桀逃奔安徽南巢，死于亭山，

[①]　宋广民主编：《长垣古代名人传》，中州古籍出版社2017年版，第6页。

[②]　关龙逄，董姓，生于夏廑19年，卒于夏桀32年，中国历史上第一位名相，因为进谏忠言而被杀，享年93岁，做了发、桀两代夏王的相。故里在今恼里镇龙相村。古时此地称龙城，原有一座大墓，墓前有祠，那就是夏朝末年中国第一位以死谏君的忠臣关龙逄的陵墓。此地松柏遮荫，庄严肃穆。可惜后来连年战乱，加上黄河水淤积，到清末竟荡然无存。

[③]　长垣县地方史志编纂委员会：《明清民国长垣县志》（整理本），1993年内部印制，第372页。

[④]　《重修长垣双忠祠卧石记》，（清）同治《增续长垣县志》卷下《艺文志》。

夏就此灭亡了。

夏朝灭亡以后，后人把关龙逄的尸骨安葬在家乡龙城。明朝时期，人们十分敬仰这位有史以来第一位因进谏而遭屠戮的忠臣，便将他和商末因进谏被商纣王剖心杀害的比干一同纪念，在长垣南关修建"双忠祠"，文学家李梦阳撰写碑文。李梦阳文章写得好，字又写得好，《双忠祠碑》堪称一绝，再加上两位忠臣品德高尚，故人们合称此碑为长垣"三绝"。

长垣"地壤丰饶，民俗礼义，而文德聪敏之士实多；遇大难守义而不变"。"孔子谓卫公曰：男子有死之志，妇人有守西河之志"；"孔子谓子路曰：邑多壮士，难治"；长垣"淳雅忠厚之风犹存"，"古苟有道者相率而趋之，甚不难也"。① 所以长垣能出关龙逄这样的千古忠臣，是有深厚的地理、民俗因素的。

双忠祠前有碑石，上有"一片忠肝"四篆字，碑石长约三尺，宽一尺四寸，字径六寸。史载明时龙相村人掘地所得，"遒劲苍古，石光可鉴，不知何代物也"。② 清同治《增续长垣县志》记载："双忠祠在南关，殿宇坍坏，仅存祀室一楹亦已倾欹，同治四年知县王兰重修。"③《重修长垣双忠祠卧石记》记载："双忠祠，长邑胜区也，祀夏大夫关龙公、殷少师王子，肇基于前明。""有廊庑池亭之盛，为士子藏修、宾客游衍之所"，"益以民田八亩余，立射圃，建观德亭，造弓矢旌簴、竽琴钟磬、侯乏丰福等器，其胜盖可想也"。④

长垣城南有关龙逄墓，"夏关龙逄墓在城南龙城。汉东方朔曰：昔龙深谏于桀，而王子比干直言于纣。此二臣者将以为君之荣，除主之祸也"⑤。

清初长垣人郜焕元曾赋诗《双忠祠》赞曰：

---

① （明）嘉靖《长垣县志》卷一《风俗》。

② 民国《长垣县志》卷十六《金石志》。

③ （清）同治《增续长垣县志》卷上《祠祀》。

④ （清）同治《增续长垣县志》卷下《艺文志》。侯，箭靶。乏，古代射礼唱靶者用以避箭的器具，其形略似屏风。丰，中国古代礼器，形状像豆，用以承酒觯。福，祭祀用的酒肉。

⑤ （明）嘉靖《长垣县志》卷八《古迹》。东方朔语出自其《非有先生论》。

劲草堂前古柏垂，双忠遗留使人悲。

欲知直节匡前代，更读中原三绝碑。①

清代许鹏扶诗一首：

肝胆空披死谏君，黄河曲里有孤坟。

末绵夏祚终余恨，但殒微躯岂足云。

吊古三杯田横酒，诔芳一部屈原文。

慎无说坏天王圣，知是忠魂不忍闻。

民国元方诗一首：

死谏开先第一人，千秋从此解批鳞。

空言盛世能旌善，坏土何曾表直臣。②

第二节　姜太公故里（卫辉市）

姜太公是商末周初著名的政治家、军事家与哲学家，是中国历史上最早的谋略与智慧之师。姜太公也是姜姓、吕姓、尚姓、丁姓等数十个中华姓氏的始祖。但是，有关太公故里问题，有许多说法，如卫辉说、南阳说、日照说、淄博说等。从目前所见到的文献与考古依据综合研究，我们认为河南卫辉说最具说服力，也最接近历史的真实。③

卫辉，古为汲邑、汲郡、汲县，与商末都城朝歌毗邻。西晋汲郡出土的《竹书纪年》专载姜太公为"汲邑人"，这说明姜太公故里在卫辉的观点，最少盛传于东周时期。北魏郦道元《水经注·清水》对卫辉的太公遗存有着详细的记载：

汲县，城西北有石夹水，飞湍浚急，人亦谓之磻溪，言太公尝钓于此也。城东门北侧有太公庙，庙前有碑，碑云：太公望者，河内汲

---

① 潘长顺等编：《新乡历代名胜诗选》，中国文史出版社1992年版，第242页。

② 许鹏扶、元方诗见宋广民主编：《长垣古代名人传》，中州古籍出版社2017年版，第9页。

③ 张新斌：《姜太公故里在卫辉》，《寻根》2007年第3期。

人也。太公本生于汲，旧居犹存。城北三十里，有太公泉，泉上又有太公庙。庙侧高林秀木，翘楚竞茂。相传云太公之故居也。晋太康中，卢无忌为汲令，立碑于其上。太公避纣之乱，屠隐市朝，遁钓鱼水，何必渭滨，然后磻溪，苟惬神心，曲渚则可，磻溪之名，斯无嫌矣。[①]

上述文献，不仅明确记载太公故里在今卫辉，而且还详细记述了汉晋时期太公故里的文物遗存。

卫辉的太公胜迹，不仅数量多，而且历史悠久。

明万历《卫辉府志》记载："姜太公庙在府城西北三十里太公泉上，因墓而建，有汉崔瑗碑、晋卢无忌碑。"[②] 说明至少汉代已有太公庙。卫辉汲城村、旧县城东门内以及新乡市牧野区也各有太公庙一处。

新乡姜太公庙位于新乡市牧野区，为新乡市重点文物保护单位。[③]

太公墓，位于卫辉市太公镇吕村西1公里的黄土岗上。该墓墓前今仍保留有清康熙年间所立"姜太公茔葬处"碑，新立有"姜太公吕尚之墓"碑，新修有青石甬道，以及仿汉阙门。

太公钓鱼处，位于卫辉市太公泉镇太公泉村西。《水经注》称其为"石夹水"，又名磻溪，传为"太公钓鱼处"。现仍保留有较大水面，并保留有清乾隆时毕沅所立"太公钓鱼处"碑。2002年夏，在池水旁新建有"太公钓鱼"铜铸塑像，并于同年太公诞辰日举办了"首届太公文化节"。

2019年9月，中国先秦史学会和卫辉市人民政府主办的"中国卫辉太公文化高层论坛"在卫辉召开，一致认为，姜子牙（太公）为卫辉人，卫辉为姜子牙（太公）故里。

第三节　毛遂故里（原阳县）

毛遂故里位于今平原示范区师寨镇路庄村。

毛遂（前285—前228），赵国人，为"战国四公子"之一平原君赵

---

① （北魏）郦道元著，陈桥驿校证：《水经注校证》，中华书局2013年版，第215—216页。

② （明）万历《卫辉府志》卷五《祠祀志》。

③ 新乡市郊区史志编纂委员会编：《新乡市郊区志》，生活·读书·新知三联书店1993年版，第279—280页。

胜的门客。赵孝成王九年（前257），秦国攻打赵国，邯郸危在旦夕，平原君到楚国求救，随从人员找了19名，最后一名不能确定。关键时刻毛遂挺身而出，自荐前往。平原君和楚考烈王谈判时，楚王因惧怕强秦，迟迟不愿出兵，关键时刻毛遂仗剑而出，慷慨陈词，直说利害，使得楚王同意与赵国结盟，并派春申君领兵救赵。司马迁在《史记·平原君虞卿列传第十六》中浓笔重写毛遂自我推介的过程，评价毛遂"以三寸之舌，强于百万之师"，于是毛遂成了挺身赴难，万民景仰的英雄。如今，因毛遂自荐而衍生出来的成语不胜枚举，如毛遂自荐、歃血为盟、脱颖而出、锥处囊中、因人成事、一言九鼎、挺身而出、九鼎大吕、三寸之舌、日出而言、日中不决等。

图4-1　作者带领牧野文化考察团成员考察毛遂故里（2014年9月6日）

　　毛遂故里遗址门口左右两侧立有功德碑，进入院中"自荐亭"赫然在目，乃中国社科院考古专家张政烺所题"毛遂之乡"，为楷体。在主殿和亭子之间，左右两侧各有两通碑石，西侧所立乃中国历史博物馆研究员曹肇基所题篆文"毛遂故里"，东侧则是中国历史博物馆研究员史树青所题楷书"毛遂故里"。毛遂古庙大殿前，乃民国十三年（1924）所立碑碣四通。甬道两侧各两通。东侧居左为《毛仙庙碑》，碑文为蝇头楷体，书法严谨而灵动。大殿居中端坐毛公遂之塑像，两侧则立有侍女。大殿侧墙绘有大型壁画，东墙所绘为毛氏祖先画像，西墙所绘为"威慑楚王图"，情节栩栩如生。庙中共有大殿三间、厢房十间、自荐亭一座、碑刻十数通。现已为省级文物保护单位。

距毛遂庙东行百余米就是"毛岗"，岗上有小亭名"颖脱亭"，亭中树石碑一通书"毛遂之墓"，颖脱亭后就是毛遂墓冢。

据研究，西周初年周文王姬昌子姬郑被武王姬发封于当时的毛地，今河南省原阳县境，是为毛国，爵位伯，其后代以国为氏，是为毛氏。郑灭毛国后，其子孙置守其地，到22世毛遂，因自荐威楚，仕居赵国（今河北鸡泽）。毛伯郑第40世毛苌为河间献王博士，世称"小毛公"，其后代的一支回到原阳定居。到西晋末年，毛伯郑第52世孙毛宝因战乱随司马皇族迁居江南，成为江北毛氏与江南毛氏的传继人。自西周毛氏封国到西晋毛宝南迁，历时1300余年，传52世，主要在中原繁衍。到54世毛璩才正式在浙江衢州定居，传12代后，到66代毛让因仕迁江西吉水，又传约23代，到89代毛太华先云南后湖南韶山，再传20代到毛泽东，历时3000余年，共传108代。①

另外，从正史、地方志、毛氏族谱、韶山毛氏承认和社会公认等多方面来看，毛泽东祖籍在河南原阳，河南原阳毛氏及其后裔辗转至湖南韶山。②

第四节　陈平祠（原阳县）

陈平祠亦即"陈曲逆侯祠"，"在县东北二十里古户牖乡"，③ 即今原阳县阳阿乡阳阿中村。康熙三十四年（1695）《开封府志》记载："在（阳武）县东北二十里，汉武帝三年建，明洪武十三年重修。国朝康熙二十三年复修。"④ 2008年公布为河南省第五批重点文物保护单位。

民国《阳武县志·古迹志》云："事有旷百代而相感者，非人实存，其迹存也，然迹存其人亦存。故过博浪而子房之英风如故也；过户牖而孺子之伟抱如故也。"⑤

陈平（？—前178），字孺子，《史记·陈丞相世家》记载："丞相平

---

① 毛国杰：《韶山毛氏祖根在河南原阳》，《党的文献》2002年第6期。
② 刘玉琛：《论毛泽东祖籍在河南原阳》，《河南大学学报》（社会科学版）2003年第1期。
③ 民国《阳武县志》卷二《祠祀》。
④ （清）康熙三十四年（1695）《开封府志》卷十八《祠庙》。
⑤ 民国《阳武县志》卷一《古迹志》。

者，阳武户牖乡人也"，西汉开国功臣之一，《史记》称之为"陈丞相"。少时喜读书。陈平长得身材高大，相貌堂堂，"平为人长大美色"，人赞"好美如陈平""美丈夫，如冠玉耳"。和同县张苍俱为美男子，有大志。

陈平所居的库上里祭祀土地神，陈平做主持割肉的人，他把祭肉分配得很均匀。父老乡亲们说："好，陈家孩子真会做分割祭肉的人！"陈平说："唉，假使让我陈平主宰天下，也会像这次分肉一样呢！"司马迁《史记》记载：

> 里中社，平为宰，分肉食甚均。父老曰："善，陈孺子之为宰！"平曰："嗟乎，使平得宰天下，亦如是肉矣！"①

清代开封府知府朱绣谡曾考证阳武地名，认为正是因为陈平才使阳武扬名于世：

> 阳武地名，三代列国时均不可考。秦置阳武县，属三川郡。《史记·陈丞相世家》云：陈丞相平者，阳武户牖乡人也，阳武之名遂著于史传。②

清乾隆《阳武县志》：

> 库上里，乃户牖乡，在县东北二十里，即汉陈孺子宰肉地。③

民国《阳武县志》：

> 库上里，乃户牖乡，即今阳阿村。陈丞相墓在库上里，即汉陈平墓，今没于河。④

陈平跟随刘邦转战南北，出谋划策，刘邦用陈平"谋计，战胜克敌"，汉高帝五年（前202）以"户牖乡"封陈平，次年封陈平为"户

---

① （汉）司马迁《史记》卷五十六《陈丞相世家》第二十六，中华书局2014年版，第2494页。
② （清）乾隆《阳武县志》开封府知府朱绣谡序。
③ （清）乾隆《阳武县志》卷五《古迹志》。
④ 民国《阳武县志》卷一《古迹志》。

牖侯"。

后来，刘邦改封陈平为"曲逆侯"。刘邦南行过曲逆（今河北省保定市顺平县），见其"屋室甚大"，叹曰："壮哉县！吾行天下，独见洛阳与是耳。"顾问御史曰："曲逆户口几何？"对曰："始秦时三万余户，间者兵数起，多亡匿，今见五千户。"① 于是乃诏御史，更以陈平为"曲逆侯"，尽食之，除前所食户牖。在汉高祖所封的功臣之一中，尽食一县之户的只有陈平一人。

汉高帝六年（前201）建议刘邦伪游云梦，逮捕韩信。次年，刘邦为匈奴困于平城（今山西大同北部）七天七夜，后采纳陈平计策，重贿冒顿单于的阏氏，才得以解围。

汉高祖死后，吕后以陈平为郎中令，傅教惠帝。惠帝六年（前189），与王陵并为左、右丞相。王陵免相后陈平擢为右丞相，但因吕后大封诸吕为王，陈平被削夺实权。吕后死，陈平与太尉周勃合谋平定诸吕之乱，迎立代王为文帝（汉文帝）。文帝初，陈平让位周勃，徙为左丞相，因明于职守，受到文帝赞赏。不久周勃罢相，陈平专为丞相。孝文二年，谥"献侯"，葬阳武县（今原阳县）户牖乡库上里。

陈平祠始建于汉武帝建元三年（前138），初建之时规模宏大、金碧辉煌，计有山门、大殿、拜殿、广生殿、歌舞楼、后寝宫及左右厢房，竖立碑刻、悬挂牌匾无数，占地面积5顷之多。陈平祠现存院落一处，有明天顺年间的"汉曲逆侯陈公故里"碑，明嘉靖二十六年（1548）的"陈丞相雪诬辩"等碑刻。"陈丞相雪诬辩"碑证明历史上所谓陈平"居家时常盗其嫂"的传说是以讹传讹，并纠正了某些书籍记载的谬误。祠堂额书"曲逆侯"，祠堂内供有陈平塑像。

陈平祠大殿明柱楹联：

辅幼君摄国政伟绩冠乎当代，展奇才保炎汉芳声重于千秋。

这副对联比较全面地概括了他的一生，后人评价他"奇计安天下，大谋善始终"。正是：

---

① 《史记》卷五十六《陈丞相世家》第二十六，中华书局2014年版，第2500—2501页。

三朝辅宰两封侯，足智多谋善运筹。

让勃推陵安汉室，史尊贤相誉千秋。①

清人赵宾《经陈孺子故里》：

蝉声烟树杪，秋色散荒村。

开阁风流地，苍黄落日长。

清人张慎为《库上里》：

间关逃楚计，漂泊依刘身。一代从龙佐，里中宰肉人。

白日空村暮，遗祠表肃清。松风天籁起，如听楚歌声。

陈侯天下士，容易遂翔起。不遇魏无知，终身库上里。

龙蛇未有属，喋血祸区宇。库上无斯人，纷纷正割土。

何处席门是，苍烟笼四野。年年库上人，宰肉赛秋社。

清谢包京《过陈孺子故里》：

户牖依然在，茆茨非旧邻。不知今日社，分肉更何人。②

第五节　邵夫子祠（辉县市）

邵夫子祠位于辉县市百泉湖西北角，是为纪念北宋著名思想家、史学家、易学家和诗人邵雍所建的祠堂。明成化六年（1470），辉县知县张锦建祠于安乐窝旧址。③ 清道光八年（1828），辉县知县周际华移建到百泉湖西岸。由大门、两陪房、两厢房、击壤亭、大殿组成。有拜殿、正殿各三间。正殿内祀邵雍遗像。

---

①　原阳陈平祠大殿书法作品。

②　赵宾、张慎为、谢包京诗见（清）乾隆《阳武县志》卷十一《艺文志》。

③　（明）万历侯大节纂修、卫辉市地方史志办公室点校：《卫辉府志》卷五《坛庙》，中州古籍出版社 2010 年版，第 122 页。

邵雍（1011—1077），生于共城（今辉县市），① 字尧夫，谥号康节，自号"安乐先生"。自幼家贫，丧母，随其父隐居苏门山。邵雍学习刻苦，聪颖过人，时任辉县县令的李之才（挺之）料他将来必成大器，主动教授他《易经》。从此邵雍"覃思刻励，冬不炉，夏不扇，夜不就席者数年，安贫乐道，自云未尝攒眉，名所居为'安乐窝'，少自雄才，慷慨有大志"②，苦苦寻求天地之奥秘，终在理学界独树一帜，首开宋代以来象数学的天河，著有《皇极经世》《渔樵问对》《击壤集》《梅花易数》等著作。

邵雍是"北宋五子"（指周敦颐、邵雍、张载、程颢、程颐）之一，被后代儒生们奉为榜样，祀称"先儒邵子"，尊称"夫子"，故祠堂称为"邵夫子祠"。

邵雍的《山村咏怀》大家耳熟能详："一去二三里，烟村四五家。亭台六七座，八九十枝花。"这是诗人在阳春三月时去共城（今河南辉县市）游玩，看到了乡间野外的明媚春光和迷人的乡村风物，诗兴大发而作的一首诗，表达了诗人的闲适心绪、对大自然的喜爱和享受生活的积极人生态度。邵雍的"一年之计在于春、一日之计在于晨"等名言警句也广为流传。

清道光年间，曾对邵夫子祠增修。清宣统二年（1910），袁世凯、徐世昌于祠北侧添建四间厢房，保存至今。祠内有邵雍亲植桃、竹，故又名"桃竹园"。祠门外有碑镌刻"桃竹园"。院内有花坛种植桂花，每到秋季，总是散发出浓郁的香味；拜殿正中悬挂"击壤亭"匾额，一侧是朱熹撰文、徐世昌书"驾风鞭霆"匾，另侧为爱新觉罗·成孚书"秘启芭符"匾。

"邵夫子祠"和"击壤亭"匾额，为麟庆题写。击壤亭的柱子上共有三副对联：

---

① 蔡美彪等：《中国通史》（第7册），人民出版社1983年版，第413页。关于邵雍出生地，学界认为有河北范阳说、河北衡漳说、河南林县说。辉县共城文化研究会认为，邵雍的父母在共城（今辉县市）共同生活了22年（1007—1029），而诞生邵雍的大中祥符四年（1011），正是其父母共同生活在共城（辉县）的22年中的第五年，因此，邵雍真正的出生地应该在共城。参见茹呈智《圣哲邵雍的真实生地在共城》，未刊。

② （清）康熙《辉县志》卷十六《流寓》。

> 河出图，洛出书，观象玩占，明乎理亦达乎数。
>
> 冬不炉，夏不扇，覃思刻励，经其地如见其人。
>
> 精义入神，着皇极经世六十卷。
>
> 同声相应，有夏峰继轨五百年。（辉县县令康曾定题）
>
> 理数演苏门，高节真如清白水。
>
> 春阳回泰谷，举世皆登安乐窝。

作者十余年前游百泉时听讲解员背诵过一首邵雍的诗（《逍遥吟》），当时觉得非常好，但是没有记下来，邵雍的《伊川击壤集》里也没有收录。最近偶然见到，版本不尽相同，遂于 2019 年 10 月 29 日联系辉县百泉邵学会会长、邵雍后人邵泽武核对，邵会长提供了拓片资料，现将核对过的邵雍《逍遥吟》一诗收录如下：

> 茅屋任意自逍遥，山径崎岖宾客少。
>
> 看的是无名花和草，听的是牧野禽声叫。
>
> 喜的是青山隐隐，乐的是绿水滔滔。
>
> 春花开得早，夏蝉枝头闹。
>
> 黄叶飘飘秋来了，白雪纷纷冬又到。
>
> 叹人生易老，不如盖一所安乐窝自在逍遥。
>
> 上悬着琴棋书画，下坠着渔读耕樵。
>
> 闲了把琴敲，闷了河边钓。
>
> 吃一杯乐滔滔，将愁山推倒，
>
> 这滋味谁能知晓！

2019 年 11 月 16 日，首届邵雍思想文化高峰论坛在新乡市举行，本次论坛由新乡市文化广电和外事旅游局主办，来自全国各地的邵雍文化专家、爱好者参加了论坛，与会专家希望弘扬传承邵雍思想文化，使更多的人了解邵雍、研究邵雍，进而认识新乡市、走进辉县市，加快文旅融合，助推新乡市文旅产业健康发展。①

---

① 陈荣霞：《首届邵雍思想文化高峰论坛在我市举行》，《新乡日报》2019 年 11 月 18 日第 2 版。

第六节　翟母祠（封丘县）

翟母祠在封丘县治西，始建于西汉初年，到清初已废。清康熙十八年（1679），知县王赐魁在县城西北角翟母进饭处，重建翟母祠。王赐魁在《翟母祠记》中写道：

> 余读前志，翟母，封丘人也。汉高帝厄楚苦饥，母识汉王，馈箪食焉。逮帝业克成，欲酬之，母已去世矣。无以报，乃封冢立祠，岁时致祭，由来远矣。旧祠前有井，邑人徐图等建祠以祀之，始知翟母，载在祭典，垂诸简册，千百余年，不愧血食，今废久矣，殊可惜也。①

清康熙《封丘县续志》记载："汉高帝厄楚时，馁甚，母尝馈食及帝，帝业成，母已逝，乃封其墓，置封丘县，县之得名以此。有古井相传为妪之旧迹。"②

民国二十六年（1937）《封丘县续志》记载："翟母祠位于县治（今县政府）西百余步，南向，后濒水坑，规模矮小。"③ 民国十七年（1928）废，祠前有翟母井。

说是楚汉相争时期，刘邦在徐州败于项羽，带着十几个人，乘马落荒而逃，路过延乡（今封丘县）。刘邦等饥饿难耐，在延乡西巧遇翟姓妇女，给丈夫往田里送饭，刘邦遂乞食于她。翟母申明大义，把黍米饭全部给了沛公，刘邦因而得救。刘邦称帝后，寻找翟母，但翟母已经逝世。于是，刘邦不忘赐饭之恩，于是给翟母封墓修祠，树碑立传，并把延乡改名封丘，置县以示纪念。还把翟母家中的那口水井赐名为"翟母井"，封翟

---

① 邵廷奎主编：《明清民国封丘县志》，新风出版社 2001 年版，第 600 页。

② （清）康熙《封丘县续志》卷三《古迹》，《中国地方志集成·河南府县志辑》（14），上海书店、巴蜀书社、江苏古籍出版社 2013 年版，第 218 页。康熙《封丘县续志》质疑封丘以翟母得名："若以封翟母之墓为封丘，古封丘之封长丘、平丘之丘又何以称焉？正史所无，封志独有，既不敢遽以为是，亦未敢遽以为非，姑仍其旧，以俟知者。"见康熙《封丘县续志》卷三《古迹》，第 218 页。

③ 民国《封丘县续志》卷五《祀祠》。

母为封丘侯。康熙《封丘县续志》记载："翟母墓在县内保和街，今县治西。"

清康熙十三年（1674），封丘知县岳峰秀于汉高祖刘邦遇翟母进饭处，立石碑一通。现仅存半截儿。1937年，封丘县长姚家望新立石碑一通，碑高2.67米，宽1米，厚0.23米，上边魏笔书写"汉高祖遇翟母进饭处"九个大字。①

1958年，全民大炼钢铁，众多石碑被砸碎。有心人为了保护文物古迹，将该碑运到县城西大街人民饭店后院，埋入地下，该碑得以幸免于浩劫。按《太平寰宇记》引《鲁国都记》云：卫地之延乡，汉高祖与项羽战，败于此，有翟母免其难，后以延乡为封丘县，以封翟母。清朝《一统志》所载与此同。

翟母井现在封丘县北街路东，方家胡同内。康熙《封丘县续志》载："翟母井在县治西，相传天旱淘井祷雨辄验，久淤。"②

民国《封丘县志》记载："翟母井，明嘉靖二十年，知县朱缙祷雨灵应，率邑人徐图等，建祠以祀，后淤塞。清康熙二十六年，知县耿纮祚命匠复凿之，近南、北夹以碱坑，而井中面每高于坑，且水味甲于全城，甘美异常，诚不愧为灵物云。"③

《封丘县志》载："水甜为全城之冠。"翟母井北边立一通石碑，碑阳："翟母井"三个大字如斗，外柔内刚，舒展挺拔。碑阴记述了汉高帝刘邦兵败后路过封丘（延乡）时向翟母乞食的史实和县名的来历，现存井口0.66米，井台4.9平方米，1980年曾进行维修。

明监察御史詹雨有诗：

> 一饭恩成便有封，至今高冢勒遗踪。
> 九原羞杀淮阴辈，尺土谁酬百战功。④

---

① 封丘县地方史志编纂委员会编：《封丘县志》，中州古籍出版社1994年版，第604页。

② （清）康熙《封丘县续志》卷三《古迹》，《中国地方志集成·河南府县志辑》（14），上海书店、巴蜀书社、江苏古籍出版社2013年版，第215页。

③ 邵廷奎主编：《明清民国封丘县志》，新风出版社2001年版，第544页。

④ 邵廷奎主编：《明清民国封丘县志》，新风出版社2001年版，第274页。

第七节　使君祠（封丘县）

使君祠是纪念东汉百里嵩的祠堂，位于封丘县城东北王村乡庙岗村东南，元朝至大年间（1308—1311）初建，清康熙十九年（1680）知县王赐魁重封置垣，道光、光绪年间累有修缮。百里嵩曾任徐州刺史，汉代称刺史为"使君"，汉以后用作对州郡长官的尊称，也泛称奉命出使的人，所以称百里嵩祠为"使君祠"。明罗贯中《三国演义》第十三回《李傕郭汜大交兵，杨奉董承双救驾》中，吕布投奔刘备："今投使君，共图大事，未审尊意如何？"①

百里嵩，姓百里（复姓），字景山，封丘冯村乡东吴村人。东汉末年，他任徐州刺史时，注意兴修水利，发展农桑，并施以轻徭薄役，百姓得以休养生息。在"苛政猛于虎"的封建社会里，百里嵩成了群众赞颂的一位清官，"所至甘霖辄降，邑人立庙祀之"。②

百里嵩任职中，徐州一带曾遇到一次特大旱灾，禾苗枯焦，赤地千里。他体察民情，找水源，挖渠引水，跑遍所属各县。事有凑巧，不久普降喜雨，万民称赞这次喜雨为"刺史雨"，称百里嵩为"百里使君""雨神"。③后世为了追念他的爱民美德，为其驻墓修庙，塑像膜拜。封丘县城东北庙岗村南的"使君祠"，就是元代为纪念百里嵩而兴建的。

使君祠总面积约 4.4 万平方米，东西宽 207 米，南北长 164 米，大体呈横宽的距形状分布。主体有山门、大殿和后殿，雄伟壮观，气势恢宏。大殿内更有"千里秋成"慈禧太后御笔匾额一块，提升了百里嵩的价值品位和人格魅力，东侧有广生殿、玉皇殿等，皆保持着晚清建筑风格。

大殿东南角有一通石碑，简要记载了百里嵩生平及使君祠沿袭。封丘县原文化馆馆长李天赐说，清光绪六年（1880），朝廷为百里嵩敕加"普佑"封号，使君祠成为封丘唯一一座受过皇封的庙宇。

---

① （明）罗贯中：《三国演义》（上），人民文学出版社 1973 年第 3 版，第 103 页。

② （清）康熙《封丘县续志》卷三《冢墓》。

③ 《"雨神"百里嵩》，《河南日报（农村版）》2014 年 1 月 3 日。

清代康熙年间封丘县令王赐魁拜谒使君祠时曾作诗曰：

谒百里使君庙

食报在斯民，仪型汉老臣。流风怀百里，膏雨沛千春。
遗庙虽由旧，丹青俨若新。丰碑重勒石，古墓未荒榛。
享祀年年洁，桑麻岁岁匀。甘棠犹念召，苾黍敢忘郇。
保障功非浅，讴歌情亦真。莫言芳躅远，愿作盛名邻。

百里使君庙祈雨

千载英灵呼应随，争传百里使君祠。
昔称徐沛循良吏，今作乡邦雷雨师。
俎豆苾芬歆黍稷，旄倪伏腊荐牺牲。
爰知魃虐嗟艰食，每藉甘霖苏槁菑。
报德同心崇庙貌，敷功无教勒丰碑。
时来瞻拜频相祝，长为平丘厚保厘。①

王赐魁任封丘县令时，曾对使君祠修缮，并撰《百里公甘雨记》，勒石以传，口碑颇好。他的这首诗，不仅表明希望百里嵩爱民的作风永远流传下来，同时也表明了他向百里嵩学习的愿望。

1980 年，在封丘县人民政府的支持下，使君祠落基重建，旧貌换新颜，在有效利用、合理保护、加强管理的原则下，已成为封丘境内一所闪亮的历史人文景观。2005 年 12 月，被新乡市文物局公布为市级文物保护单位。

第八节　仓颉故里（原阳县）

仓颉是传说中黄帝的史官，汉字创造发明者，也称"苍颉"。其名字始见于《荀子》《韩非子》《吕氏春秋》等著作。仓颉究竟是哪里人氏，学术界有争议，结合目前学术研究成果，我们认为仓颉是原阳县人，生于

---

① （清）康熙《封丘县志·艺文·诗歌》。

原阳县齐街镇南留侯村。① 南宋罗泌著《路史·禅通记》载:②

> 仓帝史皇氏,名颉,姓侯冈。龙颜,侈哆,四目灵光。上天作令,为百王宪。实有睿德,生而能书。及受河图绿字,于是穷天地之变,仰观奎星圆曲之势,俯察龟文、鸟羽、山川、掌指,而刱(通"创")文字形,位成文声,具以相生为字,以正君臣之分,以严父子之仪,以肃尊卑之序。法度以出,礼乐以兴,刑法以著,为政立教,领事辨官,一成不外。于是而天地之蕴尽矣。天为雨粟,鬼为夜哭,龙乃潜藏。文字备,于以存乎记注,乃著绩,别生、正名、孚号,而升封于介丘,纪文字以昭异世,而文乱日昌矣。
>
> 乱百有一十载,都于阳武,终葬衙之利乡亭南,书,人禋之。后有仓氏、史氏、侯氏、侯冈氏、夷门氏、仓颉氏。

这里记载了仓颉造字的过程,还记载了仓颉"都于阳武"、葬于阳武利乡的史实。

《路史》是南宋罗泌所撰杂史,共 47 卷,前记 9 卷,后记 14 卷,国名记 8 卷,发挥 6 卷,余论 10 卷。《路史》为杂史,取材繁博庞杂,神话历史集大成的作品。路史,意为大史,内容记述上古以来有关历史、地理、风俗、氏族等方面的传说和史事。虽然资料丰富,但取材芜杂,很多材料来自纬书和道藏,神话色彩强烈,故向来不为历史学家所采用。《四库全书总目提要》说:"皇古之事,本为茫昧。泌多采纬书,已不足据",又"皆道家依托之言","殊不免庞杂之讥"。但是此书在中国姓氏源流方面的见解较为精辟,常被后世研究姓氏学的学者所引用。所以,《路史》虽然出现年代稍晚,但是对其论断尤其是对仓颉造字、都于阳武、葬于阳武的记载还是须加关注的。

元末明初施耐庵创作并由罗贯中加以润色及编排的《水浒全传》120

---

① 毛贻善:《仓颉故里在原阳——浅谈仓颉在原阳县造字》,《新乡日报·人文牧野》,2018 年 1 月 19 日第 5 版。原阳县成立有仓颉文化研究会,会长别云秋编撰了《仓颉故里在原阳》一书,2014 年印制。书中收录了赵光岭、蔺瑞卿、张帆、毛贻善、史国强等原阳地方学者多篇文章,论证了仓颉生于阳武、葬于阳武、造字于阳武、建都于阳武、称帝于阳武的观点。

② (宋)罗泌:《路史·卷六·前纪六·禅通纪·史皇氏》,《钦定四库全书·史部》。

回本第 90 回曾提到阳武县（今原阳县）的博浪沙和仓颉造字台：

且说宋江正在营中闲坐，与军师吴用议论些古今兴亡得失的事，只见戴宗、石秀各穿微服，来禀道："小弟辈在营中，兀坐无聊，今日和石秀兄弟，闲走一回，特来禀知兄长。"宋江道："早些回营，候你们同饮几杯。"戴宗和石秀离了陈桥驿，望北缓步行来。过了几个街坊市井，忽见路旁一个大石碑，碑上有"造字台"三字，上面又有几行小字，因风雨剥落，不甚分明。戴宗仔细看了道："却是苍颉造字之处。"石秀笑道："俺们用不着他。"两个笑着，望前又行。到一个去处，偌大一块空地，地上都是瓦砾。正北上有个石牌坊，横着一片石板，上镌"博浪城"三字。戴宗沉吟了一回，说道："原来此处是汉留侯击始皇的所在。"戴宗啧啧称赞道："好个留侯！"石秀道："只可惜这一椎不中！"两个嗟叹了一回，说着话，只顾望北走去，离营却有二十余里。①

《水浒全传》书中对汴京开封、陈桥驿、卫辉、阳武仓颉造字台和博浪沙、浚县大伾山等地的描写井然有序，由此看来作者是熟悉这一带地理情况的。山西省社会科学院孟繁仁曾撰文分析仓颉造字台和博浪沙隐写作者罗贯中行踪，罗贯中晚年隐居于今河南省鹤壁市庞村乡许家沟村。通过对开封"陈桥驿"周围的地理情况进行深入考察，从有关方志典籍中得知，在开封市和相邻的原阳县境内，确实存在有"仓颉墓（陵）""仓颉祠""仓颉台"和"博浪沙"等古迹。②

仓颉是原阳的一座丰碑，一张名片。原阳因仓颉在这里造字而留下的远古村名有二三十个之多，这是其他任何地方都无可比肩的。如谷堆、米庄、衙地（东衙寺、西衙寺）、双井、帝城、指挥寨、利乡（杏兰）、颉凹、三陵塚（沙岭）、桂刘庄、玄扈、查地（帝）、小留村、文定、献功等等。原阳因仓颉造字留下了很多成语典故，如文定六书、博采众美、三

---

① 施耐庵集撰，罗贯中纂修：《水浒全传》第九十回《五台山宋江参禅，双林镇燕青遇故》，华夏出版社 1994 年版，第 754 页。

② 孟繁仁：《"仓颉造字"与罗贯中"隐名石匾"——罗贯中文物史料的新发现》，《水浒争鸣》第 11 辑，中央文献出版社 2009 年版，第 105—116 页。

顾查地、鬼哭粟飞、四只眼儿、鼎足相持、醉酒传书、将错就错、衙地点兵等。仓颉墓在原阳县北杏兰，后为流沙所没。[1] 明清《阳武县志》把仓颉载入"帝纪附"中；农历三月十八日是仓颉的生日，原阳许多村庄都有祭祀活动，俗称谷雨节；相传齐街镇南留侯村原有仓颉祠庙，规模540亩，有石人石马，碑林牌坊，后来庙宇毁于战火。县城的仓圣祠在城隍庙西，民国《阳武县志》有图片。在文定村，至今还留传有祖传民歌：

仓爷生来四只眼，观星造字走桑园。
文字一定天下定，夜鬼哭粟六月寒。[2]

仓颉故里在原阳，原阳是仓颉造字的发源地。仓颉造字促进了中华文明和发展进步，历来受到人们的敬仰，被后人尊为"字圣"及"人文始祖"。中国仓颉文化研究中心史国强："原阳在仓颉文化研究中具有无可替代的优势"。原阳地方文化研究者指出："仓颉生于原阳、都于原阳、葬于原阳。仓颉是原阳人，志书有载，民俗可考，地名为证，遗迹为证，理由充分，证据充足。"[3]

第九节　都堂祠（延津县）

都堂祠位于延津县城西南史良村东，建筑巍峨雄壮，红墙明瓦，斗拱飞檐，朱门铜钉，青石铺地，古色古香，占地面积50余亩。都堂祠是为褒奖明朝万历年间曾任都察院右佥都御史、右副都御史、兵部侍郎周詠而建。各部的最高长官是"尚书"，相当于现代的部长；副长官称"侍郎"，相当于副部长。明代称都察院长官为都御史、副都御史、佥都御史，包括派遣到外省的总督、巡抚带有都察院御史衔的，亦称"都堂"。因周詠曾任都御史，所以百姓称之为"周都堂"，所建祠堂称"都堂祠"。

---

[1]　河南省原阳县志编纂委员会整理：《阳武县志》民国二十五年（1936）版本（整理本），2004年版，第27页。

[2]　张守标（原阳县炎黄文化研究会）：《仓颉故里在原阳》序。

[3]　赵光岭：《字祖仓颉原阳人》，《原阳县历史文化系列丛书·文史研究篇》，河南人民出版社2017年版，第12页。

都堂祠始建于明朝万历年间，规模宏大。1993 年和 2015 年，周氏族人寻回皇帝御赐"神道碑"，重修都堂祠。2020 年秋，周氏祠堂二期工程祖祠大殿落成，外观美观大气。

周詠（1533—1599），字思养，号乐轩，其先山西人，徙居延津县城关镇史良村。周詠幼清雅，擅场文业，弱冠补博士弟子。25 岁荐乡贡，29 岁举进士，授魏县知县。上任伊始，连续接见当地三老询问疾苦，担任河北魏县知县三年，励精图治，勤政爱民，离任时，百姓泣哭相送，夹道攀车不得行。后任福建道监察御史、大理寺寺丞、宣大总督、都察院右金都御史（巡抚辽东地方）、右副都御史、兵部侍郎。

任监察御史时，敢于执法，维护风纪，居官清廉，公卿畏惧之。宣府、大同是明朝长城防线九个军事重镇中比较重要者，指挥官为总督，超越各级总兵，是兵部尚书以下最高级别的军事长官，只有最富军事经验的将领才能担当此任。

在河北省怀来县，有一段明长城叫"庙港长城"，也叫"样边长城"，是当地著名景点。"样边"意为"样板边防工程"，它和著名的八达岭长城一起，其修建的最高指挥官是周詠，具体实施者是戚继光。至今在怀来县样边长城山顶最高处，还保存着周詠、戚继光修长城和巡边的记功碑。任辽东巡抚期间，稽查屯田，清理出垦田 1400 余顷，并亲自到边塞要地巡视，筑边防哨站 70 余所，贮粮数倍。仅一年，边关形势焕然一新。

万历帝评价周詠"文有计谋，武有策略"，是国家的智囊人物，在边疆建立了卓越功勋。

周詠告老回乡后，急人之急甚于己，饥者给粮，寒者给麻，婚者送家禽，死葬送帐子，与乡邻甚和睦。周詠辞世后，万历皇帝为表彰周詠卫国戍边的不朽功绩，在大潭西敕修周詠坟、周詠庙，在开封至北京古驿道十里铺东南，敕建周詠神道碑。

周詠家风良好，其妻李氏，名门之秀，勤劳贤惠，善理家务，是深明大义的传统女性典范，累封至"淑人"，后以子贵，封"太夫人"。周詠子四女五、孙六女七，男丁兴旺，女适名门。明朝中后期，延津县周姓是望族，名列延津四大家族之首。数百年来，其后代在科举考试中时有顶尖人物突现。周令树，字计百，顺治十二年（1655）进士，曾任大同同知、太原知府，被誉为"天下第一才"，为周詠长子周嘉瑞之曾孙。

2020 年 11 月 1 日，在延津举办了周詠事迹研讨会，专家学者对周詠给以高度评价。

第十节 小店河清代民居建筑群（卫辉市）

小店河清代民居建筑群位于卫辉市西北太行山东麓的狮豹头乡小店河村，始建于清代乾隆十三年（1748），嘉庆年间续建，兴盛于同治、道光、光绪、民国年间，至今已有近 300 年的历史。

据记载，清朝乾隆十三年，祖籍陕西的阎氏家族，经林县改迁到汲县，选定在北部山区沧河岸边建宅聚族而居。最初，阎家在河边修建了一座经营日杂百货的小店铺，村庄因店得名，就把居住的村落叫作小店河。

小店河村的村寨建筑居高临下，错落有致，三面环山，一面临水与山脚下的清溪碧水交相辉映，环境幽雅，很是壮美秀丽。整个村落占据的地势更具特色，若登高俯瞰或从远处眺望，整个村寨好似被一头巨龟驮着。那用石块砌成的城堡式寨墙蜿蜒挺立在龟背山腰之上，匍匐在沧河之滨，这以风水学来说就象征着万世永固。村前龟头昂首，伸向下面的沧河，故又有"神龟探水"的雅称。

阎氏家族在此落户以后，他们挖土造田、植树营林，依托绿水青山开辟了牧羊和造纸两条致富门路。历经多年的辛苦劳作，发展到良田千亩，牧羊万头，田产遍布太行山区，为家族的兴旺打下了雄厚的经济基础，成为当地闻名的豪门望族。随着经济财富的积累，经几代人翻建扩建，一直到民国十六年（1927），跨越 200 余年，阎氏村落基本得到固定，逐步形成现有的规模。

建筑群占地面积约 5 万平方米，1943—1944 年为汲淇联合县抗日民主政府办公所在地。1963 年汲县人民政府将其公布为县级文物保护单位。2000 年被公布为河南省第三批文物保护单位，是中国首批传统村落、豫北地区规模最大和原有风貌最完整的清代民居建筑群。

近年来，政府拨付资金，对损毁严重的院落进行了抢救性修缮。现在，小店河清代民居建筑群以崭新的面貌呈现在世人面前。"望得见山、看得见水"，古色古香的传统村落沉淀着历史文化的一砖一瓦，更能唤起人们心底浓浓的乡愁，具有较高的文物价值和民俗学术研究价值。

第十一节　七世同居坊（红旗区）

七世同居坊位于新乡市平原路与和平路十字即饮马口东边牌坊街口，建于清道光四年（1824），是为旌表布政司经历赵珂军功及七世同居而立。

赵珂，祖籍山西洪洞，明初迁新乡，清初移居饮马口，到道光四年已七世同居，皇帝为旌表赵珂的军功和七世同居特拨银建造。此坊面南背北，横跨街心，青石结构，柱及坊顶等构件是仿传统木结构房屋建筑雕刻而成。坊通高 10 米，宽 8.5 米，通体用细青石仿五楼四柱三重檐的木结构建筑雕刻而成。主间檐下正中南北两面均刻"圣旨"二字。二重檐，有三道门楣被两道题款相隔。正背面题额分别是"旌表例授承德郎军功加正六品衔""候选布政司经历赵珂七世同居坊"。① 世人俗称"七世同居坊"。

赵家的一位老人赵清汉说，赵家、牌坊街和饮马口，有着不可分割的联系，但现在已经很少有人知道其中的故事，即使档案馆的记载也非常之少。

说起饮马口的来历，据赵家家谱记载，明朝时，赵家祖先从山西洪洞县来到赵庄（即现在的饮马口），当时赵庄一片荒芜，卫河从赵庄北边绕过。当时新乡县有许多养马的人家，需要给马找饮水的地方，本来有近路可到卫河饮马，但由于县城北街有一个"郭尚书"，西街住着握有实权的"梁督堂"，东街住着爱在朝廷上告状的"徐三本"，老百姓的马不敢从这些地方过，只好出县城南门，顺着现在的金穗大道走到体育中心北拐，到

---

① 承德郎，文散官名。金始置，正七品上。元正六品。明正六品初授承直郎，升授承德郎。清正六品概授承德郎。承宣布政使司为明清两朝的地方行政机关，简称"布政使司""布政司""藩司"，布政使司设左、右承宣布政使各一人，即一级行政区最高行政长官。其下设有经历司，经历一人，正六品。经历，官名，金于都元帅府、枢密院置经历。元枢密院、大都督府、御史台等衙署，皆有经历。明清都察院、通政使司、布政使司、按察使司等亦置经历，职掌出纳文书。

赵庄卫河拐弯处饮马，时间一长，渐渐地赵庄就改叫成了饮马口。①

赵珂七世同居坊，经历了 200 来年的风雨，矗立在牌坊街往来如织的人流中。此坊由百余个构件相互嵌制而成，气势雄伟，厚重华美，坊通体饰浮雕、立体雕、镂雕、线刻多种技巧，镌刻各种图案 80 余幅，且结构严谨，形象准确，刀工净洁，是一座具有浓郁民族风格的石刻艺术建筑，为河南省文物保护单位。

2011 年 5 月，由新乡市众成实业发展有限公司赞助资金对七世同居坊进行整体保护维修，部分残缺构件得以复原。

第十二节　山西会馆（辉县市）

辉县山西会馆位于市区南关大街西头路北，坐北朝南。这座古建筑群始建于乾隆二十五年（1760），嘉庆二年（1797）又进行了续建，历时 15 年完成。该古建筑群有大门、二门及戏楼、拜殿、正殿、陪殿、陪房、钟楼、鼓楼等 15 座 39 间建筑组成，建筑面积为 2706 平方米，距今 260 余年。

山西会馆是一个中轴式古建筑群，整个建筑，布局对称，气势雄伟，工艺精巧，造型优美。大门面阔三间，进深一间，是悬山式建筑。灰色筒瓦盖顶，六架椽，前后出檐，檐下有斗拱十四朵，正间开门，各间正顶望砖上均烧制有八卦图案。

会馆的二门及戏楼连成一体，二门居前，面阔三间，进深一间，方形柱础，骑马雀替，檐下有雕花斗拱九朵，平身科为异形斗拱，顶为悬山式，灰色筒瓦覆盖，主、垂脊有牡丹及龙纹饰，二门前两侧墙内嵌有清代碑刻十块。

拜殿之后是正殿，正殿最为雄伟，悬山顶、斗拱檐、格扇窗、额房、雀替皆为木刻浮雕，雕梁画栋，主脊为前龙后凤高浮雕，两山檐下有铁制悬鱼。

山西会馆是由在辉县的 116 家商人集资建造而成。山西商人尊奉关帝，这是因为关羽为山西解州人，其人讲信义，被商人奉为楷模。所以辉

① 《七世同居坊与饮马口》，《新浪河南·旅游频道·河南瑰宝》，2009 年 7 月 23 日。http://henan.sina.com.cn/tour/hngb/2009-07-23/105919205.html？from＝wap

县山西会馆修立大殿，祀关圣帝君，当地人把山西会馆叫作"关帝庙"。会馆定期举行隆重的祭祀庆典活动，往往与演戏相结合，热闹非凡。

1976年辉县将山西会馆公布为县级文物保护单位。2008年河南省政府公布其为省级文物保护单位。

第十三节　韦氏祠堂（原阳县）

韦氏祠堂位于新乡市原阳县陡门乡韦城村。据祠堂碑刻简介，韦氏祠堂建于唐代晚期。

韦氏祠堂位于韦城村中心东西街道北侧，坐北朝南，占地面积约200平方米，绘画精美，古朴典雅，布局合理，建筑考究。韦氏祠堂现存一个完整院落，有大殿，两厢，山门。山门上悬挂"进士""文魁""举人"三匾，匾额均以赤金富贵无边图案镶嵌，尤显珍贵。韦氏先祖的牌位均以彩绘图案展示。韦氏祠堂大殿内，有韦思谦和韦承庆、韦嗣立父子三人肖像。韦城村地处黄河屡次泛滥的滩区，韦氏祠堂能保存如此完好，尤为珍贵。

韦思谦（？—689），郑州阳武（今原阳县）人。本名仁约，字思谦，以音类武则天父名（武士彟）讳，故称字思谦而不称名。韦思谦出生在一个世代为官的家庭，其祖父韦瑗率家迁居阳武。韦思谦举进士，任应城令，后升监察御史，由是知名。时中书令褚遂良低价购买土地，触犯《唐律》，韦思谦上书揭发，褚因此被降职。后来，唐高宗又重新启用褚遂良，把韦思谦贬为清水县令。即使如此，韦思谦仍激昂陈词：大丈夫"必明目张胆以报国恩，终不能为碌碌之臣保妻子耳"[1]。明目，即睁亮眼睛；张胆，即放开胆量。原指有胆识，敢作敢为。这就是"明目张胆"成语的出处。后来词义发生了变化，形容公开放肆地干坏事。

韦思谦两个儿子分别是韦承庆、韦嗣立。韦氏父子，同朝为官，先后拜相，这就是中国历史上少有的"一门三相"。

根据县志记载，在县北三里许，有韦思谦墓，昔为黄河淹没。康熙二

---

[1] 《旧唐书》卷八十八，列传第三十八《韦思谦》，中华书局1975年版，第2861页。

十七年（1688），知县安如泰封墓立碑，并题咏。①

每逢重大节日，韦城及附近的韦姓人均到祠堂内祭拜。据本村韦姓人称，他们均是唐代宰相韦思谦的后人。该建筑为研究原阳县古祠堂庙宇建筑提供了实物资料。1988 年公布为县级文物保护单位。

第十四节　郭氏宗祠（牧野区）

郭氏宗祠位于新乡市牧野区定国村大街东段，清康熙十一年（1672）由明朝礼部尚书郭淐之子、清初学者郭士标所建，距今已有 300 余年历史。郭氏宗祠坐北朝南，占地近四亩，为一宅五院，主体建筑有山门、二门、拜殿、神殿、孝思堂等。

大门匾题“郭氏宗祠”，山门内上悬清乾隆年间河南学正徐光文题“忠孝传家”匾额。山门左右各有陪房三间，原为族人读书之处。台阶四级，左右立有上马台一对，文官下轿，武官下马。

大殿正门前檐下悬康熙年间新乡县知县王璋“九世乡贤”匾额，正门内上悬礼部尚书郭淐“忠厚正直”匾额，左悬康熙年间卫辉府通判摄新乡县事李先益“文献犹存”匾额，右悬康熙年间提督云南学政王之枢“克昌厥后”匾额。东配殿檐下悬“父子登科”匾额一块，木柱有联：

两朝巨族称当代，七姓遗黎子我家。

西配殿檐下悬“兄弟进士”匾额一块，木柱挂明清大儒孙奇逢撰书：

清白仰前人想见贻谋永久，耕读传后世应知创业艰难。

宗祠院内数棵古柏苍松、紫荆、海棠、桂花，月台栏杆错落有致，显得气势磅礴，充满肃穆庄严、古朴典雅。祠内文物具有较高的艺术价值和极其珍贵的历史价值。2005 年 12 月被新乡市人民政府公布为市重点文物保护单位。

郭氏宋、元以来世居新乡，以村北定国寺命名定国村，至今已有 29

---

① （清）乾隆《阳武县志》卷六《陵墓》。

代，族人遍布新乡四区八县。郭氏家族在新乡地区明清两朝功名显赫，有祖孙父子兄弟之间甲第连绵，有父子登科、兄弟进士的美誉。其中以明末郭淐（1563—1622）最为出名。郭淐，字原仲、号苏门，别号苏门山人，明天启元年（1621），熹宗朱由校即位，任郭淐为詹事府少詹事，掌管南京翰林院事，后加升礼部右侍郎。

为弘扬郭氏家族的良好家风，每年正月初六，为郭氏祠堂的祭祖之日。2018 年来自新乡四区八县的郭氏族人有 76 村之多。

第十五节　徐世昌家祠（卫辉市）

徐世昌家祠位于卫辉市贡院街，民国十年（1921）由中华民国第五任大总统徐世昌所建。2000 年公布为河南省第三批重点文物保护单位。

徐氏家祠坐北向南，主体建筑占地面积 5250 余平方米，其建筑分为四进院落。主要建筑有照壁、山门、石坊、二门、东西厢房、过厅、东西配殿、拜殿、大殿等。

第一进院落有照壁、东、西华门、山门，位于最前面高大的照壁，仿木结构砖雕额坊，影壁正中内外各镶着五颗谷穗组成的"嘉禾"图案的青石浮雕，象征着"五族共和"和"五谷丰登"之意。影壁两侧为东西华门，两门对称。

第二进院落有石坊、次门、碑亭、两侧掖门，中轴线上建有石坊一座，柱和额坊皆为嘉禾图案浮雕，额坊"东海世家"，两边柱上刻徐世昌亲笔书写的楷书联：

亭育托燕畿佳气常浮白云观，宗枝分卫水清波远溯绕湖桥。

石坊东面原竖有一高大旗杆，西面建有木结构四方攒尖顶碑亭一座，立《创建汲县徐氏家祠记》碑，为徐世昌书丹。

第三进院落有东西配殿、凉亭，东西配殿面阔三间，进深两间。凉亭仅剩柱础和部分建筑构件。

第四进院落有东西厢房、月台、拜殿、大殿等。拜殿面阔三间，进深两间，卷棚灰瓦顶与正殿连为一体。大殿面阔五间，进深三间，前砌月台，周围有青石雕刻栏杆。祠堂颇重装饰，雕梁画栋，古色古香，精美绝伦，充分体现了劳动人民的卓越才能和和艺术创造力。

徐世昌（1855—1939），字卜五，号菊人，又号弢斋、东海、涛斋，晚号水竹村人、石门山人、东海居士。其曾祖父、祖父在河南为官，出生于河南省卫辉府（今卫辉市）府城曹营街寓所，乳名"卫生"。徐世昌国学功底深厚，不但著书立言，而且研习书法，一生编书、刻书 30 余种，如《清儒学案》《退耕堂集》《水竹村人集》等，被后人称为"文治总统"。

徐氏家祠整体建筑布局严谨，肃穆幽雅、气势恢宏、设计精妙，集木雕、砖雕、石雕为一体，具有典型的清末官式建筑风格，是集古建、书法、历史、观光于一体的近现代优秀建筑群。

第十六节　夏家院民居（原阳县）

夏家院位于原阳县城胜利路中段，是旧阳武县最大地方财主夏姓的私宅。该宅建于明末清初，是一处保存较为完整的古代建筑群。夏家院民居建筑特点为中国北方标准的"四合院"建筑形式，整个建筑布局严谨，工艺精湛，古朴典雅，结构合理，堪称北方民居建筑的典范。

夏家院宅院坐东向西，有房屋 150 余间，占地 8000 余平方米，整座建筑分主院和配院两大部分。主院房房相衔，配院院院相通。主院位于建筑群的中部，分三进院落，房屋 74 间，皆为楼阁式建筑，建筑形式为"转厢楼"。步入其中，曲径回廊，静雅深幽，不仅显示了建筑风格的情调和品位，而且也显示出了主人公富甲一方的财力和大气。在当时当地，显得鹤立鸡群，无与伦比。

院内木雕窗花，精细入微，刀法娴熟，图案精美；禽鸟栩栩如生，花木盈露滴翠。隔扇雕栏上刻有"金玉其相""追琢其章""桂森举立"等文字。偏门砖雕有"善宜""施吉""戬谷"等字样，还有各处壁雕，均显得线条优美，笔法苍劲，技法绝伦，刀法有力，具有较高的艺术价值。

房屋木柱笔挺，屏风图案华贵，门窗巧辟蹊径，走廊错落环接，树木栽种有度，饰物布局得体。屋瓦鳞次栉比，结构严谨；脊兽雄伟多姿，长啸舒云。整个建筑融华贵典雅于古朴庄重之中，是研究中国北方古代建筑、雕刻艺术以及了解黄河流域民风、民俗的弥足珍贵的活化石资料。

原阳县系原武、阳武两县相合并取其首字而得名。夏家是阳武县的大户，祖上经商有道，以开当铺为业，各地有十余家。夏家院最后一位男性主人名叫夏绵祖，字燧生，号绳武。生于清光绪二十四年（1898），卒于民国十三年（1924），英年早逝，未留下后代。夏绵祖死后，夏家只得靠其寡妇女人支撑家业，很是不易。孰料巾帼不让须眉，夏寡妇处事稳重，治家有方，使夏家的日子过得红红火火，令人刮目相看，当地俗称夏家院为"夏寡妇院"，而且越传越远，名声在外。夏寡妇姓王，沁阳人，因夏家在沁阳开设当铺而与夏绵祖相识成婚。她个子不高，略显消瘦，是位标致的小脚女人，但却又是个女强人，为人忠厚，做事极有分寸，历经匪盗天灾，日伪侵扰，土改、反霸种种变故，却能处乱不惊。没有恶名，没有绯闻，没有后代，寡妇门前是非少，实在难能可贵。她收有一养女，乳名钩儿，取名夏宝莲。

据传有术士断言，夏家院重前轻后，主院广植石榴，长势茁壮，生气靠石榴群（裙）支撑，是夏寡妇有名无实（子）的主要原因，当然这只是趣谈，无人相信。夏寡妇于1956年去世，其本支实无继承之人。

夏家大院为省级文物保护单位，门额上写有"原阳历史名人馆"，馆名由原中国文化部部长王蒙题写。原阳丞相群体及张良、毛遂等古代历史名人大型塑像在此陈列，吸引了不少民众。

第十七节　柳毅故里（卫辉市）

柳毅故里位于卫辉市庞寨乡柳卫村，该村是鼎鼎有名的"柳毅传书"的主人公柳毅（644—676）的出生地。

地处卫辉市庞寨乡最东端的柳卫村，历史悠久，村史可以追溯到西汉时期，当时叫福村，距今大约2000年的历史了。后来，该村村名前后经历了柳园口、柳毅屯及柳卫的变迁。① 近年来，经过有识之士的努力，卫辉市有6项河南省非物质文化遗产，该村就独占了3项，它们分别是柳毅的传说、柳卫陈氏骨科治疗技法、柳卫高跷表演技艺。

---

① 清代，朝廷在柳毅屯驻军，设防卫营，防卫营也叫作卫所，所以柳毅屯又被改叫作"柳卫"。

"柳毅传书"的故事，可谓历史悠久，声名远扬，它和"梁山伯和祝英台""白蛇传""牛郎和织女"并称为中国古代四大神话传说。中华人民共和国成立后，文化部把《柳毅传书》拍成电影，教育部把《柳毅传》编在高中语文课本内作为教材。

关于柳毅的事迹有两种说法：一是长江流域的水仙说，说柳毅和龙女结成伴侣后，便成了洞庭湖上的水仙；二是黄河流域的大王说，说他因治理黄河而以身殉职，被皇上封为黄河上的大王，成为河神。由于说法不一，对柳毅的故里也有两种争议。其一，据《吴县志》和《异闻录》记载："柳毅字道远，吴邑（今苏州）人也。"其二，据明代出版的《柳氏小传》载："柳毅为汲县柳毅屯人。"①

现柳卫村内有高1.02米、宽0.45米，上刻有"柳毅故里"四个行书大字的石碑。据该村老人讲，世代传说柳毅是本村人。他出生于唐太宗贞观十八年（644）农历三月二十二，父讳华雄，以教书为业。柳毅长大成人后，娶妻卢氏。相传古时候黄河泛滥成灾，为了治理黄河，皇帝派柳毅为特使治理黄河。柳毅为官清正廉明，尽职尽责，率领民众日夜奋战在黄河大堤上，为百姓除害驱难保平安，百姓安居乐业，尽享太平，成为百姓心中的大英雄。西至孟津、东至东明，沿村百姓无不敬仰。

唐高宗仪凤元年（676）七月，天降大雨，黄河泛滥，柳毅在东明县境内一次抢险中壮烈殉职。唐高宗下旨敕封柳毅为黄河河神，位居大王之职（50里为将军，百里为大王）。并下旨在他的遇难地和原籍建大王庙，以彰功德。故里乡亲为了纪念他，把村名"柳园口"改为"柳毅屯"，立"柳毅故里"碑，还把他的生日（农历三月二十二）定为该村每年一度的庙会会期。每到这天，全村人都对他顶香朝拜，遗俗一直延续至今。

2007年，河南省人民政府豫政〔2007〕11号文公布"柳毅的传说"为第一批河南省省级非物质文化遗产项目，指出："柳毅是卫辉市庞寨乡柳卫村人，唐高宗时期被封为黄河河神，故又称柳毅大王。有关他的传说在中原大地和黄河流域广为流传，深受当地群众喜爱。""流远溯其源，木旺固其根。柳毅虽当年不第，但回到故里施展才华，造福于黄河民众，功德无量。先民呼其龙，称其神，历代文人也用艺术作品歌颂柳毅的功

---

① 陈鸿溪：《柳毅故里传文明》，《新乡日报·大牧野》2015年4月24日第5版。

绩。如唐朝文人李朝威撰写的《柳毅传书》，元代戏剧家尚仲贤把柳毅写进杂剧，新中国成立后《柳毅传书》被拍成电影，后又入选高中教材。"

卫辉庞寨乡柳卫村柳毅庙门有对联一副：

普渡众生民祀虔诚，圣荫治黄功绩卓著。

第十八节　阎立品故里（封丘县）

阎立品（1921—1996），女，原名阎桂荣，豫剧五大名旦之一，著名豫剧表演艺术家，封丘县荆隆宫乡全蔡寨村人。

阎立品早年拜杨金玉为师，成名后为自己定下规矩：不唱堂会，不唱粉戏，坚持洁身自爱的处世原则。1954 年被京剧艺术大师梅兰芳收为弟子。1956 年，在河南省戏曲会演中荣获一等奖。曾当选河南省政协委员、开封市人大代表，曾任中国戏剧家协会河南分会副主席，是中国豫剧名旦六大家之一，终身未嫁。阎立品为了把自己辛苦创立的阎派艺术传承下去，她开始把精力放在收徒传艺上。她对弟子们大胆提出：艺术上能超师，方是继承人。为了实现让弟子超师的愿望，年届古稀的她四处筹措资金，毅然组建了"河南省立品剧社"，把阎派弟子们召集在麾下，带在身边言传身教。五十年来，惨淡匠心经营，铮铮铁骨无所畏惧，真是一曲吊孝催人泪，品高艺也精。1996 年 8 月 11 日阎立品病逝于家乡封丘县，享年 75 岁。

阎立品的代表剧目《秦雪梅》《碧玉簪》《盘夫索夫》《游龟山》《西厢记》等。

第十九节　柏杨故里（辉县市）

柏杨（1920—2008），本名郭衣洞，原名郭定生、郭立邦，祖籍辉县常村人。台湾著名作家、学者。1932 年至 1935 年在辉县私立百泉初中就学。1949 年到台湾，从事小说、杂文、报道文学及历史研究。主要著作有《丑陋的中国人》《柏杨白话版资治通鉴》等，在海内外有较大影响。

柏杨的郭氏家族，是明末时期从山西省洪洞县逃亡而来河南省辉县的。柏杨一直到十岁以后才知道辉县是他的祖籍之地，从此就难以忘怀，辉县曾留下了他调皮捣蛋的童年往事，以及挥之不去的乡愁。1932 年，柏杨第一次回到祖籍之地，入辉县县立第一小学读四年级。遇到恩师克非，引发阅读兴趣。这个时候的柏杨，在放学后或课余时间里就一头栽到书堆里。他最常去的两个地方，一是学校的小型图书馆，一是有书房的同学家中。在这些书香天地中柏杨开始阅读了部分中国古代小说。辉县第一小学的图书馆和同学家中的书房，是柏杨最喜欢的地方。

柏杨的女儿郭素萍回忆父亲喜欢吃辉县的变蛋，喜欢辉县的香米，柏杨一生乡音未改。①

柏杨主要写小说、杂文，后者成就更高，曾被列为台湾十大畅销作家之一，他的杂文集主要有《玉雕集》《倚梦闲话》《西窗随笔》《牵肠挂肚集》《云游记》等。代表作有《丑陋的中国人》《中国人史纲》《异域》等。

2008 年柏杨病逝台湾。2010 年，部分骨灰安葬新郑，《大河报》以"'辉县人柏杨'魂归中原"为题报道了有关情况。柏杨曾于 1988 年、1993 年、1998 年三次回故乡河南，每次都很高兴。1998 年那次，在郑州和河南文学界的朋友座谈，还给《大河报》题了词："饮故乡水、见故乡人"，体现了淳厚的乡土之情。柏杨墓碑上题写"不为君王唱赞歌，只为苍生说人话"，下面缀"河南辉县人柏杨"。② 短短的一句话浓缩了柏杨的文人风骨、针砭时弊的铮铮傲气。

---

① 《柏杨大陆长女追忆父亲：失散了 30 年难得团聚》，《今晚报》2008 年 5 月 7 日。
② 张体义：《"辉县人柏杨"魂归中原》，《大河报》2010 年 8 月 4 日 A35。

第五章　考古探秘

第一节　孟庄遗址（辉县市）

　　孟庄遗址位于辉县市孟庄镇孟庄村东侧，西北距县城 4 公里，北依太行山，南临卫河，海拔为 90—100 米，遗址地势平坦，土壤肥沃，紧临遗址西部有孟庄渠自北向南流过。南北长约 600 米，东西宽约 500 米。1963年公布为河南省文物保护单位，1986 年为河南省重点文物保护单位，2001 年公布为第五批国家级重点文物保护单位。

　　孟庄遗址文化内涵十分丰富，延续时间非常长。遗址最下层是距今7000—8000 年的裴李岗文化层，向上依次堆积为仰韶文化层、龙山文化层、二里头文化层、二里岗文化层、殷墟期文化层、西周及东周文化层等，并出土有各时期相关的遗迹和遗物。尤为重要的是遗址内发现了龙山、二里头及商代晚期三座相叠压的城址。其中龙山城址的面积达 13 余万平方米，是目前河南境内所发现的面积最大的龙山城址之一。其中包括城垣、城门、护城河和城内一批房基、灰坑、水井等遗迹。1994 年被《中国文物报》评为全国十大考古新发现之一。孟庄遗址面积不大，文化内涵丰富，它的发现第一次在豫北地区建立起一个较系统的考古学编年序列，为研究该地区考古学文化提供了依据。辉县在西周时为共伯之国，西周之前这里也当为共地，孟庄龙山城址可能是古代传说中共工氏所留。孟庄龙山、二里头、晚商三叠城的发现，为研究原始社会晚期向阶级社会过渡，探索中国古代文明起源，夏商更替等主要历史事件提供了重要资料；为建立该地区的考古学编年序列提供了条件；也为研究各个时期的建筑艺术、文化面貌提供了新材料。

　　孟庄遗址是中华民族文明史上具有代表性的一处文化遗产，具有较高的历史价值和科学价值。

第二节　共城城址（辉县市）

共城城址位于辉县市区中北部，是周代共国都城遗存。远古时期，共工部落活动在辉县区域，地以人传，此地被称为"共地"。西周初年，周王室分封 71 诸侯国，共地为姬姓诸侯国，名为"共国"，共国之都城称为"共城"。

古城址平面略呈方形，四垣周长约 5 公里。现存城墙建于战国时期，距今已有 2300 余年的历史，是目前国内保存为数不多的早期大型城垣之一。共城城址总面积约 156 万平方米，城墙全部分层夯筑，有圆夯、椭圆夯、平夯，夯土大都是圆夯窝。共城北半部城墙的基槽牢固地坐落在地面石头上，稳如磐石。

城墙现断续残存，北城墙和东西城墙的断面很厚，这可能是为防御北面太行山特大山洪暴发时的冲击。共城东南面那段城墙保存得比较完整。共城遗址的城墙上，主要是红黏土、黑土、黄土、白土，还有三花土。

解放前，在共城东南角的文昌阁一带曾进行过三次古墓挖掘，共发现了 52 座战国墓和 4 座车马坑。1950 年秋，新中国第一次大型考古又选择了共城，共发掘了 53 座商代墓、27 座战国墓和 1 座车马坑，出土了战车、兵器、青铜器、战国钱币等数量丰富的随葬品。出土文物中，当属吴王夫差剑最为珍贵。这一带的商周到战国古墓群对研究当时的历史文化有极高的参考价值。

共城城址不仅见证了西周厉王时期"共和行政"的那段历史，而且还包涵了"共和元年""共和制与民主制政体"等诸多历史信息，成为中国及夏商周断代工程的基石。同时，还是研究周代社会生产力水平和我国早期城市建制的珍贵实物资料，其在国内学术界占有一席之地，在日本等国也有深远影响。

共和行政的主要角色是西周时期共国国君、政治家共伯和。共伯和于公元前 841—前 828 年间代行王政 14 年，成为事实上的中国最高统治者，因年号"共和"，史称"共和行政"。共和元年，即公元前 841 年，因此成为中国历史最早的确切纪年。

1970 年 2 月，共城城址被辉县公布为第一批县级文物保护单位；2000 年 9 月，该遗址被河南省人民政府公布为第三批省级文物保护单位；2006 年 5 月，遗址又被国务院公布为第六批全国重点文物保护单位。

第三节　战国古长城遗址

战国古长城遗址，位于新乡市北郊太行山余脉凤凰山上，长城如游龙旋于群山峻岭之中，这就是新乡战国古长城遗址。

新乡市文物考古研究所所长傅山泉认为，新乡地区北部山上的战国长城遗址属于魏国长城遗址，其时代当属战国早期，是魏国为了逐鹿中原而用以解除后患所设置的北防赵国的防御工事。战国中期以后，随着赵国都城的北迁，魏国终于占领了安阳以南的所有豫北地区，这一长城的历史任务最终完成。秦统一天下后，秦始皇下令废毁中原地区列国长城。魏国在新乡地区修筑的长城同样不能幸免，于是长久地被湮没在了历史的尘埃之中。[①]

古长城基本上沿太行山脊以北向南盘曲逶迤而下，在新乡一段大致南北走向，它北接林州市的战国赵南长城，经卫辉栓马乡，辉县南村乡、张村乡，卫辉池山乡、太公泉乡、唐庄乡直到新乡市北站区分将池村，绵延百余里。因以长城为界，东为卫辉市，西为辉县市，故长城两边的百姓称之为"边界岭"。

经考察，这段长城的修筑是就地取材，用青石垒砌而成。石块间未有任何粘接物，长城剖面呈梯形，两边用大的石块垒砌，中间用碎小的石块填充，底宽为 2—2.6 米不等。由于历史久远加上自然的损毁，许多地段都坍塌了，但在个别地段仍高达 1.7 米。可见，在当时修筑这段长城时是非常不容易。

除了这条依然雄峙于太行山脊的长城外，新乡还有一条同时期修筑的土筑长城，那就是魏国卷（今河南原阳县）长城，它与魏国西北长城一起从军事防御上构成一条完整的防御工事，成为魏都大梁的屏障。可惜，

---

① 赵新颜：《壮美古长城"国别"之谜》（下），《新乡日报·大牧野》2013 年 3 月 8 日第 5 版。

这条土筑长城因黄河多次泛滥改道而湮没于地下，已看不到它当初的雄姿了。

新乡古长城，不但显现了它在战国时期的政治、军事方面的重大作用，而且在我国古代长城史和古代建筑学方面有着重要地位和价值。

第四节　沙门城址（延津县）

沙门城址地处黄河故道，位于延津县西北榆林乡沙门村东北 2 公里。

沙门城址亦称"吴起城"，此处是战国时期著名军事家吴起扼守黄河渡口的屯兵处。在城址南墙的底部夯土层中，已经发现有战国至西汉时期的板瓦、筒瓦、陶器等残片。

明嘉靖《延津县志》记载："吴起城，今沙门镇即其地也。东西南北广袤六七里，北有门二座，东西门各一，南镇黄河，无门。西关一井尚存，以一石盖之，其水不可食。其城如鹅形，谓之鹅城；其井如眼，谓之鹅眼。其地多石，自汉唐以来，居民取用其石不尽。每遇晓雾浮生，远视之晃如城垛，楼橹之状"①。

历史上延津县长期位于黄河南岸，属开封府。宋金时期，沙门城址是由开封北上卫辉府的水陆交通要道，北宋时称为宜村，为黄河南岸一处重要的渡口。金章宗明昌五年（1194）八月，黄河向南改道，宜村改处黄河北岸。

据《金史·地理志》记载：

> 卫州……贞祐二年（1214）七月城宜村，三年五月徙治于宜村新城，以胙城为倚郭。正大八年（1231）以石甃其城。户九万一百一十二。②

胙城县治为避风沙亦迁于此。蒙古蒙哥汗元年（1251）卫州治所由宜村迁回汲县（今卫辉市）。明宪宗成化十五年（1479），黄河徙流县南，县北之流遂绝，自此延津由黄河之南变为黄河之北。由文献中的这些记载

---

① （明）嘉靖《延津县志·古迹》。

② （元）脱脱等撰：《金史·志》第六《地理志》（中），中华书局 1975 年版，第 608 页。

可知：沙门城址在北宋至金代前期为黄河南岸一处重要渡口，金代后期至元代初期有近40年的时间为卫州州治和胙城县治所在地，地处黄河北岸。

2006年以来，河南省文物管理局组织河南省文物考古研究所，对沙门城址进行了考古发掘，获得重大考古新发现。沙门城址大致呈北窄南宽的梯形，西城墙、北城墙、东城墙北段保存较好，南城墙及东城墙遭到破坏而无存。整个城址被黄沙所覆盖，城址北部平坦，南部因被沙丘覆盖地势较高。发掘清理表明，金元时期的城址位于现地表下1.5米左右，北宋时期的遗迹则深埋于现地表3米以下。战国至西汉时期的遗物则出土于现地表7米以下。

初步发现的遗迹有城墙、道路、房基、水井、农田、灰坑、灶等。清理出土的遗物可分为瓷器、陶器、釉陶器、石器、玉器、骨器、铜器、铁器及建筑遗物、冶炼遗物、动物骨骼等几类。这是中国考古史上首次对黄河古渡口城址进行的科学发掘，为研究我国宋金时期社会经济的发展状况、渡口城市的建筑布局与防御等提供极为丰富、翔实的实物资料。

第五节　同盟山遗址（获嘉县）

同盟山，位于新乡市西17公里处的获嘉县彦当村。乾隆《获嘉县志》记载："同盟山在县东北五里，相传武王伐纣与诸侯同盟于此。"[①]同盟山为河南省文物保护单位。

民国《获嘉县志》记载："同盟山，在城东北五里，高五、六丈，广五、六十亩，土阜无石，相传武王伐纣与诸侯同盟于此，诸侯之兵白土为之，上有武王庙，下有校阅台，已废。民国二十四年，县长邹古愚重修，立石，又有饮马池，屡经修治，今存。正南有题名碑，明正德时，都察院左副都御史钱塘陈珂书。其下有夷齐扣马处，旧志祇云相传如此。查《韩诗外传》云：武王伐纣，到于刑丘，折为三，天雨三日不休，武王惧，召太公而问之曰意者，纣未可伐乎？太公曰：不然，折而为三者，军当分为三也。天雨三日不休，欲洒兵也。乃修武勒兵于宁，更名邢丘曰怀，宁曰修武。今获嘉既系古修武之地，亦即宁地。其为武王勒兵之处无

---

① 清乾隆二十一年（1756）《获嘉县志·卷二·山川》，成文出版社1968年影印版。

疑。非仅传闻已也。(同盟夕照为邑中八景之一，见旧志)"①

　　获嘉是汉武帝游经斯地时，获悉造反的南越相吕嘉被捕，欣然命名的一个古老县治。活在厚重商周历史里和获嘉县丰富民间传说里的周武王同盟之山，作为公元前 11 世纪我国奴隶社会灭商兴周的一次著名大战役——牧野大战现存于地表的唯一物证，也是丰富的龙山文化至商周文化层遗址。千百年来，同盟山、武王庙，吸引着无数的文人骚客和四方游客，纷至沓来，凭吊游历，驻足追思。

　　同盟山被称为"王侯第一坛"。武王就在山上与八百诸侯共商伐纣大计，结成同盟。八百诸侯为表同盟伐纣的决心，各自带着自己的将士，每人捧一捧土撒在山上，堆积成了方圆几百亩、高五六丈的大土丘，站在上面，东可望牧野，西可眺孟津，因八百诸侯在此结盟伐纣，故起名为"同盟山"。

　　同盟山是一处高约 20 米的土台，面积约 3.75 万平方米。史料记载，同盟山（坛）为诸侯兵捧土封之，即《尚书·牧誓》所载的牧誓之所。《元和郡县图志》有"武王伐纣与诸侯会盟于此"的记载。顾炎武在他的《天下郡国利病书》中也载明"武王伐纣，盟于获嘉"。

　　武王伐纣后，人们为了感谢和纪念他，在同盟山上修造了武王庙，竖立了功德牌坊，把他发布军令的地方叫"武王点将台"，操兵练马的地方叫"演武场"，掘井取水饮马的八角井叫"太公饮马池"。从此，同盟山成为景色优美的获嘉县八景之一，有"同盟夕照"的美称。

　　作为中国历史上一次著名的战役，武王伐纣之牧野大战，不但决定了一个延续 555 年的殷商王朝的灭亡，一个近 800 年的大周王朝的诞生，留下了动人的神奇传说和遗址，也为后人留下了小心翼翼、天作之合、黄钺白旄、白鱼入舟、赤鸟流屋、叩马阻谏、不食周粟、爱屋及乌、助纣为虐、百夫致师、前徒倒戈、血流漂杵、刀枪入库、马放南山等长长的一串成语、掌故。

　　在同盟山四周，也有许多与当时作战相关、富有灭商特殊色彩、充满历史底蕴的历史地名。如伐纣军的谋士营——"彦党"（今彦当村），武

---

　　①　民国二十三年（1934）《获嘉县志》卷一《山川》，上海书店、巴蜀书社、江苏古籍出版社 2013 年版，第 15 页。

王商议军机之地和武王部队宿地仪仗营（今东彰仪村、西彰仪村），兵甲粮仓草仓（今东仓村、西仓村），伯夷叔齐庙等遗址，传说中的纣王落马处（今大洛纣村、小洛纣村），姜太公刺杀妲己处之刺狐寺（今寂照寺）、锁狐洞、宝镜照妖处（今照镜村），妲己梳妆台等。

这些遗迹、遗址和狮伏虎卧的墓冢，与紫雾蒸腾的同盟山一起，构成了一幅博大壮阔的历史画面，再现着当年伐纣军气吞山河的誓师场面和滚滚鏖兵的牧野大战场景。

第六节　琉璃阁遗址（辉县市）

琉璃阁遗址位于河南省新乡市辉县市东南角，遗址面积约 12 万平方米，是商周至汉代的古遗址。遗址之上有一座明代建筑风格的重檐八角阁楼——文昌阁，因其阁顶为彩色琉璃瓦覆盖，当地人世称"琉璃阁"，故该遗址取名为"琉璃阁遗址"。2008 年被公布为河南省第五批文物保护单位。2013 年 5 月，公布为第七批全国重点文物保护单位。

1935 年 12 月和 1937 年春，中央研究院在此发掘了一批战国墓，其间河南省博物馆于 1936 年 9—11 月，在该墓地的东北角发掘了甲、乙两座大墓，收获颇丰。1950 年和 1951 年，中国科学院考古研究所又在此墓地进行了两次发掘。这五次发掘共得战国墓 80 座，它们排列有序，虽然在规模大小、随葬品多寡及时代早晚上存在着差异，但是在保存完好的墓葬中出土了大量的玉器，是研究战国时期用玉制度的重要参考资料。

琉璃阁原在古城东南角，明万历五年（1577）移建到此，坐北朝南，为木结构古建筑，由台基及阁体部分组成，台基呈正方形，青石分层垒砌。台前正中筑石阶，两侧置垂带。台沿有一对 1 米高石狮，周围砌石栏杆、栏板。阁体居台中，平面八角形，两层，三重檐攒尖顶。通高 15.35米，基高 0.1 米，多边长 4.5 米。

琉璃阁建筑结构严谨，造型精巧，工艺精致，气势宏伟，是豫北地区现存明代木构阁楼建筑和传承文昌文化的重要实物载体。数百年来，它作为辉县县学的传统祭祀建筑魁星楼，见证了明清时期辉县教育、文化的发展，堪称辉县市的地标性历史文化建筑，具有较高的历史、艺术、科学及文化价值。

第七节 孔子击磬处（卫辉市）

孔子击磬处位于卫辉古城南关击磬路上，《论语·宪问》记载"子击磬于卫"，孔子周游列国著书讲学，曾在此击磬讲学，在卫辉（古卫国）这片古老土地上留下了清脆的古磬余韵。明万历《卫辉府志》有记载："击磬处在府城外南关。相传为孔夫子击磬处，旧有碑石，圮废。万历十五年，知府周思宸重立。"① 2005 年 12 月，孔子击磬处被公布为新乡市重点文物保护单位。

孔子击磬处在北魏时期就有纪念性建筑，明万历十五年（1587）卫辉知府周思宸建立"余韵亭"，清乾隆十五年（1750）重修，现存有方亭一座，门楣上有"玉振遗韵"石刻一块，亭内有御碑一通，阳刻乾隆御笔"孔子击磬处"五字，为乾隆皇帝亲书。

《论语》记载："子击磬于卫。有荷蒉而过孔氏之门者，曰：有心哉，击磬乎！既而曰：鄙哉，硁硁乎！莫己知也，斯己而已矣。深则厉，浅则揭。子曰：果哉！末之难矣。"②

这位荷蒉者也是一位隐士，他能从孔子的磬音中听出孔子的心思，可谓高明之至。但他的人生态度却与孔子不同，他认为孔子"知其不可而为之"是不识时务，劝孔子应该知难而退，不要不知深浅。孔子不是不明白其中的道理，只是为了理想，明知不可为也要去奋斗。

孔子击磬处碑阴有乾隆皇帝亲书一诗，落款为乾隆午孟冬，行书字体，圆润遒丽，气韵连贯，一气呵成。

> 荷蒉人过识有心，既讥揭浅厉于深。知其一未知其二，玉振金声冠古今。③

如今，击磬处旁边的大街叫"击磬路"，附近花园叫"击磬花园"，

---

① 明万历侯大节纂修，卫辉市地方史志办公室点校：《卫辉府志》（第一册），中州古籍出版社 2010 年版，第 39 页。

② 金良年：《论语译注》，上海古籍出版社 2004 年版，第 178 页。

③ 潘长顺等编：《新乡历代名胜诗选》，中国文史出版社 1992 年版，第 58 页。

皆因孔子击磬处而得名。

第八节　黄池会盟遗址（封丘县）

"古黄池"位于封丘县城南荆隆宫乡坝台村东，南临黄河大堤，是吴王夫差率军在此大会诸侯与晋国国君争做盟主的地方，成为历史上著名的"黄池会盟"地，河南省第二批文物保护单位。

古黄池，在古代封丘的历史上，为抵御南方强楚的北侵，北方诸侯曾在封丘先后三次召开兵车之会。其中以黄池之会规模最为庞大，封丘的"古黄池"称谓就是来源于此。

清代康熙《开封府志》记载："黄池在封丘县南，春秋公会晋侯及吴子于黄池即此。"① 据《封丘县志》载："天子东游于黄泽。歌曰：黄之池，其马喷沙，黄之泽，其马喷玉。"② 故春秋时称"黄池"。周敬王三十八年（前482），吴王夫差率军于黄池大会诸侯，与晋争做盟主，这就是历史上有名的"黄池之会"。今仅存古黄池碑一通，建砖砌碑楼加以保护。

明代新乡人赵民表《慨黄池盟》

黄池浩瀚接平沙，一派嵩峰入紫霞。

带砺河山盟自永，王侯牲血主谁加。

青松漫指摇千涧，碧草空怜绕万家。

形胜中原此奥阻，沼吴安见有夫差。③

第九节　桂陵之战遗址（长垣市）

桂陵之战是历史上一次著名截击战，发生在长垣西北。周显王十五年（前354），魏围攻赵都邯郸，次年赵向齐求救。齐王命田忌、孙膑率军援救。孙膑认为魏以精锐攻邯郸，国内空虚，于是率军围攻魏都大梁，使魏将庞涓赶回应战。孙膑却在桂陵（今长垣市境）伏袭，打败魏军，并生

---

① 清康熙三十四年（1695）《开封府志》卷十六《古迹》。

② 《封丘县志》编纂委员会编：《封丘县志》，中州古籍出版社1994年版，第604页。

③ 邵廷奎主编：《明清民国封丘县志》，新风出版社2001年版，第283页。

擒庞涓。孙膑在此战中避实击虚、攻其必救，创造了"围魏救赵"战法，成为两千多年来军事上诱敌就范的常用手段。

战国时期齐魏桂陵之战的战场，即孙膑擒庞涓处。古桂陵一说在县城西南鲁山村，一说在县城西北 15 公里的大岗一带，文物普查时大岗发现许多战国镞、矛、铜带钩等物并有排列整齐的战国墓葬数百个。既有出土实物，方向距离又与文献典籍所载吻合，在大岗一说较为可信。①

中共新乡市委宣传部、中共新乡市委政策研究室编著的《新乡五千年》认为，桂陵之战就发生在河南省长垣县张三寨乡北部大岗村一带。②杨宽《战国史》也认为在长垣。③

第十节　白陉古道（辉县市）

白陉古道指的是从河南辉县薄壁乡到山西晋城市陵川县马圪当乡双底村这一段保存最为完好的原始古道。白陉在春秋战国时期便已存在，迄今已有 2550 年的历史。

白陉即孟门陉，是太行八陉（其他七陉分别是轵关陉、太行陉、滏口陉、井陉、飞狐陉、蒲阴陉、军都陉）中的第三陉。其北连接晋城陵川县、其南连接河南辉县。

白陉因傍古老的白鹿山通过而曰白陉。白陉之南有雄关曰孟门关，屹然立于晋豫边界，至今山名仍曰"关山"。此陉可南渡黄河，攻汴、郑，东向山东菏泽、大名府，北窥安阳、邯郸，是进可攻、退可守的军事要隘。

"陉"，山之绝坎，即山脉中断的地方。太行山中多东西向横谷（陉），著名的有"太行八陉"，即古代晋冀豫三省穿越太行山相互往来的八条咽喉通道，是三省边界的重要军事关隘所在之地。

白陉古道全程百余公里，因傍古老的白鹿山通过而曰白陉。白陉起自

---

① 长垣县地方史志编委会编纂：《长垣县志》，中州古籍出版社 1991 年版，第 490 页。

② 中共新乡市委宣传部、中共新乡市委政策研究室编著：《新乡五千年》（增订本），华夏出版社 2004 年版，第 49—50 页。

③ 杨宽：《战国史》，上海人民出版社 2003 年版，第 342 页。

图 5-1　作者（右三）在白陉古道考察（2020 年 10 月 19 日）

河南辉县薄壁，经陵川长迦底、武家湾、乾河、碛底、横水河。凡陉必为
隘，凡陉必设关，白陉之关曰孟门关，屹然立于晋豫边界，至今山名仍曰
"关山"。此陉可南渡黄河，攻汴、郑，东向山东菏泽、大名府，北窥安阳、
邯郸，是进可攻、退可守的军事要隘，为豫北、晋南之间的交通隘道。

　　最令人惊叹的要算古道的"七十二拐"，它是通往山下的"之"字形
盘山道路，是白陉古道风景的精华所在。七十二拐就是在山顶通往山下的
陡峭山崖或山坡上，每走十多米就呈"之"字形拐弯，坡度很缓，无论
是人担马驮到山顶都不至于感到十分的疲惫。从山巅到崖底，共有 72 拐，
全程 2.5 公里，相对高度达到 400 多米。从山脚抬头望去，古道如同天梯
一样壮观直上云端，其设计和施工之巧妙，在我国堪称独一无二。漫步于
古道之上，沧桑岁月的历史痕迹，人定胜天的感觉油然而生。

第十一节　陈桥驿（封丘县）

　　陈桥驿，位于今河南省新乡市封丘县东南部。清乾隆《开封府志》
记载："陈桥在府城北四十里，即宋太祖为众拥立处，有系马古槐，大十

余围枝干，虬曲奇异可观。"①

公元960年，宋太祖赵匡胤在此发动陈桥兵变，建立北宋，开创了不流血王朝更替。

大门楹联：

陈桥兵变奠宋代基业，黄袍加身定赵氏乾坤。

陈桥驿现有当年系战马或驿马的一棵老槐树，历经千年，树已枯死，当地文物部门对其进行了化学处理，以免风化折断。陈桥驿为河南省重点文物保护单位。

（清）金梦麟《题系马槐》
黄袍初进御，系马跃军威。翠盖开皇极，清荫护紫微。
风声惊虎啸，日影动龙飞。千古兴王地，擎天一柱巍。

（清）王恪《寄题陈桥驿》
五代干戈空战争，天心拨乱主僔生。
营光久应焚香祝，点捡曾传得谶惊。
仓卒黄袍酬素志，绸缪金匮负遗盟。
最怜永弃幽燕地，当日师名是北征。②

第十二节　青堆遗址及青陵台（封丘县）

青堆遗址和青陵台位于新乡市封丘县留光乡青堆村。1963年，被河南省公布为第一批文物保护单位。

留光乡地处封丘县境东部，乡政府驻地距县城18公里。留光具有悠久的历史和美丽的传说。东汉初年，光武帝刘秀征战经过此地，赐名"刘光"，后演变为"留光"。境内存有青堆遗址、息氏墓等古迹。留光镇还是乒乓球世界冠军刘国梁的故乡、中华名吃萧记烩面发源地、生命之果

---

① 清康熙三十四年（1695）《开封府志》卷十六。

② 以上两首诗见潘长顺等《新乡历代名胜诗选》，中国文史出版社1992年版，第202、204页。

树莓的原产地。

青堆遗址是新石器时代的遗址，高出地面约 4 米。遗址占地面积 13 万平方米。遗物有石器、灰陶和俑腿。1978 年，又发现蚌镰、陶罐、陶瓮等。

青陵台为战国时期宋康王所建。宋康王（？—前 286），亦称宋王偃、宋献王，战国时期宋国最后一任国君，公元前 328—公元前 286 年在位。史载其堂堂仪表，"面有神光，力能屈伸铁钩"。公元前 329 年，宋康王以武力取得宋国君主之位，后自立为王，"东伐齐，取五城。南败楚，拓地三百余里，西败魏军，取二城，灭滕，有其地"，号称"五千乘之劲宋"。孟子评价康王是"苟行王政……齐魏虽大，何畏焉？"并且尊称其为"宋王"。但宋康王对内统治暴虐，诸侯皆呼之"桀宋"。

有一天，宋康王驱车出游，见一采桑女子貌美过人，心怀恶念，为能看到她，就令人在青堆村东筑一土台望之，此即青陵台。康王差人访查，知是其舍人韩凭之妻息氏（一做何氏），康王要韩凭将其妻献给他，韩凭夫妇不从，凭在台下自杀，息氏亦投台死。宋康王命将其二人分葬于大路两旁，不准合墓，后两墓各生一梓树，根交于下，枝交于上，即相思树，树栖鸳鸯，雌雄各一，声音凄婉感人。文人墨客多有题诗，现息氏墓前存石碑一通，为清康熙九年（1670）知县王赐魁所立。

顺治《封丘县志》记载："青堆在县东北三十里，地形高而色青，故名。青堆，封俗讹称也。其地值县之东北，即古志所载青陵台，宋康王筑，以瞰息氏者耳。盖堆与台同音，而世俗传讹袭舛，不复辨订，遂谓之青堆云。今陵谷屡变，台之故墟，与连理木、鸳鸯冢，俱无可复考，吊古者，恒徘徊弗能去焉。"[1]

白居易在《长恨歌》里写下"在天愿作比翼鸟，在地愿为连理枝"的千古绝唱，使封丘成为"相思树""连理枝""比翼鸟"的起源地。李白《白头吟》云："古来得意不相负，只今惟见青陵台。"李商隐《咏青陵台》诗曰："青陵台畔日光斜，万古贞魂依暮霞。莫许韩凭为蛱蝶，等闲飞上别枝花。"明代著名文学家冯梦龙的《过青陵台有感》："韩凭夫妇

---

[1]　（清）顺治《封丘县志》卷一《山川》，《中国地方志集成·河南府县志辑》（14），上海书店、巴蜀书社、江苏古籍出版社 2013 年版，第 23 页。

两鸳鸯，千古情魂事可伤。莫道威强能夺志，妇人执情抗君王。"《搜神记》《太平寰宇记》等古籍也作了精彩描写。"相思树""鸳鸯鸟"早已成为人们相亲相爱、生死不渝的象征，青陵台的爱情绝唱流芳千秋万代。

2015年12月24日，封丘县在北京举办了"相思文化起源考古发现暨河南封丘'相思之乡'规划发展"新闻发布会。发布会上，四川大学文化科技协同创新研发中心主任、博士生导师姜生教授以其最新研究成果《汉画韩凭故事考》印证了承载着美好爱情的"相思树""连理枝""比翼鸟"的故事，就发生在封丘县留光镇的青堆村。

2016年11月29日，由国家一级编剧、郑州市艺术创作研究院副院长王明山担任导演、百余演职人员共同演绎的大型古装剧《青陵台》在中国相思之乡——封丘县举办了排演启动仪式暨新闻发布会。《青陵台》剧本主要讲述了战国时期发生在封丘县留光镇青堆村的韩凭息氏夫妇不畏强权、忠贞不渝的爱情故事。

息氏的娘家吴村建有息氏庙、息家宅坑，几里之外的韩凭的老家韩丘村，建有韩凭和息氏的祠堂。每年的农历正月十五上元节，当地的群众都会以庙会和祭祀等形式向韩凭和息氏表达着朴素的景仰和膜拜。

第十三节 践土会盟遗址（平原示范区）

践土会盟遗址位于新乡市平原示范区祝楼乡王禄村。民国《重修原武县志》记载："践土，去衡雍六里，其地有践土台。"①

践土之盟指春秋时期晋文公为确立霸主地位而举行的会盟。前632年（春秋僖公二十八年），城濮之战后，晋军凯旋，在衡雍（今河南省原阳县西南）筑王宫于践土，以备请周天子前来相会。晋文公重耳举行献俘仪式，将城濮之战中抓获的战俘千人、兵车百乘移交给周襄王。周襄王设享礼用甜酒招待晋文公，命晋文公向自己劝酒。周襄王"命尹氏及王子虎、内史叔兴父策命晋侯为侯伯，赐之大辂之服，戎辂之服，彤弓一，彤矢百，玈弓矢千，秬鬯一卣，虎贲三百人。曰：王谓叔父，敬服王命，以

---

① 民国《重修原武县志》，第56页。

绥四国，纠逖王慝"。① 意思是你要恭敬地服从天子的命令，以安抚四方诸侯，纠察惩治朝内的坏人。晋文公辞谢三次，接受了命令。晋文公先后三次觐见周襄王。

五月癸丑，"周天子亲自前来"②，晋文公大会诸侯于践土，参加会盟的有晋文公、鲁公、齐侯、宋公、蔡侯、郑伯、卫子、莒子等，晋文公被推为盟主。癸亥，王子虎③盟诸侯于践土，共同约定："皆奖王室，无相害也。有渝此盟，明神殛之，俾队其师，无克祚国，及而玄孙，无有老幼。"④ 意思是，诸侯国都要辅助王室，相互之间不要伤害。有违背盟誓的，神灵就会诛杀他，使他的军队败毁，不能享有国家。晋国示诸侯国以德信，使原来臣服于楚的鲁、郑、蔡小国纷纷倒戈，归附晋国，晋国成为北方诸侯国的盟主。另外，陈本附楚，楚败惧晋，故陈侯赴会，但未与盟。《左传》载"公朝于王所"，即鲁僖公在周襄王所居地朝见襄王，"王在践土非京师故曰王所"⑤。

当地群众称会盟遗址为"老墩台"⑥。原为一座高 2 米两边各长 20 米的砖砌高台，后因黄河泥沙淤积，台近平缓，仅存略高于四周的一片岗地。据传，历代帝王凡路过此地，都要驻足观瞻。清代乾隆皇帝游河南时，亲临凭吊，留宿一晚，挥毫题书"良心难昧"御匾一块，以颂晋文公称霸中原功绩。御路即皇帝走过之路，后演义成"王禄"。该处曾驻扎官兵，故亦称"王禄营"。

---

① 李梦生：《左传译注》（上），上海古籍出版社 2004 年版，第 304 页。

② 李绍连主编：《河南通史》（第一卷），河南人民出版社 2005 年版，第 373 页。《原阳县志》在"文物胜迹"一节"践土会盟遗址"条记述"周襄王亲临会所，命晋侯为侯伯"。参见《原阳县志》编纂委员会编：《原阳县志》，中州古籍出版社 1995 年版，第 558 页。

③ 王子虎（？—前 624），东周周僖王的儿子，周惠王的弟弟。在周襄王时代，他是天子的叔叔，所以建立王叔国（今河南省孟津县西南）。作为周朝的卿士，因为谥号文，所以称之为王叔文公。前 632 年，城濮之战后，晋文公向周襄王献楚国战俘，天子派王子虎封晋文公为侯伯。之后，王子虎主持践土之盟，晋文公成为霸主。鲁文公三年（前 624）四月乙亥，王子虎去世，儿子王叔桓公即位。

④ 李梦生：《左传译注》（上），上海古籍出版社 2004 年版，第 305 页。

⑤ （清）阮元校刻：《十三经注疏》卷四《左传·春秋左传正义（卷十六）》，中华书局 2009 年版，第 3958 页。

⑥ 《原阳县志》编纂委员会编：《原阳县志》，中州古籍出版社 1995 年版，第 558 页。

诸侯会盟的目的，是要以商讨的形式达成共识、解决问题。在会盟中，诸侯进行了许多谈判，其中，不少谈判使诸侯相互妥协，化解了冲突，增进了共识，推进了对问题的解决。根据研究，在《左传》记载的406次会盟中，有286次与战争有关。其中，促进和平的会盟计217次，占与战争相关的会盟总数的75.9%。[1] 这就意味着，会盟对战争具有遏制作用。会盟为诸侯提供了重要的交往平台，体现了诸侯的协作精神，对促进民生的改善，促进诸侯国的联系、团结和友谊，对王室利益和天下秩序的维护发挥了重大作用。

第十四节　汲冢书遗址（卫辉市）

汲冢书遗址在新乡市汲县县城（现卫辉市）西南10公里，孙杏村乡娘娘庙（村）南。因墓地在汲得名，为战国时墓冢。1963年公布为河南省第一批文物保护单位，2011年公布为新乡市文物保护单位。

西晋太康二年（281），汲郡人不准（fǒu biāo）盗发魏襄王墓（或言安釐王冢）3号"金"字墓（共七处，自东到西按天、地、五行编号），得竹书数十车，经束皙整编出《竹书纪年》一书，是中国最早的一部纪年体史书，为中国文化史四大发现之一。

历史上的盗墓行为，往往会导致重要的文化发现。[2] 晋武帝咸宁五年（279）十月，汲郡发生了一件轰动全国、影响到中国文化史的爆炸性新闻：当地一个不法之徒夜里盗掘一个大墓，在墓中发现了许多竹简。为了寻求墓中的宝物，他竟然无知的把这些竹简燃烧起来作为照明。汲郡的地方官吏得知这一情况后，及时报告朝廷，把出土的竹简和钟、磬、玉律、铜剑等物品一起送到洛阳。据说，当时仅竹简就装了几十车。晋武帝得知这一情况后，非常重视，但因战事关系，命令马上将出土器物全部"藏于秘府"。

到太康二年（281）春，晋武帝统一了全国后，晋王朝才正式组织人

---

① 邓曦泽：《冲突与协调——以春秋战争与会盟为中心》，人民出版社2015年版，第363页。

② 李红军：《历史从此找到了依据·汲冢书系列之一：盗墓盗出来的大历史》，《大河报》2008年8月14日。逄春阶：《谒汲冢遗址》，《新乡日报》2018年8月17日第5版。

员来研究整理这批竹简。参加整理的都是全国著名的学者，其中有荀勖、和峤、挚虞、卫恒等人。共编校古书 16 种 75 篇，包括《易经》《穆天子传》《周书》《国语》及各种杂书计 10 万余字。其中尤其引人注目的是 13 篇编年体的史书，整理者名之为《纪年》，后人称之为《竹书纪年》。由于它出自汲县的古墓，故又称之为《汲冢纪年》。由于它内容的珍贵和出土的可靠性，对于考订先秦的历史有着重要价值。有许多地方是司马迁的《史记》也不及的。尽管以后它多为散失，但它对中国历史的影响仍然是不可低估的。

"汲冢书遗址"在卫辉市孙杏村镇娘娘庙前村。据汲城历史文化研究保护协会会长陈凤鸣和秘书长王德学介绍，这处尚未开发的墓冢，当地人称它为"冢子"，墓冢很大，上面还种了些庄稼。在 20 世纪 60 年代，村里平整土地基本上把它挖平了，向下挖却发现一块石门扇（长 142 厘米，宽 62 厘米，高 15 厘米）。有研究者根据 2009 年 8 月 14 日河南考古专家考察其中出土的五铢钱、经文，认为它们均应是西汉时期的东西，与战国没有关系，时间不符。但是，根据《金石萃编》中的汲令卢无忌撰《齐太公吕望表》记载："太康二年，县之西偏，有盗发冢得竹策之书……"以及在今汲城村西南发现的一块古墓门扇和石梁，另外还有一处尚未开发的墓冢，初步认定是安厘王之墓。由此可以初步认定该墓冢就是"汲冢书遗址"。新乡市牧野文化研究会常务理事王振中说，因为那块古墓门扇上的图案就是战国时期墓的风格，所以这里很可能是真正的"汲冢书遗址"，对进一步研究《汲冢书》有重要意义。

第十五节　鸣条旧址（封丘县）

鸣条旧址在今封丘县城东南约 25 公里的平街村。①

关于古鸣条的确切地址，历来史学家们众说纷纭，莫衷一是。王应麟在他的《困学纪闻》中，历史学家郭沫若在《中国史稿》中，都认为古鸣条在今河南省封丘县。

鸣条之战，是夏朝末年（约前 1600 年）在商灭夏的战争中，商汤率

---

① 参见孙兴主编《封丘概览》（下册），中州古籍出版社 2009 年版，第 26 页。

领商部落士兵与夏军在鸣条进行的一场决战。

夏末，夏王桀的统治出现了危机。夏朝在东方的属国商，乘机先征服邻近的夏属葛国，保障商都南亳的安全。又派重臣伊尹至夏王都城探测虚实。再采取分别翦除夏朝羽翼的策略，各个击破位于夏、商之间的豕韦、顾国、昆吾等夏朝属国，使夏王桀孤立无援。接着，商汤又率战车70乘、敢死士兵6000人攻夏王都。夏桀只好仓促率王师与商军战于鸣条，结果夏朝军队大败。

这场战争成为夏王朝灭亡的转折点。战争的结果导致夏王朝灭亡，商汤建立了中国的第二个王朝商朝。《文史通义》："汤武革命，顺乎天而应乎人。"

中央电视台百集历史纪录片《中国通史》第七集"殷商兴亡"，解说词里明确说鸣条指封丘。

第十六节　安乐窝旧址（辉县市）

安乐窝在辉县"苏门山内，郡康节讲道之所。后徙居于洛，遗为行窝"[1]。

邵雍（1011—1077），生于共城（今辉县市）[2]，字尧夫，谥号康节。在辉县百泉景区内的苏门山上，至今还保存着他的旧居"安乐窝"的基址。说到安乐窝，很容易让人联想起"贪图享乐、舒适安逸"的意思，其实它的原意并非如此，《易经·系辞》上说："君子所居而安者，易之序也；所乐而玩者，爻之辞也。"意思是说，君子处世，所以能够心安理得，不烦不躁，是因为他能效法《易经》的精神、条理和次序；而君子所能得到快乐，并且玩味欣赏的，就是《易经》中的爻辞了。邵雍根据这种"安"与"乐"的含义把自己读书居住的地方称作"安乐窝"，还自称"安乐先生"，并依山筑洞名"长生洞"。他在诗中云：

---

① 明嘉靖《辉县志》卷三《古迹》，见《天一阁藏明代方志选刊续编》（61），上海书店出版社2014年版，第38页。

② 蔡美彪等：《中国通史》（第7册），人民出版社1983年版，第413页。

尧夫何所有，一色得天和。夏住长生洞，冬居安乐窝。①

邵雍曾撰写《安乐窝铭》：

安莫安于王政平，乐莫乐于年谷登。王政不平年不登，窝中何由得康宁。②

有一年重阳日，邵雍又一次到共城百源故居，写诗一首：

故国逢佳节，登临但可悲。山川一梦外，风月十年期。
白发飘新鬓，黄花绕旧篱。乡人应笑我，昼锦是男儿。③

安乐窝离卫辉比干庙甚近，邵雍曾前去拜谒，作《过比干墓》诗一首：

精诚曒于日，发出为忠辞。方寸已尽破，独夫犹不知。
高坟临大道，老木无柔枝。千古存遗像，翻为谄子嗤。④

庆历丁亥岁（1047 年）春，邵雍家有园数十亩，皆桃李梨杏之类，在共城西郊。看到花枝繁茂，遂作《春郊诗》十首，亦称《共城十吟》，"虽不合于雅焉，抑亦导于情耳"。《春郊诗》十首题名分别是春郊闲居、春郊闲步、春郊芳草、春郊花开、春郊寒食、春郊晚望、春郊雨中、春郊雨后、春郊旧酒、春郊花落。⑤

邵雍观淇水，赋诗一首：

淇水清且沘，泉源发吾地。流到君家时，尽是思君意。⑥

明国子监祭酒、祥符人王教曾作《游安乐窝记》：携友人登苏门山，

---

① （宋）邵雍著，郭彧整理：《伊川击壤集》（卷十三），中华书局 2013 年版，第 212 页。
② （宋）邵雍著，郭彧整理：《伊川击壤集》（卷十三），中华书局 2013 年版，第 199 页。
③ （宋）邵雍著，郭彧整理：《伊川击壤集》（卷二），中华书局 2013 年版，第 11 页。
④ （宋）邵雍著，郭彧整理：《伊川击壤集》（外诗），中华书局 2013 年版，第 352 页。
⑤ （宋）邵雍著，郭彧整理：《伊川击壤集》（外诗），中华书局 2013 年版，第 353—354 页。
⑥ （宋）邵雍著，郭彧整理：《伊川击壤集》（外诗），中华书局 2013 年版，第 354 页。

"度泉源，循山麓，联镳履巉，凌高眺远，幡然欲御长风，出尘表，遐思大观，未能即遂也。相为依，沿云厓迤逦北下，约转折才里许，以得邵子之安乐窝。以入其室，以瞻拜其遗像焉"①。

乾隆皇帝南巡路过河南苏门山，在邵雍隐居的安乐窝盘桓多日，留下了深刻的印象，回京后即在颐和园照原样修了一座"安乐窝"，赐名"邵窝殿"。乾隆"因以邵窝名，境似志则殊"。

第十七节　啸台（辉县市）

啸台为"晋孙登隐居之所"②，位于辉县市百泉苏门山上。

孙登，字公和，号苏门先生。汲郡共（今河南辉县市）人。长年隐居苏门山，博才多识，熟读《易经》《老子》《庄子》之书，会弹一弦琴，尤善长啸。阮籍和嵇康都曾求教于他。著有《老子注》《老子音》，今亡佚。

孙登出生于魏晋时期，社会动荡不安，孙登深感痛苦，而又无力扭转乾坤，于是便明哲保身，隐居于苏门山土窟之中，长啸于苏门密林之间，人称"苏门先生"。后来，孙登不知所终。晋代以后，人们为了纪念他，便在他当年长啸之地建台一座，取名为"啸台"。"台"是中国古代建筑的一种形式，一般用来登高望远，亦有"怀念古人、深沉思念"之意。啸台是百泉最早出现的纪念性建筑物。

啸台坐北朝南，长方形，东西长 19 米，南北宽 16.6 米，高 3.6 米，原为土筑而成。清乾隆十年（1745），知县李拔桂重修时改为石筑。北侧中间为如意式石砌台阶，南侧两段为栏杆式青石台阶。台前墙壁正中镶嵌"晋隐士孙登啸台"碑，两侧镶嵌"一啸千古""高贤奇迹""其默足容"等碑刻数十块。墙壁左右两边有袁世凯撰写的楹联："运际昌期应不容先生长啸，闻犹兴起却常留终古高台。"台前有"仁知动静""啸台重修记"

① （明）万历侯大节纂修、卫辉市地方史志办公室点校：《卫辉府志》（第三册）卷十四《说记》，中州古籍出版社 2010 年版，第 301 页。

② （明）嘉靖《辉县志》卷三《古迹》，见《天一阁藏明代方志选刊续编》（61），上海书店出版社 2014 年版，第 38 页。

巨碑两块，分立左右，中间有古柏数十棵。

唐代杜甫《上后园山脚》：

> 志士惜白日，久客籍黄金。敢为苏门啸，庶作梁父吟。①

宋代苏轼在百泉不仅留下珍贵的墨迹"苏门山涌金亭"，更有专门咏叹啸台诗：

> 高士隐苏岭，平台留至今。峰峦相掩映，松柏共阴森。
> 自是甘潜迹，谁言竟陆沉？喜观三绝易，时鼓一弦琴。
> 作炭人能识，投河怒不侵。当年居土窟，素志乐山林。
> 阮籍闻长啸，嵇康愧凤心。谷岩悉响应，鸾凤比声音。
> 信是江沱咏，诚非泽畔吟。我来重游览，清气逼尘襟。②

孙登遁世因啸闻名，《啸赋》说"邈俗而遗身，乃慷慨而长啸"，《啸旨》称"人有所思则长啸，故乐则咏歌，忧则嗟叹，思则啸吟"。

乾隆十五年（1750），乾隆皇帝游巡百泉，登啸台，作《啸台》诗一首。他走后，辉县县令高俊飞将他的《啸台》诗刻在碑上，竖立在啸台前边，并建造了御碑亭一座。

道光十四年（1834），辉县知县周际华重修啸台时增建了围墙。20世纪40年代，啸台沦为日军炮台，后被逐渐毁掉。

1959年，辉县人民政府在啸台的原址上恢复啸台及围墙，并在台上建起一座亭子，称为啸台亭。啸台亭是一座重檐攒尖式亭子，高9.2米。上层四角，下层八角，正六角石柱，石柱间连以青石栏杆。亭之翼角飞翘，颇有凌空之势。不仅显示了它应有的纪念作用，而且又点缀了苏门山，使本来不高的苏门山有了"戟指蓝天"之感。站立亭下四处观望，亭北方山、九山连山叠翠，亭南百泉湖似"人间瑶池"，西边太行山崇山屏障，东边平原沃野千里。不同的视觉感受，显示出啸台亭位置安排的绝妙意趣。

---

① （清）彭定求等：《全唐诗》卷221，中华书局1960年版，第2344页。
② （清）道光《辉县志》卷十九《艺文》。

第十八节　共姜台遗址（辉县市）

共姜台遗址位于辉县市委后院档案楼前左侧。史书记载："共姜台在县治内，台上有亭，卫世子共伯妻共姜守节之所。元知州伯善建祠肖像。"① 据传，共姜作有《柏舟》诗。②

共姜台青石筑成，高 5 米左右，东西长 30 余米，南北长 20 余米。其墓在台下。相传西周时期的共姜，因丈夫共伯早死守节于此，俗称"共姜台"。

共姜，西周时齐侯之女，名姜，因嫁与共国世子共伯余为妻，被后人称为共姜。婚后夫妇二人十分恩爱，曾经山盟海誓他们的爱情至死不变，后来共伯余早逝，共姜的父母让她再嫁，共姜坚决不答应，就作《柏舟》一诗明志，让父母打消让她再嫁的念头。后常用"柏舟之誓"来指妇女丧夫后守节不嫁，亦作"柏舟之节"。《柏舟》在《诗经·鄘风》中有记载：

泛彼柏舟，在彼中河。髧彼两髦，实维我仪。之死矢靡它。母也天只！不谅人只！

泛彼柏舟，在彼河侧。髧彼两髦，实维我特。之死矢靡慝。母也天只！不谅人只！③

诗文大意是："柏木小船在漂荡，漂泊荡漾河中央。垂发齐眉少年郎，是我心中好对象。至死不会变心肠。我的天啊我的娘，为何对我不体谅？

"柏木小船在漂荡，漂泊荡漾河岸旁。垂发齐眉少年郎，是我倾慕的对象。至死不会变主张。我的天啊我的娘，为何对我不体谅？"

---

① 明嘉靖《辉县志》卷三《古迹》，见《天一阁藏明代方志选刊续编》(61)，上海书店出版社 2014 年版，第 37 页。

② 明万历侯大节纂修、卫辉市地方史志办公室点校：《卫辉府志》（第一册），中州古籍出版社 2010 年版，第 43 页。

③ 程俊英：《诗经译注》，上海古籍出版社 2004 年版，第 67 页。

元代知州伯善，在共姜台上为共姜立祠，并塑了共姜像，以供当地妇女在上元日（农历正月十五）焚香祭祀。共姜台也称"贞节古台"，是辉县古八景之一，也是我国有史以来的第一座贞节牌坊。后世评价共姜"其大义凛然，寸心直欲与日月争光，遂为万古节义之首"。清代著名学者、曾任大梁书院主讲的孙用正说，夏商周三代以前，妇女们并没有节义之名，"有之，自卫夫人共姜始"①。

明末清初三大儒之的孙奇逢说，共城人物载在典籍者，男则高子子羔，女则共姜，他们为一乡之领袖，为天下后世所瞻仰。

第十九节　新乡三岗（牧野区）

"三岗"是新乡旧时著名的形胜之一，位置在现今新乡市区的东北部，因地面隆起三岗，绵延数里，而被称作三岗。相传此处为武王伐纣时，武王、武后、姜尚各据一岗而居，三岗又分别被称为"龙岗""凤岗""龟岗"。

三岗在历史上非常有名，有诸多文人墨客都曾游历此处，如王铎、张缙彦、李登瀛等都曾留下诗文。兵部尚书张缙彦长兄张缝彦曾写过一诗，对三岗的形胜和历史进行了比较全面的描述。

三岗分不远，一水互相连。高接苏门雨，平铺牧野烟。

垂杨归古路，荒棘启新田。鼎足多形胜，巍巍共前川。

清乾隆《新乡县志》记载："三冈在县北三里许，龙冈、凤冈、龟冈东西迤延数里。为太公鹰扬之所，周武王拜吕望为尚父，"即此地，至今此处尚保存有太公庙。② 三岗的名声在外，显然与武王伐纣等久远的先秦传说有关，但其得名主要还是因为山冈的形状，《新乡县志》卷二十记载："城墉以北，朔卫而东，有高岗连错，如凤者凤岗，如龟者龟岗，如龙者龙岗，土人因势指名焉。"

---

① 张天利、尚建军主编：《太行清晖》，中州古籍出版社 2015 年版，第 290 页。

② （清）乾隆《新乡县志》卷八《山川志》，《中国地方志集成·河南府县志辑（12）》，上海书店、巴蜀书社、江苏古籍出版社 2013 年版，第 62 页。

三岗后又更名为"畅家岗""茹家岗""杨家岗"，则跟明初来自山西泽州阳城县、高平县的移民有关。

在杨岗发现有新石器时代龙山文化和商文化，1961 年公布为市级第一批文物保护单位。还发现有战国、两汉墓群，对于研究战国、两汉时期新乡一带的葬俗和社会生活均有重要价值。[1]

有首地名歌谣《下来潞王坟》提到三岗等地：

> 下来潞王坟，山彪、李士屯，
> 吉城、娘娘庙，曲里、韩光屯。
> 一溜花园靠三岗，周村、马坊、寺庄顶。
> 来到新乡城，看看唐庄、金家营，
> 三高村、五固城，一溜唐马两宋佛，
> 宋佛南边是贾城。[2]

注："一溜花园"即西花园、南花园、北花园；"三岗"即杨岗、茹岗、畅岗；"三高村"即南高村、东高村、西高村；"五固城"即王固城、张固城、童固城、丁固城、任固城；"一溜唐马"即李唐马、张唐马、马唐马、皇唐马、文唐马；"两宋佛"即大宋佛、小宋佛。

第二十节　华新纱厂旧址（卫辉市）

卫辉华新纱厂位于河南省卫辉市纺织路 1 号，始建于 1920 年，是原中华民国财政总长周学熙和民族资本家汲县（今卫辉市）沿淀街人王锡彤等人创建的华新纺织股份有限公司的第四个厂，原名叫华新纺织有限公司卫辉纱厂。另外三个厂分别建在天津、青岛和唐山。华新纺织股份有限公司 1916 年正式成立，董事会为权力机构，总事务所设于天津，是北方纺织工业发展的标志。

---

[1]　新乡市地方史志编纂委员会编：《新乡市志》（下），生活·读书·新知三联书店 1994年版，第 303、306 页。

[2]　新乡市红旗区史志编纂委员会编：《红旗区志》，生活·读书·新知三联书店 1991 年版，第 362—363 页。

王锡彤（1866—1938），字筱汀，号悔斋。宣统元年（1909）以前主要在河南从事教育事业，与李敏修等创办经正书舍。其间亦参与地方政事，曾主办禹州三峰煤矿公司，参与洛潼铁路、河南铁矿等实业的创办。河南人民收回矿权斗争中，被推为四代表之一赴京与英国福公司谈判。此后应袁世凯之邀，与北方最大实业家周学熙一起在京津等地办实业，充当袁氏亲信幕僚。王先后充任京师自来水公司协理、天津启新洋灰公司协理、天津华新纺织公司协理、华新公司唐山纺纱厂专务董事、卫辉纱厂董事、棉业公会董事、兴华资本团董事等职。1915 年曾任民国参政院参政。直至 1938 年病逝为止，一直在京津豫从事工商活动。著述有《抑斋诗文集》《抑斋自述》《清鉴》（前编）等多种。他能诗善文，是一位著名的学者、诗人和教育家。

华新纺织股份有限公司天津、青岛纱厂建成投产后，唐山、汲县两厂尚在商议之中。王锡彤家住汲县，深感桑梓地瘠民贫，欲"以工代赈"谋惠于家乡。1919 年 6 月回乡省亲时，便游说在汲县办厂一事，得到汲县地方官员的大力支持。王锡彤沿卫河两岸勘察厂址，认为旧日的演武厅操场，地势相宜。此地紧傍卫河，用水方便；地近城关，工人往来便利；京汉和道清两条铁路倚城而过，若修一条小铁路连通车站便于搬运货物、机器。

1919 年 9 月 1 日，华新纺织股份有限公司卫辉纱厂事务所在天津成立，开始办公。9 月 2 日，召开卫辉纱厂第一次股东会，公推王筱汀等着手筹办。1920 年 4 月，华新纺织股份有限公司卫辉纱厂召开成立会。①

1938 年被日本强行接管，1945 年 11 月，国民党军政部派员接收，1947 年 3 月，恢复卫辉华新纺织股份有限公司。后资方慑于解放战争的强大威力，将大批物资南运，部分机器运往江苏常州。至 1948 年 11 月 7 日汲县解放，全厂仅剩 10360 锭，42 台布机，1080 名职工。

卫辉纱厂的建立，开辟了共产党早期革命活动的基地。1925 年 1 月，中共北方区委派中共党员罗思危到汲县开展革命工作。经罗思危介绍，华新纱厂发展了第一批党员，建立了华新纱厂共产党小组，宋光明任组长。

1938 年 2 月，华新纱厂 106 名工人（其中 6 名女工）组成工人抗日

---

① 河南省华新棉纺织厂编：《华新厂志》，新华出版社 1995 年版，第 1—3 页。

大队，辗转于敌后。1939 年 7 月，中共华新纱厂党组织在中断十年之后得以恢复，有 5 名党员，成立了党小组，在团结群众、保护工厂、迎接解放中发挥了重要作用。

目前，建厂时的老大门还在，董事会办公室尚存，职工宿舍、小姐楼、夜校、工会旧址，连接京广线的小铁路、档案馆、王锡彤日记、周学熙手迹、早期股票、商标等均保存完好。卫辉华新纱厂，简直就是一座活的中国纺织博物馆。

2019 年 4 月 16 日，由中国城市规划学会、中国科学技术协会发布由100 处工业遗产组成的第二批"中国工业遗产保护名录"，河南共有 5 处入选，其中卫辉华新纱厂榜上有名。卫辉华新纱厂入选的理由：中国建厂最早、延续时期最长的纺织厂之一；周氏家族创办的四家华新纱厂唯一留存的一家。①

第二十一节　延浚汲淇抗日办事处旧址（延津县）

延浚汲淇抗日办事处旧址，又称四县边抗日办事处旧址，位于延津县马庄乡原屯村，北临村委会和原氏宗祠。现存院落四座，主要有工委旧址、武装部旧址等。四县边行政抗日办事处成立于 1943 年 10 月 12 日，由中共冀鲁豫四地委、专署在马庄乡原屯村建立，1945 年底撤销。办事处曾在建立基层政权、壮大抗日力量、发展地方武装以及组建地下交通线、保障人员过往、物资流通等方面发挥了重要作用。对开展革命传统教育和爱国主义教育具有独特作用。

1943 年，随着抗日战争的不断深入和战场的进一步扩大，日本侵略者从物力、财力、兵力出现严重供应不足，战败已成定局。为保障供应，挽回败局，日本侵略者在平汉铁路两侧增派重兵，在伪四十军、二十四军的配合下，增设了暗堡、明岗、暗哨。对过往行人严密盘查，许多无辜百姓被枪杀，平汉铁路东西上百公里的村庄在日伪的白色恐怖笼罩下，造成了我冀鲁豫抗日根据地通往延安的通道被切断。

---

① 《我市一处工业遗产卫辉华新纱厂入选"中国工业遗产保护名录"》，《平原晚报》2019年 4 月 17 日。

　　为保证交通线畅通，中共中央电令冀鲁豫军区党委，不惜一切代价在敌统治薄弱地段迅速建立自己的基层政权，在站稳脚跟的基础上，寻找战机，开辟冀鲁豫西南大门第二条地下交通线。

　　冀鲁豫军区党委，根据中央指示精神，派出侦察部队深入敌占区豫北进行详细侦察，决定在现在的延津县、浚县、汲县、淇县四县结合部建立我党政权机构工委和抗日办事处，地点定在延津原屯，并立即呈报八路军总部、中共中央进行审批。1943 年，冀鲁豫军区党委接到中共中央和八路军总部命令，立即开始筹建，并于同年 10 月 12 日在延津原屯村宣布"延、浚、汲、淇"四县边工委和四县边抗日办事处成立。工委书记李先贤、主任姚步宵，下设四个科、财政科长胡文亮、民政科长刘模先、武装科长刘志诚、教育课长李俊峰、刘耕夫负责四县边抗日游击大队的政治工作。同时还建立三个区，以寇庄为中心为第一区，以班枣为中心为第二区，以沙河为中心的第三区，从此，由共产党领导的县级行政政府延、浚、汲、淇四县边办事处成立了。

　　四县边工委办事处成立后，立即发动群众，组建民兵队伍和武工队，在敌占区发展党员，壮大党的组织，建立了地下武装，积极活动于平汉铁路以东、汤阴、浚县、淇县、延津、汲县东部地区的结合部，宣传开展抗日斗争，搜集敌人情报，物色交通人员，为冀鲁豫西南大门第二条地下交通线选配合适人选和提供情报。主要做了以下五个方面的工作。

　　一是推动抗日民族统一战线的开展；二是联系一批人士和知识分子站到共产党一边；三是寻找与联系曾为我党工作过，但因形势所迫与党失去联系的同志，拯救了我党的有生力量；四是争取一些敌伪人员，在一定程度上削弱了敌人的力量；五是掩护了和护送了抗日工作人员及中央重要首长顺利通过敌封锁线，打通冀鲁豫军区同太行山区和延安的联系。[1]

　　2016 年被公布为省文物保护单位。

---

　　[1] 中共延津县委、延津县人民政府：《延浚汲淇四县边抗日行政办事处成立 74 周年研讨会资料汇编》，2017 年内部印制。

第二十二节　中共平原省委旧址（新乡市）

中共平原省委旧址位于河南省新乡市牧野区和平路大道中段路东。

华北全境解放后，中共中央为加强冀、鲁、豫三省结合部地区的工作，决定建立平原省，撤销太行、太岳、冀南、冀鲁豫等行政区。1949年8月1日，华北人民政府发文，正式宣布建立平原省。8月20日，在新乡市召开中共平原省委、平原省人民政府、平原省军区成立大会。省委书记潘复生，副书记赵时真；省政府主席晁哲甫，副主席贾心斋、韩哲一；省军区司令员刘致远，政委潘复生。潘复生在成立大会上作了《为建设新平原省而奋斗》的报告。

平原省共辖新乡、安阳、濮阳、聊城、菏泽、湖西6个专区，56个县和新乡、安阳2个省辖市，人口约1700万。平原省省会设在新乡市，新乡市成为平原省政治、经济、文化中心。

随着全国国民经济恢复和经济建设事业的发展，鉴于平原省处在河南、河北、山西、山东、江苏五省结合部，缺乏经济中心城市，山东、河南两省也需要恢复原来的建制，为此，1953年11月，中共中央、中央人民政府决定撤销平原省建制，平原省的历史使命已经完成。11月30日，平原省人民政府及所属机关撤销，自12月所有行政事宜由山东、河南两省分别接受办理。平原省从成立到撤销，历时三年又三个月。

平原省委旧址建筑群始建于1949年，占地3.1万平方米。现存五组完整建筑：一座主楼，四座辅楼。主楼为当时省委首长办公楼及省委办公厅所在地。四座辅楼，分别为平原省委组织部、宣传部、农工部、统战部办公楼。四座辅楼结构、形式相同，平面布局呈"凸"形，外墙为青砖清水墙，每间房屋顶都设有通风口，屋顶的顶角线做工精细，窗台线做工考究，属于典型的20世纪50年代仿苏式建筑风格。

2002年，为纪念平原省的历史功绩，保护历史文化遗产，中共新乡市委、新乡市人民政府决定，建立平原省委旧址纪念地，并整修一新。2006年被公布为河南省第四批文物保护单位，已成为新乡人民为之自豪的一处历史文化景观。

第六章　碑铭碑刻

第一节　魏孝文帝吊比干文碑（卫辉市）

魏孝文帝吊比干文碑存于卫辉市比干庙。

北魏孝文帝拓跋宏（467—499），汉名元宏，祖籍代郡平城（今山西省大同市），鲜卑族。中国古代杰出的政治家、改革家，北魏第七位皇帝（471—499 年在位）。太和十四年（490），孝文帝正式亲政后，进一步推动改革。整顿吏治，设立三长制，实行均田制；太和十八年（494），迁都洛阳，全面改革鲜卑旧俗，进行政治改革，镇压反对改革的守旧贵族，处死太子元恂。一系列举动推动北魏经济、文化、社会、政治、军事等的全面发展，"太和改制"，有效缓解民族隔阂，对北方民族融合和发展起了积极作用，史称"孝文帝中兴"。

太和十八年（494）十一月，孝文帝抵达"卫壤"，"睹殷比干之墓，怅然悼怀焉。乃命驭驻轮"，看到比干庙宏伟精巧，"伤贞臣之婍节，聊兴其韵，贻吊云尔"，写下了吊比干文。

魏孝文帝高度评价了比干："惟子在殷，实为梁栋。外赞九功，内徽辰共。"但是"否哉悖运，遘此不辰。三纲道没，七曜辉泯。负乘窃器，怠弃天伦。怀诚贾怒，谠言焉陈。"面对纣王的暴政，比干依然忠心耿耿，最后被剖心而亡。文帝感慨道："鬼侯已醢，子不见欤？邢侯已脯，子不闻欤？微子去矣，子不知欤？箕子奴矣，子不觉欤？何其轻生，一致斯欤？何其爱义，勇若归欤？遗体既灰，不其惜欤？永矣无返，不其痛欤？呜呼哀哉！呜呼哀哉！""剖心无补，迷机丧身。"一方面，对比干"谏而烬躯"的行为进行赞美，另一方面又对比干"不相时以卷舒""虚名空传于千载"的做法表示遗憾。①

北魏孝文帝吊比干文具有很高的思想和文学价值，更是魏碑书法中的名品，堪与洛阳"龙门二十品"齐名，《金石录》《金石萃编》等历代金石文献多有著录。由于该碑刻立于北魏太和年间，故俗称"太和碑"。

第二节　唐太宗祭比干文碑（卫辉市）

唐太宗祭比干文碑置于比干庙内，碑额碑身一体，上有盘龙碑额，篆文"皇帝祭殷太师比干文"。正文分三部分：诏书、祭文、随祀官员名录。小字隶书，多有楷意，颇似魏碑，结构严谨，端庄大方，正气肃然。碑文书写者薛纯陀。唐贞观十九年（645）造。原碑已毁，现为元初重刻。

唐贞观十九年二月，唐太宗御驾亲征讨伐高丽，途经汲县时，率领文臣武将来到比干墓前，为比干举行隆重的祭礼，追赠比干为"太师"，并向全国郡县颁发了《赠殷太师比干诏》，谥"忠烈公"，命令地方官员每年春秋两季祭祀，并给附近五户农民拨了地产，派他们守庙祭祀。唐太宗离开比干墓之后不久，又派大臣萧禹、长孙冲等人持节到比干庙举行祭祀，将《祭比干文》刻石铭记。石碑又高又大，气宇轩昂，铭载了唐太宗封比干为"太师"、谥"忠烈公"的诏文及"祭比干文"，因是贞观年间刻石，所以此碑又称"贞观碑"。

祭比干文首先交代了唐太宗派人"以少牢之奠"祭祀比干的情况，强调帝王"龙跃凤翔，必资鳞羽；人君御下，必藉忠良"，形容比干之死是"惊风拂野，迥树先彫；零雨被枝，高花早坠"，感叹比干不懂得隐藏自己的美质，避开残刃，明哲保身的道理，所以剖心而亡。进而指出："然则大夏将崩，非一木之能止；天道去矣，岂一贤之可全！且夫举过显仁，扬善隐恶，忠臣之义也；三谏不入，奉身而退，圣人之道也。何必殉形于国，以速商殷之亡；剖心于朝，以深独夫之罪！"

唐太宗认为臣子劝谏应无损于帝王尊严，直臣应保圣君，遇昏君自当

---

① 北魏孝文帝吊比干碑文参见霍德柱：《比干庙古碑刻解析》，中州古籍出版社2015年版，第12—22页。

弃之。唐太宗"每怀及此，不胜愤惋忠者，睹朕斯言，以为饰非拒谏；智者明于此意，当知惜善爱仁"。但是他还是赞美比干"犯颜色、逆龙鳞"之"行之不易"，所以"永怀千古"。①

碑文思想观点别致，是研究唐太宗和比干的珍贵文物，在书法艺术上亦具有极高价值。

第三节　陀罗尼经幢（卫辉市）

陀罗尼经幢位于卫辉城里卫辉宾馆院内，原为宁境寺所在地，寺已早毁，经幢仍屹立原地未动。②宁境寺遗址被称为"宁境园"，20世纪曾是汲县举行大型集会的地方，也曾是汲县城镇知识青年上山下乡的出发地。③

宁境寺原名为"宁静院"，五代后晋开运二年（945）开始建造。宋代时宁静院曾得以保留。元至正二十八年（1368）七月，明朝大将徐达、副将军常遇春，征伐河北之军，攻占卫辉后，宁静院一度毁于战火之中。明王朝建立后，洪武二十三年（1390）宁静院在旧墟上被重新修起，并将院改为"寺"，同时置僧纲司。明正德七年（1512），嘉靖二十五年（1546），当时卫辉府又分别翻修和重建了宁境寺，宁境寺在原有规律的基础上再次得到了扩大。清军入关后，清王朝除加以保护寺院外，仍置僧纲司。清朝灭亡后，宁境寺又再度毁于战火和人为毁坏之中。现其他建筑已不复存在，独石刻陀罗尼经幢完整遗留了下来。该幢原立于室外，后来卫辉宾馆在其原处建造大厅，使其置于大厅之内，方才避免了日晒风吹带来的损伤。

陀罗尼经幢，现存整座建筑高6.5米，由幢座、幢身及幢顶三部分构成。

卫辉之陀罗尼经幢，承唐代经幢之衣钵，启宋代经幢之先风。整个经

---

① 参见霍德柱《比干庙古碑刻解析》，中州古籍出版社2015年版，第36—38页。

② 卫辉市地方史志编纂委员会编：《卫辉市志》，生活·读书·新知三联书店1993年版，第548页。

③ 《宁境寺与陀罗尼经幢》，见王胜昆编著《卫辉怀古》，河南人民出版社2015年版，第112页。

幢布局严谨，人物造像逼真，真实地展现了当时的佛教文化。它巧妙地使用高浮雕、浅浮雕、圆浮雕相结合的手法，完整地体现了当时的雕造技术，堪称极佳的石刻艺术品，而它作为一个时期——五代之后晋遗物的完整保存，就显得更为弥足珍贵。

1963 年定为河南省第一批重点文物保护单位。2013 年入选第七批全国重点文物保护单位。

第四节　《齐太公吕望表》碑（卫辉市）

《齐太公吕望表》又称《吕望表》，原碑在汲县太公庙，拓片现藏新乡市博物馆。西晋太康十年（289）三月十九日刻。通高 130 厘米，宽 68 厘米。碑阳 20 行，每行 30 字，有竖行界格，碑阴 21 行，字有漫漶，碑额隶书"齐太公吕望表"。此碑明万历时移至府治，后丢失。清朝乾隆五十一年（1786），黄易获上段于河南卫辉府署，乾隆五十六年（1791）下段出现，藏于河南汲县县学。现已失，仅存拓片。

拓本末尾空白处有两则题记，写于嘉庆四年（1799）。一则为当时的汲学训导李元沪所书隶书，记载把《齐太公吕望表》从府庙移置学宫的过程；一则为李元沪之侄李震所书楷书，记载自己与季父李元沪移碑之事。

此碑是天下名碑，记载姜太公后人范阳卢无忌"自太子洗马来为汲令"，为祭祀先祖，而"修复旧祀""镌石勒表"之事。说明在西晋太康年间，太公后人在汲郡祭祀始祖的风俗犹存，太公庙香火犹盛。同时，碑之首句明确提出"齐太公吕望者，此县人也"，也被历史学家视为重要的论断，在史学界影响深远。①

汲县为古牧野所在地，属于朝歌京畿之地。姜尚作为具有高瞻远瞩的政治家，他隐居汲地，窥天下风云之变幻和殷商朝政之动向，这个基本的历史事实应该是存在的。所以，当地的人们对太公的祭祀是有一定的史学依据的。此碑就是太公生活在汲地的重要历史凭证。

另外，碑文记载举世闻名的汲冢书出土在太康二年（281），与负责

① 安喜萍：《卫辉历代碑刻》，中州古籍出版社 2013 年版，第 14—16 页。

整理汲冢书的荀勖在《穆天子传序》的记载一致，碑文的记载属于当地出土文献的实时记录，纠正了《晋书·武帝纪》咸宁五年之讹误。碑文提到"般溪"，即磻豀，亦作"磻磎"。水名。传说为吕尚未遇文王时垂钓处。《韩诗外传》卷八："太公望少为人婿，老而见去，屠牛朝歌，赁于棘津，钓于磻溪。"晋李石《续博物志》卷八："汲县旧汲郡，有硖水为磻溪，太公钓处，有太公泉、太公庙。"证明磻磎在卫辉。

此碑具有卓越的书法艺术，被一些学者视为晋碑之冠，并且是汉晋隶书艺术中的佳品。①

第五节　西明寺造像碑（新乡县）

西明寺造像碑，位于新乡县翟坡小宋佛村西北隅的新乡县历代石刻艺术博物馆内。

乾隆《新乡县志》记载："石佛在县西南三十里宋佛村，宋时有石佛，高丈余，黄河泛涨，浮水至此而止，遂建西明寺。"② 因此，小宋佛村也叫"小送佛村"。

西明寺造像碑建于北魏时期，石刻造像通高4.8米，宽1.65米，属单体石刻造像。背光呈莲花瓣形，正面雕一佛二菩萨三尊立像。佛像面相清瘦，身着褒衣博带式袈裟，右手施无畏印，左手提香包，身体修长。胁侍菩萨像均头戴三叶高宝冠，身披"X"形披巾，下身着百褶长裙，立于狮子承托的莲台上。左侧菩萨左手执净瓶，右手握莲蕾；右侧菩萨双手握莲蕾。三尊像身后为火焰背光，雕刻有化佛、飞天。背光双侧上部各浮雕龙纹一个。背光背面线刻一帷幔，菩萨坐于方形莲座上，前有侍女，后有菩提树。佛像基座方形四面刻捐资人题名，下为宝装覆莲座。

石刻造像正面雕一佛二菩萨，本尊为无量寿佛，两侧菩萨为观世音和大势至，雕刻细腻，线条流畅，被有关专家誉为"年代之早，行体之大，

① 程平山：《传奇的〈齐太公吕望表〉》，《光明日报》2016年9月2日第5版。

② （清）乾隆《新乡县志》卷十九《名迹志》（上），《中国地方志集成·河南府县志辑（12）》，上海书店、巴蜀书社、江苏古籍出版社2013年版，第157页。

艺求之精，中原之冠"①，具有极高的科学价值，艺术价值和历史研究价值，是北魏晚期造像碑中的精品。

2006 年 5 月 29 日正式被国务院公布第六批全国重点文物保护单位。

第六节　水东经幢（卫滨区）

水东经幢位于新乡市卫滨区平原乡水东村定觉寺（原为新乡县合河乡水东村），现称卫滨区"尊胜陀罗尼经幢"，唐开元十三年（725）立。2000 年 9 月被河南省人民政府公布为第三批文物保护单位；2013 年 5 月，被国务院公布为第七批全国重点文物保护单位。

幢，古代原指支撑帐幕、伞盖、旌旗的木杆，后借指帐幕、伞盖、旌旗。佛教传入中国后，唐人将佛经或佛像起先书写或画在丝织的幢幡上，为保持经久不毁，后来改刻在石柱上，因刻的主要是《陀罗尼经》，因此称为经幢。经幢一般由幢顶、幢身和基座三部分组成，主体是幢身，刻有佛教密宗的咒文或经文、佛像等，多呈六角或八角形。五代两宋时最多，一般安置在通衢大道、寺院等地，也有安放在墓道、墓中、墓旁的。

我国的经幢多为石质，铁铸较少。一般有圆柱形、六角形和八角形。由基座、幢身和幢顶三部分组成，幢身刻陀罗尼经文，基座和幢顶则雕饰花卉、云纹以及佛、菩萨像。

尊胜陀罗尼经幢为石质，高 6.2 米，由幢座、幢身和幢顶三部分组成。幢身雕刻有尊胜陀罗尼经文及众多普萨像。其佛龛及佛造像端庄凝重，雕刻手法多样，具有很高的文物与艺术价值。

2013 年 7 月 17 日凌晨，尊胜陀罗尼经幢被盗，经过 40 个小时缜密的侦查追踪，新乡警方于 7 月 20 日在卫辉市马市街一家烩面馆内，将正在吃庆功饭的 6 名犯罪嫌疑人抓获，追回被盗经幢，可惜，文物已经被破坏，复原困难。

---

① 冯德仁：《新乡县史迹考》，中州古籍出版社 2018 年版，第 112 页。

第七节　大观圣作碑（红旗区）

大观圣作碑位于新乡市红旗区人民法院内（原新乡县文庙内），亦称"大观碑"，又名"御制八行八刑条例"，是北宋大观二年（1108）由宋徽宗赵佶撰文并书写，尚书左仆射门下侍郎蔡京题额，并由当时的书法名家、书学博士李时雍摹写上石，立于全国各地。因由皇帝撰文并书写，因此称"圣作之碑"。1986年被公布为河南省重点文物保护单位。

该碑高4.47米，宽1.24米，厚0.30米。碑文共27行，满行71字，共1200多字。除部分字迹缺损外，基本清晰可认，保存相当完整。碑额上部及两侧满刻二龙戏珠和三角形图案，碑文四周为卷龙、缠枝牡丹图案，下部刻云气纹饰。碑体高大，刻工精致。

宋徽宗给学生规定了八条必须遵守的行为和道德标准，即"八行"，又提出了禁止违反的罪状，称"八刑"。当时，诏书颁行全国，各州、府、县奉诏立碑于学宫（文庙）。现《大观碑》全国仅存四通，而位于新乡文庙的这通石碑保存最好。

关于"八行"，指孝、悌、睦、姻、任、恤、忠、和。善父母为孝，善兄弟为悌，善内亲为睦，善外亲为姻，信于朋友为任，仁于州里为恤，知君臣之义为忠，达义利之分为和。八行中孝悌为先，孝悌忠和为上，睦姻为中，任恤为下。反"八行"者处以相应"八刑"的惩罚。所谓"八刑"即不忠、不孝、不悌、不和、不睦、不姻、不任、不恤。学生若犯了任何一刑都要受到惩处。若犯了前四条就永远取消其入学资格，若犯了后四条则罚若干年不得入学。

碑文中多处提及根据士人所具"八行"的情况可允许进入县学、州学或太学的上舍、内舍、外舍，并且上舍有上、中、下等之分。宋神宗时，王安石变法首先从太学入手进行改革，在太学创立了上舍、内舍、外舍三个等级，上舍又分上、中、下三等，并制定了一套严密的考试制度、奖惩制度、选拔制度。宋哲宗时，将"三舍"法推广至州县。宋徽宗崇宁元年（1102），命天下州县皆置学，州、县学普及，同时实行三舍升贡法。崇宁三年（1104），罢科举，专以学校取士，"三舍"升试全面推广，成为士人进入太学三舍、入仕做官的唯一途径。大观碑的刻立、八行取士也正是在此大的背景下实行的，它又开拓了一条进入太学、释褐做官的道路。同时，"三舍"学制严格的等级也与"八行"取士的标准相适应。

大观碑具有重要的史料价值，从中我们可以了解到宋代教育制度中人才选拔的标准、培养人才的目的以及"三舍"升试学制的详细情况，为研究宋代教育提供了实物资料。①

第八节　汉酸枣令刘熊残碑（延津县）

汉酸枣令刘熊残碑原在"县儒学署"（今城关中学），何时断裂残缺，已无考。今余者为碑之下截，呈不规则的方形，高处为 64 厘米，矮处为 40 厘米，宽 41 厘米，厚 24 厘米，上端正中有孔，为前人连接断碑时所凿。碑阳字迹全部剥蚀，已无法辨认；碑阴存字七行，计 26 字，其字为汉隶八分楷书；碑的一侧有后人题记，存字四行，计 52 字，为唐以后楷书。

刘熊，字孟阳，广陵（今江苏扬州）海西人，系东汉光武帝刘秀之玄孙，做过酸枣县令，所以此碑又称"刘孟阳碑"。

北魏郦道元《水经注》云："酸枣城有县令刘孟阳碑"，是关于刘熊碑最早记载。此后宋欧阳修《集古录》、赵明诚《金石录》相继著录，南宋洪适《隶释》复详记碑之全文（只有少数字残缺），可见此时碑尚未断毁。据洪氏所记，原碑共 23 行，行 33 字。后碑断，残存两块。后此两块残石也已不存。1915 年金石家顾燮光访得碑阴残石一块，存字 8 行，计 63 字；残石侧面有宋人题记。顾燮光潜心研究金石碑刻，著有《刘熊碑考》。此残石现存河南省延津县文化馆。

据史书记载，该碑碑文之撰写，出自东汉大文豪、大书法家蔡邕之手。

蔡邕（133—192），字伯喈，陈留郡圉县（今河南杞县南）人。东汉时期名臣，文学家、书法家，才女蔡文姬之父。董卓掌权时，强召蔡邕为祭酒。三日之内，历任侍御史、治书侍御史、尚书、侍中、左中郎将等

———————————

① 姚香勤：《〈大观圣作之碑〉与宋代教育制度》，《燕山大学学报》（哲学社会科学版）2001 年第 2 期，第 48 页。

职，封高阳乡侯，世称"蔡中郎"。董卓被诛杀后，蔡邕因在王允座上感叹而被下狱，不久便死于狱中。明人张溥辑有《蔡中郎集》。

刘熊碑属于德政、去思一类，碑文主要记述了当时酸枣县令刘熊的情况，"系广陵海西人"，乃"汉之宗室"，称道他执政时"勤恤民隐，恩威并行"，使酸枣百姓"富者不独逸乐，贫者得顺四时"。因此，全县吏民对他"爱若慈父，畏若神明"。这里虽多溢美之词，但在一定程度上反映了当时本县的社会吏治和民情，不失为一篇较有价值的历史资料。

此碑拓片流传极少。近百年来流传的拓本只有两份。一份为清刘鹗所藏旧拓本，现存中国历史博物院；一份为清范懋政所藏旧拓本，现存北京故宫博物院。均是碑断为两块之后所拓。此碑书法点画精美，沉厚挺拔，宋、明、清及近代诸金石学家均刊书予以著录。1981 年 12 月出版的《书法丛刊》中亦有此碑。

"中郎真迹"曾被列为明代延津"十六景"，时人郁华、越应扬配诗一首：

> 人向残碑重蔡邕，我从贤令重刘熊。
> 文章政事真双绝，千古流芳爱慕同。①

唐代诗人王建曾为此碑题诗云：

> 苍苔满字土埋龟，风雨消磨绝妙词。
> 不向图经中旧见，无人识是蔡邕碑。②

---

① （明）万历《延津县志》卷四。
② 《蔡中郎断碑》，（明）万历《延津县志》卷四。关于刘熊碑碑文的作者也是有争议的。从汉唐直到 20 世纪 60 年代，人们一直认为是东汉时期著名的文学家、书法家蔡邕所书，但也有学者认为并非蔡邕所书，乃是一名不知名的书法家所书。一名叫武志远的已故学者就曾根据文献资料及多方求证，认为此碑并非蔡邕所书。得出此结论的并非武志远一人，有署名少文的学者在 1966 年《文物》月刊第 4 期载文《记汉刘熊碑兼论蔡邕书碑问题》，对刘熊碑进行考证，明确说："刘熊碑本是一名无名书家所写，被人派做蔡邕，已经有一千多年了。从今洗去这个虚假的头衔，还它一个本来面目，更觉得别有一番光彩。"（参见赵新颜、乔茜雅《新乡最早的碑刻——刘熊碑》，《新乡日报·大牧野》2012 年 12 月 21 日第 5 版。）

第九节　王法明造七级浮图（红旗区）

王法明造七级浮图位于新乡市红旗区小店镇前马屯村同和寺，为山西太原人王法明于唐开元三年（715）所建。1963 年 6 月公布为省级文物保护单位。

这样的唐代小石塔，属于功德塔的一种，盛行于唐中期，主要为佛教信徒为积累功德，同时为自身或亲友祈福所建，称为"石浮图"或"石浮屠"。根据网友"古塔寻踪"统计，国内现存约有三五十座，主要集中在冀中、豫北、北京、山西一带，采用高质量的石料（如汉白玉、青石等）建造，塔身上多有精美浮雕造像，几乎每一座都是不可多得的雕塑珍品。这种石浮图几乎都为平面方形，用石板或石块拼接黏合而成，造型多数为仿密檐式，七级居多，也有多至九级甚至十五级的，整塔通高大多在 3—6 米之间；个别为仿亭阁式，高 2 米左右。塔身每面一般是整块或两块石板，正面辟长方形门，门上方有浮雕火焰式拱券门楣，门两侧多浮雕有金刚力士，有些在内部石壁还有浮雕佛像或供养人像；塔身之上每层檐都为一整块石板，雕刻成仿涩叠檐的样式，顶部一般为宝珠形式。有些石浮图除了正面有门外，在背面也雕刻了一个类似的假门。早期的石浮图通常不设基座，且装饰较为简洁；盛唐开始多设精美须弥座，束腰壶门内装饰兽头、乐伎等，塔身雕刻也更加繁复精美。清代金石名家叶昌炽的《语石》中曾论述："然石刻中自有石浮图一种……滥觞于魏，挛乳于隋，至唐开元、天宝间而极盛，然自此戛然竟止，乾元后，遂无著录。窃尝论之，盖与经幢递为盛衰，递为终始。"

同和寺王法明造七级浮图为方形密檐式石塔，坐北朝南，每层均由青石雕砌而成，残高 1.8 米，由塔基、塔身、塔檐部分组成。塔基为三层青石板砌筑而成。塔身正面辟半圆拱形门，火焰状门楣，门内为方形塔心室，室内后壁高浮雕一佛二菩萨，佛盘坐于束腰状莲花座上，背有项光，左右侍菩萨站立于莲座上。门两侧线刻花卉及仕女像，上部刻大唐开元三年（715）铭文。塔身两侧线刻佛弟子及仕女像，并附有供养人姓氏，背面线刻供养人像及姓氏。塔身上部有北宋天圣三年（1025）和庆历五年（1045）刻文。塔檐为石刻叠涩与反叠涩层构成，檐间塔壁上刻有佛龛。①

宋天圣三年（1025），张守嶙及其家人先造地宫一座，重修该浮图。宋庆历五年（1045），刘德、刘用及其家人又重修该浮图。清咸丰七年（1857）重修同和寺。后来浮图被拆毁，部分丢失，原为七级，后仅存三级，面临绝迹。目前同和寺内七级浮图上面四层为2019年重新修缮。

该石塔雕刻精美，塔身正面雕刻布局匀称，构图协调，线条简练自如，人物端庄丰满，形象栩栩如生，浮雕与线刻相间，富有变化，工艺精湛，具有一定的历史和艺术价值。

第十节　夏言渡河词碑（获嘉县）

夏言渡河词碑位于新乡市获嘉县亢村镇西街，高4米，宽13米，厚0.66米。② 明嘉靖十八年（1539）嘉靖皇帝南巡他的故乡承天府（今湖北省钟祥市），武英殿大学士夏言和严嵩等人扈从。南巡途中渡黄河之日（三月己巳），嘉靖帝祭河神，在荥泽还安排人员祭纪信祠，夏言向嘉靖帝进呈《大江东去》一词。该碑立于明代，刻行书9行共169字。

夏言（1482—1548），字公谨，号桂洲。江西广信府贵溪（今江西贵溪）人。明朝中期政治家、文学家。正德十二年（1517），夏言登进士第，初授行人。任兵科给事中时，以正直敢言闻名。明世宗继位后，夏言疏陈武宗朝弊政，受世宗赏识，裁汰冗员，清查皇族庄田。他为人豪迈强直，纵横辩博，因大礼议而受宠，升至礼部尚书兼武英殿大学士，入参机务，累加少师、特进光禄大夫、上柱国，嘉靖十八年（1539）被擢为首辅。碑文如下：

> 九曲黄河，毕竟是天上人间何物，西出昆仑东到海，直走更无坚壁。喷薄三门，奔腾积石，浪卷巴山雪。长江万里，乾坤两派雄杰。亲随大驾南巡，龙舟凤舸，白日中流发。夹岸旌旗围，铁骑照水，甲光明灭。俯视中原，遥瞻岱岳，一缕青如发，壮观盛事。

---

① 陈廷芝主编：《延津县志（1986—2000）》，中州古籍出版社2009年版，第106—107页。

② 《获嘉县志》编纂委员会编：《获嘉县志》，生活·读书·新知三联书店1991年版，第574页。

该碑为记事而立，有补正史籍的作用。词文跌宕，气势恢宏，寓真实于浪漫之中，艺术地描绘了祖国的雄伟河山和嘉靖帝南巡渡河时的壮观盛况。碑文行书镌勒，词文、自注、落款挥之一体，布白自然，错落有致，颇具有观赏价值。

世宗在往承天府途中，有多名藩王朝拜，其中卫辉汝王朱祐椁、怀庆府郑王朱厚烷朝于行殿。当时沿途的饥荒十分严重，特别是在河南地区。随行官员陆深在经过河南新乡时，看到"夹路饥民老稚号乞，辄以钱与之，势不能遍，有瞑目而过者"①。而之后他在扈从返京的途中经过卫辉时记载，"闻前途叫号声甚苦，即驱众往，乃一内侍为贼所劫，速令护应当擒一人，众皆奔散"。可以看出，当日沿途难民众多，一时间甚至有"暴动"之势。在卫辉，行宫失火，此乃世宗南巡期间的最大劫难。②

在承天府，夏言作《扈驾承天谒陵》，描述了显陵周边的自然环境和自身感受圣恩的激动心境。南巡之后，夏言极盛而衰，而严嵩受宠更盛。十年后，严嵩成为压倒夏言的最后一根稻草，夏言彻底失宠，被斩于市。明穆宗时复官，追谥"文愍"。

夏言所作诗文宏整，又以词曲擅名，有《桂洲集》及《南宫奏稿》传世。

第十一节　请佃户灵阳观记碑（辉县市）

请佃户灵阳观记碑位于辉县市胡桥街道办事处南观营村西南 500 米。

胡桥位于辉县市南部，东临孟庄镇，南与新乡凤泉区大块镇交界，西与北云门相邻，北与城关镇、百泉镇接壤。"请佃户"是个村名。传说很早以前，村西有座灵阳观。该观有很多土地，道士忙不过来，时常来请村内佃户耕种，被称为"请佃户"村。

"请佃户"村后来改为"请下佛"村。明弘治年间，有一天，一群善男信女用车拉一石雕巨佛路过村内。突然一声炸雷响过，乌云遮天盖地涌来，霎时大雨陡降，善男信女一哄而散，丢下石佛避雨去了。霈雨数天不

---

①　（明）陆深：《大驾北还录》，上海古籍出版社 1995 年版。

②　邓涛：《明世宗南巡湖广承天府述论》，硕士学位论文，内蒙古大学，2014 年，第 24 页。

止，待雨过天晴善男信女来此启运石雕巨佛时，个个像中了魔似的，竟东倒西歪，围佛而转，时而打闹相斗，时而梦呓自语。这时有一方士路经这里，对围观的村人说："在此请下石佛吧。"并随口诵道："一路颠簸遭风寒，到此雨淋无人管，佛祖不愿再磨难，请下佛神歇身安。"于是在此建一寺院，请下石佛安身坐镇，保佑全村一方平安，遂将村庄易名为"请下佛"。

灵阳观一名"云门寺"，据清道光《辉县志》记载，灵阳观在县西南15里卫河之滨，"其地爽垲，环以清流"，唐垂拱三年（687）建，元至元丙戌重修，佥事白栋有记。明洪武三年（1370）又修，今名"龙眼观"。①

元至元二十五年（1288）立碑石，碑通高 2.90 米、宽 0.91 米、厚 0.30 米，由碑首、碑身和碑座组成。六龙盘首，额篆"重修灵阳观记"六字。碑阳碑文字体为行书，计 24 行，足行 57 字。

碑文记述了灵阳观的地理环境、历史沿革、道观规模及道教活动等情况。碑阴有元大德七年（1303）八月六日山西洪洞县赵城发生 8.0 级地震情况的记述。地震将该碑震倒，人们把此次地震情况增刻在碑阴，于元大德九年（1305）重新竖起。

该碑不仅为辉县的道教活动的兴废史作了注解，还为研究元代大德年间太行山地区的地震受灾情况提供了较宝贵的资料。

2000 年河南省政府公布为省级文物保护单位。

第十二节　古博浪沙碑（原阳县）

古博浪沙碑位于原阳县城东关。"博浪沙在县东南三里，父老相传景曦门内，韩人张良募力士击秦始皇误中副车处"②，也叫"张良刺秦处"，为中国历史上重大事件发生地，是新乡市级重点文物保护单位。

张良，字子房，其祖上为战国七雄之韩国五代君王之相。秦灭韩，良弟死不葬，悉以家财求客刺秦王，为韩报仇。公元前 218 年春，秦始皇第

---

① （清）道光《辉县志》卷九《寺观》。
② （清）乾隆《阳武县志》卷五《古迹》。

三次出巡，张良深怀家仇国恨，觅大力士身怀百二十斤重铁椎，潜伏原阳博浪沙，狙击秦始皇，结果误中副车，始皇大怒，令天下大索十日。张良先匿天洲（今原阳县齐街乡留侯村），后逃下邳。① 圯上遇黄石老人，跪履三约，而得《太公兵法》，习读之，后成为汉高祖刘邦重要谋士，是汉初三杰之一，"及汉既有天下乃封良为留侯"②。

清康熙二年（1663）阳武知县谢包京书写并刻立"古博浪沙"石碑一通。谢包京游张良留侯祠，题诗一首：

> 椎碎祖龙家，功归博浪沙。荒祠烟碛里，古木有寒鸦。

谢包京（1616—1672），字令夏，号两雁，浙江永嘉人，清代顺治十二年（1655）进士及第。据康熙《温州府志》载，谢包京曾任河南开封府阳武县令，为官期间清正廉洁，政绩卓著。每有闲暇，常常下乡体察民情，顺便领略阳武县自然和人文景观。在此期间，谢包京写下了大量诗作。曾撰写《陈曲逆侯祠碑记》《留侯祠碑记》。民国时期的《阳武县志》也曾为谢包京立传，赞其"居官清正，民德之，立生祠于五柳集，祀名官"③。

清康熙三年（1664），谢包京在阳武县知县任上得到升迁，拟轻车简从就此离开，可是阳武县的百姓绵延数里纷纷拦路呼劝，力劝谢知县能够留下。谢包京看着长跪数里的挽留人群，也不禁泪流满面，写下《别阳武父老》诗：

> 劳劳碌碌两经春，无德无恩及尔民。
> 为感车前情恋恋，敢辞马首语醇醇。
> 力耕慎莫嫌田薄，办税休教触吏嗔。
> 为善自来称最乐，睦邻教子孝双亲。
> 睦邻教子孝双亲，便是人间人上人。
> 富贵由天宜守分，贫穷在我莫生嗔。

---

① 《大爱不语是张良》，见蔺瑞卿编著《原阳赋》，内蒙古人民出版社 2012 年版，第 227 页。
② （清）乾隆《阳武县志》卷九《人物》。
③ 民国《阳武县志》，原阳县志编纂委员会整理本，2004 年内刊，第 180 页。

心田裕后耕须力，忍字从前诲已谆。

更有片言须记取，一年之计在于春。①

第十三节　移民碑（卫辉市）

移民碑（或迁民碑）现存卫辉市博物馆。该碑原立在卫辉唐庄镇郭全屯村，1980 年移至卫辉市博物馆。这块碑真实地反映了明代初年由山西泽州（今山西晋城）向中原移民的情况，故名移民碑。

移民碑明洪武二十四年（1391）立于卫辉府汲县双兰屯村。碑首正中竖刻"卫辉府"三字，两侧有雕龙图案，龙首相向。碑身正面上方"汲县"二字，右侧刻"山西泽州建兴乡大阳都为迁民事侨汲县西城南社双兰屯居住"，中间刻里长、甲首和户主的姓名，左侧刻"大明洪武贰拾肆年中秋月日碑记，石匠王恭"。碑文 14 行，第一行述说移民的起点和终点，第二行介绍里长和该村总户数，然后用 10 行列举 110 户的户主名称（每行 11 人）。碑文告诉我们，汲县郭全屯原为双兰屯，后因迁民，里长名郭全，故改称郭全屯。

碑文记述了山西泽州建兴乡大阳都 111 户村民（含里长）集体迁往卫辉府汲县居住的史实。一般认为，明代的基层组织一"里"由 110 户组成。本碑的碑文表明，这样的说法并非完全准确。这 110 户并不包括里长 1 户在内。碑文同时还表明，明初移民是由政府组织、按里甲编制进行的。

该碑虽形制简陋，但内容重要。它是明初移山西之民于中原的实证，具有重要的历史价值弥足珍贵。这通移民碑对明初政治史、经济史、民族文化心理的研究作用重大。《文物参考资料》（后改名为《文物》）1958 年第 3 期公布了这一考古成果，中国历史博物馆珍藏有该碑的拓片。

卫辉背倚太行，与山西隔山而邻。据考证，卫辉现有的 187 个自然村中有 116 个源自明初的山西移民，使得自洪武二十四年（1391）到成化十八年（1482），汲县人口增长 5 倍之多。卫辉现存的诸多族谱，都明确记载宗族的源头在山西，但作为移民碑，仅存此一通。

---

① 民国《阳武县志》，原阳县志编纂委员会整理本，2004 年内刊，第 424 页。

第十四节　栗公毓美修砖坝碑记（原阳县）

栗公毓美修砖坝碑为清道光十六年（1836）阳武县民所立，位于官厂乡刘固村北黄河大堤南坡砖坝上的大王庙内。此处是栗毓美创修砖坝的其中一道。碑文见民国《阳武县志》卷五《文征志》。该碑现复制于原阳县祖师庙碑廊内。

栗毓美（1778—1840），字含辉，又字友梅，号朴园，又号箕山，山西省浑源县人，清嘉庆七年（1802）以拔贡考授河南知县。以后历任知州、知府、布政使、护理巡抚等职。道光十五年（1835）任河南山东河道总督，主持豫鲁两省河务。

黄河下游河道两岸均有不少滩地，尤其河南河段，河宽滩广，每遇伏秋大汛，洪水漫滩，将滩面冲成许多串沟，首尾与大河相通，往往分溜成河，冲刷大堤，造成决口之患。栗毓美到任伊始，经过调查研究，对整治滩面串沟隐患，十分重视。这年秋天，北岸原武、阳武（今原阳县境）两汛串沟分溜，刷成支河，沿堤上下20余公里，处处吃紧，险情严重，栗毓美亲到工地指挥抢险。这一带堤防，原不靠河，平时未备工料，若用秸埽抢护，堤段太长，不可能全线抢修。鉴于当时滩地民房被淹浸塌，房砖颇多，认为砖与石相仿，故决定收买当地民砖，试抛砖坝抢护，计自阳武板张庄至孙家堤15多公里的堤段，经40个昼夜抢修，共筑长短砖坝60余道，从而挑溜外移，化险为夷。这些老砖坝，一直保留到中华人民共和国成立前夕。

栗毓美于道光二十年（1840）病逝任内，任河督虽仅五年，治绩卓著，清朝道光皇帝高度评价他："栗毓美办事实心，连年节省帑金数十万，一旦病故，诚为可惜。"道光皇帝特地为他在浑源州城东南二里处修建了一座陵墓，晋赠太子太保，谥号"恭勤"，道光皇帝和栗毓美生前好友林则徐都为他写了祭文。后人为了纪念他，为他修建了祠庙，拜他为"河神"，称为"栗大王"。

栗公毓美修砖坝碑记述了栗毓美在原阳黄河岸边大堤上"披星而出，戴月而入"，"抛砖修坝，水患渐消"的治水过程，栗公"衣服俭朴，饮食菲薄"，"率官吏而示众民"，给官吏和民众做出了很好的榜样。

第十五节　陈丞相雪诬辩碑

陈丞相雪诬辩碑位于原阳县阳阿乡阳阿中村陈平祠内。该碑为明嘉靖二十六年（1547）十月刻制，是邑人孟霖撰文。由于年代久远，残损漫漶较重。陈平祠属省级文物保护单位。

陈平（？—前178），阳武户牖乡（今河南省原阳县）人，西汉王朝的开国功臣之一，《史记》称之为陈丞相。汉文帝时曾任右丞相，后迁左丞相。陈平也是汉代原阳籍出身的五相之一①，他足智多谋、善出奇计，辅佐刘邦，彪炳史册。

陈平投奔刘邦后，得到重用。两人纵论天下大事，十分投机。刘邦破例任陈平为都尉，留在身边做参乘（陪他出行，为他驾驭马车的官员），并命他监护三军将校。这一下引起了周勃等将领的不满，纷纷说他品行不端，贪图贿赂，也就是后人经常提起的"盗嫂受金"，认为这种人不能信任重用。刘邦召陈平来质问，陈平解释了所谓"受金"之事，但对他人诬陷的所谓"盗嫂"事一句未辩，也不必辩。刘邦的疑虑顿消，对陈平倍增好感，并重重地赏赐一番，提升他为护军中尉，专门监督诸将。从此，陈平一心一意为刘邦"六出奇计"夺取天下，成为西汉安邦定国的著名谋臣。

孟霖是阳武人，曾为文林郎（正七品的文官散官）、陕西省安康地区紫阳县知事。在川陕等地为官，"宦游秦汉陇蜀之间"，每与人谈及家乡的人和事，不少人问他陈平"盗嫂"之事，他多是付之一笑，无以对答。退休之后，"搜检笥箧"，才明白陈平是个当之无愧的英雄豪杰。他撰写的陈丞相雪诬辩碑记述了阳武县上下为陈平雪诬的愤愤不平之语，"行高者人必毁在。孔子有主痈疽之诬，伊尹有割烹要汤之诬，百里奚有食牛干主之诬"。陈平在事业没有成功之前，品德言辞已为众人所知，谣言"不足信也明矣"。即使"谨厚士"如周勃者，亦"相率以诬人"，如果不加以辩解，就会把假的传得跟真的一样，这怎能不让人叹惋呢！有乡人跟孟霖说："仆寡闻尠见，吠声之罪无所逃矣。请录其辩于坚珉，亿万年之

---

① 赵光岭、董文胜：《原阳县——名副其实的"宰相之乡"》，《新乡日报·人文牧野》2018年8月17日第5版。汉代原阳籍五相分别是：张苍、陈平、周勃、周亚夫、吴雄。

下，因子之文，孺子之诬雪矣!"意思是说，"我孤陋寡闻，却像狗一样跟着别人瞎起哄，对先贤犯下无法逃避的大不敬之罪。请把我们的这番辩论镌刻在石头上，亿万年之后，因为有你的文章，陈平受到的诬陷便可得以昭雪"。孟霖于是恭敬地撰写下这通碑文，以便后人看个明白。

学术界认为，陈平是汉初杰出的政治家、谋略家，为灭秦立汉建立了卓越功勋，然而，由于别人谗毁，背上了"盗嫂受金"恶名。根据原始记载，以及司马迁、班固等人的判断，经过缜密分析，陈平"受金"之事有之，而"盗嫂"之名，纯属他人诬陷，应予推翻，还历史人物以本来面目。①

第十六节　重修汉曲逆侯祠记碑（原阳县）

重修汉曲逆侯祠记碑是清康熙丙戌年（1706）刻石，由曾任浙江长兴县知县、阳武县人张慎为撰，原立于陈平祠内，现重制位于原阳县祖师庙碑廊。

碑文内容如下：②

《史记·陈丞相世家》载：曲逆侯，阳武户牖乡人。又邑乘收入东昏志中，以故侯两祠之，其所谓户牖乡者，亦未有地属也。盖缘徐广音义，蔡邕库上碑记，一误遂至再误。从古郡县省置不恒，阳武历秦汉迄今无弗置也，东昏距阳武无越数百里而相辖属之理，此鄷之讹于沛，而南阳里之讹于宛也，则户牖乡当从《世家》无疑矣。吾邑东北二十里有村曰阳阿，桑柘影交，鸡犬鸣吠，亘数里相承，侯祠盖非今斯今，曩之割肉俎上，意即斯地乎! 赖乡之祀老子，高阳里之赛郦生，相沿不谓无故，侯祠是村则一也。侯当日倾侧扰攘魏楚间，卒出奇计佐汉以定天下，向使无侯，则秦鹿虽走，项之剽悍喋血宇宙正未艾，侯之血享百世，当不止户牖一乡为。然何今日之祠侯者，一亩

---

① 孙玉太：《陈平"盗嫂受金"问题辨析》，《青岛海洋大学学报》（社会科学版）1999年第2期。

② 参见李婵编著《原阳县历史文化系列丛书·古碑今译篇》，河南人民出版社2017年版，第154页。

之宫，日夕牛羊来集，鸡鹜杂沓，他日岁时，迓鼓剪拜于破壁蛛丝之侧，将有不胜怨恫者矣。乃典禋祀者不问一二，褐父欲起莓苔者而绀青之，将埏埴不资之旅人乎，将枝者撑者不选高明之丽乎，设色攻木之工将裹粮而不待哺乎，主进者其为置册，走悬簿门。由是担石之家，各捐橐以襄乃役，地垣蚀象岿然神丛矣。斯役也见侯之尸祝于人心者。于是乎在户牖乡之附侯得灿然于职方，亦于是乎在也，用七尺表之而为石言云。

　　　　　　　　　　　浙江长兴令、邑人张慎为撰文

　　张慎为，字含锐，号寒凗，阳武人。沉潜笃实，不事浮华。为文宗《左》《国》《史》《汉》，语必惊人。"岁壬午乡试，丙戌捷南宫，谒选得浙之长兴县。"学问渊博，读书不辍。所著文集等身，寿八十五而终，有《立雪堂文集》。[①]

　　张慎为所撰碑文主要记述了当时出现的两处陈平祠、两个户牖乡即两个陈平故里的争论问题。[②]《史记·陈丞相世家》记载："陈丞相平者，阳武户牖乡人也。"阳武县户牖乡，即今原阳县属。史记《集解》《索隐》中徐广将户牖解释为陈留东昏县，因此出现了两处曲逆侯祠。张慎为认为，这是受蔡邕《陈留东昏库上里社碑》影响，致使陈平故里一错再错，"一误遂至再误"。东昏与阳武相距数百里，根本没有相管辖或归属的道理。因此，作者认为："吾邑东北二十里有村曰阳阿，桑柘影交，鸡犬鸣吠，亘数里相承，侯祠盖非今斯今，曩之割肉俎上，意即斯地乎！"

　　《史记》锁定阳武，蔡邕误将东昏（今河南兰考）户牖说成阳武户牖，杜预、徐广、郦道元等因袭其说，以至陈平故里以讹传讹，将错就错，变得扑朔迷离。近年来，学界深入探讨了陈平故里问题，认为陈平故里应该在阳武。[③]

---

　　① 陈步青：《张含锐先生传》，（清）乾隆《阳武县志》卷十一《艺文志》。

　　② 百度百科解释有两个户牖乡：1. 古代地名，阳武县户牖乡，在今河南省原阳县东北，阳阿乡。2. 古代地名，阳武县户牖乡，在今河南省兰考县东北。

　　③ 赵光岭：《陈平故里在阳武》，见《原阳县历史文化系列丛书·文史研究篇》，河南人民出版社 2017 年版，第 44—48 页；凡建：《论陈平》，硕士学位论文，河北师范大学，2010 年，第 5 页；张帆：《户牖乡，不该消失于原阳人的记忆》，https://www.sohu.com/a/200851134_692401。

明嘉靖《阳武县志》载，"陈平祠在县治东北，汉武帝三年创建，洪武一年邑人张达重建，给事中毛志有《陈平迹传》"①。陈平家乡"库上里在县治东二十五里即陈平所居之地，又曰户牖乡"②。同时还有陈平小传。明万历《阳武县志》记载陈平去世后"葬县东北库上里，祀乡贤"③。清康熙《开封府志》记载："陈曲逆侯祠在县东北二十里，汉武帝三年建。明洪武十三年重修，清康熙二十三年复修。"④ 乾隆《阳武县志》记载了康熙元年重修陈平祠时，知县谢包京作了碑记。⑤ "陈丞相墓，在库上里……今没于河。"⑥ 乾隆《阳武县志》卷十还把陈平列入忠烈传，把陈平兄陈伯列入义行传。从能查到的《阳武县志》里边，陈平在原阳的信息不绝如缕。

民国《阳武县志》（整理本）编纂者在解读县志时，没有进一步深入考证陈平故里问题，武断认为"户牖在今阳武"等语实无史据，实在出乎意外。笔者查到民国时期《考城县志》，提到东昏城时，说秦始皇东游至此，"忽昏雾四塞迷失道路故名东昏，王莽改曰东明，后汉仍为东昏，城基犹存"⑦。

从两千年来的县制发展史来看，不可能在秦汉同一个时期出现两个"阳武"县，秦始皇还没有糊涂到忘记让他迷失道路的"东昏"，当然更不会忘记让他差点丢掉性命的阳武县博浪沙！从县的命名原则上来说，也不允许重复。至于乡以下的基层组织重复的现象可能就难以避免了。另外，对包括郦道元这样的地理大家来讲，我们也绝不能苛求他会把每个地区都走到，都考察得十分明白，毕竟那个时候的交通条件、自然环境还不允许，很多还是靠文献资料来传承的。笔者通过翻阅历代兰考、兰阳、仪封等相关县志，所记述的内容远远没有原阳方面翔实，历代文人官吏所写的关于陈平的怀念性的诗作、碑记远远没有原阳方面多，很难找到，简止

① （明）嘉靖《阳武县志》卷一《地理》，第866页。
② （明）嘉靖《阳武县志》卷一《地理》，第847页。
③ 《原武阳武明清县志》（合订本），2007年内刊，第262页。
④ （清）康熙《阳武县志》卷十八《祠庙》。
⑤ （清）乾隆《阳武县志》卷六《祠祀》。
⑥ （清）乾隆《阳武县志》卷六《陵墓》。
⑦ 民国《考城县志》卷十《古迹》。

不成比例，原阳方面所留下的文献随手可见，遍地都是。当然，如果能用考古发掘成果就更好了，期待早日能出现更有说服力的材料。

撰文者张慎为认为，出现所谓的东昏户牖乡祭拜曲逆侯的附会现象，主要是借名人扬名乡里，因此，"用七尺青石刻碑作记"。

张慎为曾作《库上里》诗一首：

> 间关逃楚计，漂泊依刘身。一代从龙佐，里中宰肉人。
> 白日空村暮，遗祠表肃清。松风天籁起，如听楚歌声。
> 陈侯天下士，容易遂翔起。不遇魏无知，终身库上里。
> 龙蛇未有属，蹀血祸区宇。库上无斯人，纷纷正割土。
> 何处席门是，苍烟笼四野。年年库上人，宰肉赛秋社。①

第十七节　经正书舍碑（卫辉市）

经正书舍碑现存卫辉市新乡幼儿师范学校，篆额"修建经正书舍记"，为"清光绪二十八年（1902）岁次壬寅孟春立"，题款为"诰授通议大夫赐进士出身花翎品衔道员署卫辉知府候补知府胶东于沧澜撰文并诰授奉政大夫赐进士出身翰林院编修国史馆协修新乡王安澜篆额并书丹"。

于沧澜（1845—1920），字海帆，山东平度古庄村人，光绪三年（1877）中进士，曾任河南省上蔡等县知县，升卫辉知府，以长于衡文（品评文章，特指主持科举考试）享誉省内，曾先后五次被聘为河南省乡试同考官。"为政严而不酷，宽而不滥"，勇于任事，处置得体，屡被举为卓异。清末施行新政，锡良等三任河南巡抚都倚重于沧澜，曾委派他处理过矿务、巡警、筹款、厘税、洋务等各项政务，有时一身数任，他从容裕如，处理得宜，因此赢得"中州第一干员"的美誉。1902 年，卫辉知府于沧澜创办"卫辉府官立中学堂"，是今卫辉市第一中学的源头。光绪二十年（1894）秋，于沧澜开始编修志书，稿成未刊而去官。继任者再作校正，发刊成书。

王安澜（1857—1908），字静波，新乡朗公庙人。清光绪十五年

---

① （清）康熙《阳武县志》卷七《艺文志》。

（1889）中进士，选为庶吉士，曾任怀庆府知府。光绪十八年（1892）授翰林院编修，书艺精道，擅长书法。后返乡从教兴学，被誉为中州一代名儒，河南著名教育家，曾与汲县李时灿等人创建经正书舍，诱掖后进，士风丕振。

据碑文记载，汲县人李敏修"方联同志，创经正书舍，为读书之约"。李时灿（1866—1943），字敏修，号暗斋，汲县（今卫辉市）西街人。曾任河南教育总会会长、学务公所议长、救灾总会会长等职。清末民初，正值废科举、创新学之际，李敏修顺应时代潮流，提出"学无新旧，唯其是耳"的正确主张，大力提倡新学。1898年，李敏修与同乡王锡彤等人合力创办经正书舍，广收豫北三府各县学子入舍学习。为了解决校舍问题，李敏修曾把三仙庙改为学堂。为了解决办学资金，他献出家产，贡献了自己的薪水。李敏修治教严谨，反对浮华，提倡"知一字行一字，知一句行一句"；反对"饱食终日无所用心，群聚终日言不及义"；要求"敬以修己，乐于诲人，处世为公，视人如己，决不以身累天下。"他在各地设帐授课，育化桃李，除卫辉经正书舍外，还有淇泉书院、长垣寡过书院、武陟臻用精舍、禹县颍滨书舍、开封明道书院等，可谓桃李满天下。

清史馆成立后，李敏修被授任协修，任"中州文献"征辑处处长兼总编辑，是学富五车的饱学之士。他有很强的牺牲精神、包容精神和感召力，人们称他为"领牧人"，意思是说他的弟子和崇拜者像百里羊群，伴驾其后，浩浩荡荡，前呼后拥，尾随他不停地奔向天苍苍野茫茫、遥远而广阔的知识"牧场"。①

经正书舍名称取自《孟子》："经正，则庶民兴；庶民兴，斯无邪慝。"② 经正书舍设"绍闻堂"，祀蘧（伯玉）史（子鱼）二公及圣门诸子；"圭璧堂"，为讲习之所；"绿竹轩"，燕息（安息）之所。斋舍有六，分别是事贤、友仁、笃志、近思、知非、闻过。藏书自经史先儒之籍，下及海疆图志，无不略具。

经正书舍的创建是卫辉近现代教育的肇始，该碑具有不可估量的价

---

① 耿玉儒：《李敏修创办卫辉经正书舍史实考》，《新乡学院学报》2015年第4期。

② 《孟子·尽心下》第三十七章，见方勇译注《孟子》，中华书局2015年版，第303页。

值。卫辉现有的数所百年老校都与经正书舍有着千丝万缕的联系,后人称赞经正书舍"卫郡文明之权舆,河南学堂之先声"。① 书舍迄 1936 年闭馆,先后经营了 36 年之久,为国家培养了大批人才,改变了世风,推动了当地教育文化事业的发展和社会文明进步。

第十八节　百泉碑铭（辉县市）

百泉及其碑铭是目前河南省保存最为完好的古代园林建筑群落,是豫北一带最负盛名的自然、文化遗址,1963 年公布为第一批全国文物保护单位。

在历史上,百泉是著名的游览名胜之地。这里山清水秀,风光宜人,留下了不少历代著名文人、学者的足迹。他们来到这里游览之余,赋文吟诗,刻碑题铭,在百泉湖畔和苏门山间,留下了几百块碑刻,吸引着广大中外游人,为百泉的秀丽山水增添了不少的色彩。百泉碑刻集存有 350 多块,内容极为丰富,有对古代建筑的赞美,有对百泉山水的歌颂,也有表达个人心绪,抒发人生感慨的。从形式上看,有字有画也有石雕,琳琅满目,让人目不暇接。

百泉碑廊全国闻名,1914 年在美国旧金山举行的万国商品赛会上,百泉碑廊的碑帖墨拓还曾引起轰动,因而在《中国名胜大辞典》里,还有专条推介的"百泉碑廊"。百泉碑廊里的每一通石碑都是艺术的珍品。不论是行草隶篆,还是欧颜柳赵,都是书法雕刻艺术的瑰宝,是悠久历史的遗存和厚重文化的积淀。这些碑刻有的镶嵌在建筑物的墙面上,有的独立于亭台楼阁间,更多的则被搜集位于苏门山麓的碑廊里面。在这里,有历代名人如苏轼、崔白、岳飞、唐寅（唐伯虎）、郑燮（郑板桥）、赵孟頫、董其昌等许多人留下的墨宝。

乾隆帝御碑有咏百泉诗碑、咏周程诗碑、咏涌金亭诗碑等,系弘历帝于乾隆十五年（1750）巡游百泉时所书。12 扇面碑嵌于碑廊中院北壁,系元、明、清三代 12 位书法家写在扇面上 12 首诗的石刻,书法极妙。还有创建药王庙碑、荒年实录碑、董其昌楹联碑、耿弇传四屏碑、盘谷序

---

① 王日新、蒋笃运:《河南教育通史（中）》,大象出版社 2004 年版,第 231 页。

碑、造像碑、王文治楹联碑等。

乾隆皇帝题词碑刻：

其一

前者周程后者朱，同归何碍却殊途。

深知天帝理数蕴，不作语言文字儒。

咸思安贫乐道趣，常依月到风来湖。

啸台近在烟霄里，异世芝兰结契无？

其二

驻跸苏门下，躬瞻清卫源。

地灵神以妥，派远物蒙恩。

百颗珠呈翡，一泓月贮痕。

流淇润桑土，利泽永中原。

明代书法家董其昌对联：

拣墨试磨新赐砚，焚香还读旧传经。

在碑廊旁边的涌金亭里，还有苏轼的"苏门山涌金亭"六个大字，书法采用的是楷体，尽管字数不多，但仍能窥见苏轼"淳古道劲、藏巧于拙"的特点，有着气势恢宏而神气横溢的大家风度。

第七章　文博馆堂

第一节　百泉书院（辉县市）

百泉书院之称始于明代，建于明代。

明嘉靖《辉县志》记载："百泉书院在县治西北七里，百泉左。成化壬寅年（1482）提学金事吴伯通创。嘉靖元年巡按御史汪渊檄知府翟鸿、知县李傑增修。"百泉书院大门前有左右坊，左称"继往圣坊"，右称"开来学坊"。①

明代詹事刘健曾撰《百泉书院记》，分析百泉著称于世的缘由，指出百泉因"境擅幽胜"，晋代孙登、宋代邵雍和元代的姚枢、窦默、许衡等思想大家曾"游寓"于此，其中，邵雍寓此尤久。当时共城县令李之才"因传其数学以重当时而名后世，于是百泉之名始著"，为明代百泉书院的建立奠定了良好的基础。

百泉书院于明成化庚子年（1480）四月始建，壬寅年（1482）三月完工。"为屋三重，为楹六十有二。"前有先贤祠，中有讲道堂，后有主敬堂，左右有斋房，近处有学田若干顷，"合匾之曰'百泉书院'"②。先贤祠中供有邵雍、周濂溪、司马温公、二程夫子、东莱吕氏、张横渠、朱文公、张南轩、许鲁斋十贤。百泉书院建成之初已具备一定的规模，且祭祀、教学和生活场所皆备，其中尤以祭祀场所位置突出。百泉书院建成以后，常有小修小补，直至万历六年（1587）布局才逐渐成熟起来。

---

① （明）嘉靖《辉县志》卷二《学校》。

② 刘健：《百泉书院记》，嘉靖《辉县志》卷六《文章》。

明代百泉书院建筑规模可观，院内布局整齐有序。书院内部建有敷教堂、主敬堂、藏书阁及文庙（先贤祠），分别对应书院三大事业之讲学、藏书与祭祀，此为书院的主体建筑，严格按照中轴对称的布局方式依次推进排列。

讲学是书院教育生徒的主要形式，从施教主体教师的重要地位来看，百泉书院择师也有着极为慎重的考量。考察明清两季百泉书院讲学的具体情况发现，其"讲学之法"可分为书院主持者自教、书院延聘教师讲学、官吏临时讲演及大儒倡道讲学等。明崇祯十五年（1642），李自成水淹开封，河南乡试暂停。次年补行乡试，御史苏京始以百泉书院为贡院。入清后，百泉书院仍沿用为贡院，历顺治乙酉、丙戌、戊子、辛卯、甲午、丁酉六科。后改为科举考试的地方。

清乾隆七年（1742），百泉书院又行重修，规模较前更为恢宏。乾隆十五年（1750），乾隆皇帝巡游百泉，将百泉书院改为行宫。道光六年（1826），知县周际华立《学约十条》（立学、立教、立志、立身、立德、立功、立言、立名、立城），将书院由百泉湖畔移至辉县城内。光绪末年，西风东渐，学堂勃兴，百泉书院停办。

民国时期，百泉书院遗址之上曾为河南村治学院、百泉乡村师范学校沿用，后改为军政接待场所。1952 年，平原省在百泉书院兴建百泉干部休养所。1962 年 10 月，正式定名"河南省百泉干部疗养院"。2019 年，百泉书院遗址的产权划转移交工作提上日程，下一步，当地政府将对百泉书院进行科学保护与利用。

"辉县之胜在百泉，百泉之胜在书院。"在百泉书院的研究和宣传中，清初大儒孙奇逢讲学百泉书院之说，几成定论。其代表性论述有孙奇逢"在百泉书院教授生徒"、孙奇逢"讲学于百泉书院"、孙奇逢"讲学于苏门山下的百泉书院""孙奇逢在百泉书字讲学达 25 年"等。河南省社科院历史与考古研究所张佐良研究员研究发现，孙奇逢晚年多在夏峰兼山堂读书讲易，课子授徒，所谓讲学百泉书院之说纯属子虚乌有，实系以讹传讹，应予更正，以还历史真面目。廓清此说的错误认识，不仅无损于孙奇逢的大儒形象与历史贡献，反而更能凸显他的民族气节、学术品格和人格魅力。实事求是，最大限度地还原历史真相，就是对先贤最好的尊重和纪念。①

第二节　鄘南书院（新乡市）

鄘南书院位于城内东南隅，旧为许冏卿别墅，名"鹤园"。清雍正元年（1723），开封府同知代理新乡县事吴元锦在此开办义学，名为"鄘城书院"。后又置田一顷五十亩，以资诸生膏火。乾隆五年（1740），新乡县知县赵开元重为振兴，创建大门和东西耳房，增缮斋房四间，改名为"鄘南书院"②，山长为畅俊。③"新，古故朝歌地也。周兴，分北为邶，南为鄘，而新属于鄘"，以此，称新乡为"鄘南"。④

鄘南书院前厅三楹为敬业堂，后厅三楹退省斋，偏东三楹为诸生学舍。乾隆九年（1744）复捐金拓地，增建 12 间斋舍，书院达到极盛时期，河朔各地学生纷纷来此求学。

其后道光、咸丰、同治、光绪年间都曾捐资修缮。光绪二十七年（1901）改书院为鄘南学堂。辛亥革命后，追随孙中山的老同盟会员、新乡大召营人郭仲隗（1887—1959）协同同乡杜常立在书院筹办了新乡第一甲种农业学校，并附设精益图书馆。

第三节　兼山堂（辉县市）

兼山堂位于辉县市孟庄镇东夏峰村，是明末清初大儒孙奇逢讲学处。

孙奇逢（1584—1675），字启泰，号钟元，河北保定容城县人。孙奇

---

① 张佐良：《孙奇逢讲学百泉书院子虚乌有考》，《河南科技学院学报（社科版）》2016年第 11 期。关于百泉书院的起源发展研究，以新乡市博物馆王元黎《百泉书院的发展阶段与影响试探》[《河南科技学院学报（社科版）》2015 年第 3 期] 考证分析最为严谨；河南省社科院张佐良《孙奇逢讲学百泉书院子虚乌有考》，提出了自己的灼见；辉县夏峰学会会长、孙奇逢 15世后裔孙敬洲提出："孙奇逢不可能在百泉书院讲学，如果他在百泉书院讲学，那就不是孙奇逢了。"其他文章人云亦云、错讹者多。

② （清）乾隆《新乡县志》卷十二《学校》（下）。

③ 畅俊曾与赵开元纂修乾隆版《新乡县志》，与殷梦五、郭彪称为康熙年间新乡县三大才子——"新乡三绝"（畅"字"、郭"画"、殷"文章"）。

④ （清）乾隆《新乡县志》卷首序。

逢少有壮志，14 岁即和当地名士鹿善继"一室静坐，以圣贤相期许"，17中举人。后游学京师，积极奔走营救东林党人。崇祯九年（1636），清兵包围了容城，孙奇逢从容谋划方略，带领百姓坚守七昼夜，打退了清军数千铁骑的围攻袭击，容城终得保全。后来，在明朝政府消极抵抗，清兵凶焰炽烈的形势下，孙奇逢又避兵易州五峰山，立寨自保。其间打退了清军多次的围攻进犯，显示了他卓越的军事和组织才能。

顺治六年（1649），已经 66 岁的孙奇逢离开故土南迁，历时半年多，来到河南辉县。辉县苏门，山青水幽，人杰地灵，历来为君子高隐之地，魏晋孙登、"竹林七贤"，宋邵雍，元姚枢、许衡等都曾隐居于此。孙奇逢驻留此地并迅速地和当地的乡绅士人建立了人文联系。卫河使马光裕频频向孙奇逢请教学问，并让其子拜孙奇逢为师。马光裕去职还乡，把他位于辉县城南夏峰村的田宅"不受分毫之价"赠送给孙奇逢，这样孙奇逢开始定居夏峰村。孙奇逢将所住宅院取《周易·艮》"兼山，艮；君子以思不出其位"之意，命名为"兼山堂"。① 孙奇逢在兼山堂著述讲学、赓续文脉 20 余年，世人称其"夏峰先生"。可谓"野老疏慵自闭关，手抄周易卧兼山"。此间清廷多次征诏，甚至以国子监祭酒之职相聘，均遭拒绝，时人尊称其为"征君"。与李颙、黄宗羲齐名，合称"明末清初三大儒"。

孙奇逢的著述多成于晚年居住夏峰期间，讲学之余，兼及著述。亲自定稿的著作有《理学宗传》《四书近指》《晚年批定四书近指》《中州人物考》《畿辅人物考》都是他居夏峰时所作。

中华人民共和国成立后，兼山堂一度被作为粮站和仓库使用。2005年，兼山堂被新乡市政府公布为第三批新乡市文物保护单位。2011 年，孟庄镇政府和东夏峰村委会把兼山堂交由孙奇逢后人管理，孙氏家族成立了兼山堂文物保护理事会，筹集资金对兼山堂进行大修。

2015 年，新乡市政府和中国社科院历史研究所清史研究室、河南省社科院在辉县共同举办了"纪念清儒孙奇逢诞辰 430 周年学术研讨会"。目前，兼山堂正在焕发出新的光彩，在弘扬传承发扬传统文化方面发挥着重要作用。

---

① 黄寿祺、张善文：《周易译注》，上海古籍出版社 2004 年版，第 403 页。

第四节　河朔图书馆（新乡市）

河朔图书馆位于新乡市一横街北头卫河公园内，1935 年建成，是一座具有明清建筑风格的宫殿式建筑，由三层四角攒尖顶式的主楼和左右两层单檐歇山顶式的配楼组成，脊饰为清宫式做法，为建筑更添几分肃穆。又兼容西方建筑技术，是研究近代中西合璧式建筑的宝贵资料。配楼两侧墙外各有一个宽敞的阳台，由汉白玉栏杆环绕，显得浑厚典雅，挺拔俊秀。

这座建筑的内部结构非常巧妙，中厅和东、西大厅相连，顶梁间由阁楼搭接，浑然一体。图书馆内红色的木地板、宽大的木窗，以及雕梁画栋般的构件，展现着河朔图书馆的过往风华。从房间里飘逸出的淡淡书香，又无不深涵人文底蕴。

在河朔图书馆旧址大门右侧的墙壁上，镶嵌着一块刻有"河朔图书馆"字样的碑刻，这是当时新乡县长唐肯所书。唐肯出生于江苏武进书香世家，他早年留学日本。1933 年，唐肯调任河南省第四行政区新乡专员公署督察专员兼保安司令和新乡县长。看到河南教育落后，唐肯在新乡大兴教育之风，在他所辖的 14 个县中，每个村庄都要办学堂。此外，他还决定在新乡建一座规模较大的图书馆。

此前，新乡已有了一座冯玉祥督建的中山图书馆。[①]

1932 年，由当时新乡各界要人及士绅郭仲隗、杨一峰、张天放、王宴卿等组成了筹备委员会，唐肯任委员长。在所辖各县采用募捐、摇彩票等办法，筹集银币 46000 元，在王村卫河湾处购地 50 余亩作为馆址，工程分两期进行。

河朔图书馆于 1934 年动工；1935 年 8 月竣工，第二期工程因时局突变，未进行施工。河朔图书馆的设计出自我国著名建筑学家杨廷宝之手。杨廷宝，祖籍河南南阳，美国宾夕法尼亚大学建筑系硕士毕业。在河朔图

---

① 据任芳伦《新乡河朔图书馆》（《新乡文史资料》第 1 辑）一文记载："河朔图书馆前身为中山图书馆。"中山图书馆 1928 年落成，位于新乡道清铁路车站东侧，杨耀武为馆长。1932年在中山图书馆成立河朔图书馆筹备处，原中山图书馆改为河朔图书馆第一分馆。

书馆的设计上，中西建筑设计理论、技艺，相互渗透、融会贯通，体现了当时的文化潮流、科学技术和时代精神。中华人民共和国成立后，杨廷宝参与设计了人民大会堂、毛主席纪念堂、北京图书馆等重要建筑。他与梁思成、刘敦桢等人一起，成为中国建筑史上的一代宗师。

图书馆建成后，国民党新乡专员唐肯为董事长，第一任馆长由新乡专署民众教育馆长杨耀武兼任。唐肯取名为"河朔图书馆"。"朔"是北方的意思，"河朔"泛指黄河以北，就是河南的豫北以及河北的邯郸等地。①

据《河南政治》第七卷第二期载："新建总馆地址在车站与城内中间卫河边上，该地四面环河，呈洲形，有地 50 余亩，颇擅风景之胜，交通之便。馆舍为宫殿式楼房，系由天津基泰工程公司设计，内有大阅览室、新闻杂志社、文物陈列室、演讲室及其他办公室，同时可容纳 300 余人阅览……"

河朔图书馆藏书 5 万册，其中有 5000 册为原中山图书馆藏书，还有是唐肯和筹备处征集、采购和社会捐献来的，可谓是"大厦连云，秘籍累簏"。

1938 年 2 月，新乡沦陷前夕，河朔图书馆馆长杨耀武将珍贵图书 3 万余册，分装 70 箱，运往信阳师范学校，后又随信阳师范学校转运潢川。可惜的是，途中书籍全部散失。日军侵占新乡后，将河朔图书馆占为兵营，残存图书损毁殆尽。1946 年 3 月 3 日，周恩来、张治中、马歇尔三人在这里召开过军事调停会议。②

1949 年 10 月，在河朔图书馆成立"平原省图书馆"，这是解放后新乡市唯一的图书馆，集中了原太行行署和冀鲁豫行署的藏书以及河朔图书馆的藏书。平原省虽然只存在短短的 3 年，但当时的平原省图书馆，却收藏了一批珍贵书籍。始建于 1557 年的浚县天宁寺藏经阁，原存 6053 卷南藏经，经本长约 30 厘米，宽约 20 厘米，用洁白竹纸裱装，为毛笔抄写与木板刷印混合版本。400 余年间，保存完好。1949 年，平原省将这些经

---

① 殷晓章：《新乡河朔图书馆：庄重典雅文脉润牧野》，《东方今报》（河南广播电视台主管主办）2013 年 7 月 11 日。

② 傅维江：《国共军事三人小组在新乡》，《党史资料》1983 年第 10 期。《新乡文史资料》第 18 辑亦收录。

书，收藏于平原省图书馆，今藏于新乡市博物馆。

李时灿是清末民初著名的教育家，民国时，出任河南教育司司长及北洋政府的参议员和众议员。1914年，北洋政府成立清史馆，李时灿被聘为清史馆名誉协修，负责征集和整理中州文献工作。后来，由于军阀混战，李时灿为了保护一批珍贵文献，将其从北平运回河南老家。后来，其子李季禾将保存完好的738部、1682册、3000余万字的中州文献捐献给平原省图书馆。

1952年11月15日平原省建制撤销，平原省图书馆改名为"新乡市人民图书馆"。1973年称为"新乡市图书馆"。2001年6月，新乡市图书馆迁至平原路和新飞大道路口，原址划归新乡市群众艺术馆使用。河朔图书馆的建筑质量，也让人称绝，至今依然坚固如初，没有对其进行过大修。2008年，新乡市群艺馆自筹资金，招标古建筑施工单位，对其进行了彩绘，使河朔图书馆重现昔日风貌。因其具有很高的艺术和历史价值，2013年5月，国务院公布河朔图书馆旧址为第七批全国重点文物保护单位。

第五节　平原博物院（新乡市）

平原博物院成立于1949年，位于新乡市政府广场前，是全国重点博物馆之一。

前身是成立于1949年的原平原省博物馆、新乡市博物馆、新乡市档案馆。2007年开工建设新馆，总投资约3亿元，2011年建成。是一座集博物馆、档案馆、史志馆、城建档案馆于一体的综合性建筑。规划总用地面积7.5公顷，总建筑面积52585平方米，地上三层建筑。首层为库房、技术用房及设备电气用房；二、三层为展览空间和办公用房，设文物展厅19个，档案展厅6个。

平原博物院藏文物3万余件，其中珍贵文物上万件，国家一级文物63件。平原博物院中的博物馆共有19个厅，其中16个厅作为展览文物所用。其中12个展厅为固定展厅，4个为临时展厅。西侧为"牧野华章"通史类展厅，时间范围从石器时代的龙山文化、仰韶文化遗址文化遗存开始，分为原始社会时期、夏商周时期、汉魏隋唐时期、宋元明清时期四个篇章，种类包括青铜器、陶瓷器、书画、竹木器、碑帖拓片、玉器、石刻造像等，尤以商周青铜、明清书画、历代碑帖拓片著称。东侧为文物专题展厅，分为馆藏青铜器展、馆藏陶瓷展、馆藏书画展、馆藏精品拓片展、造像艺术展五个专题展览，共展出精品文物一千多件，对青铜器、瓷器、字画、拓片等进行专题陈列。大部分文物出土于原平原省所辖的范围。无论是馆藏量还是馆藏价值，在全省地级博物馆中都名列前茅。

其中，镇馆之宝有祖辛卣、妇好方尊、牛面纹卣等一批珍贵青铜器，及北魏石刻造像、石鼓文拓片等石刻、石雕、石碑。此外有历代书画作品1700余件，时代自秦汉至近现代，代表性藏品如赵孟頫、董其昌、郑板桥、李苦禅等的书画作品。

平原博物院地处新区政府广场，建筑因势利导，沿规划道路呈弧形展开，强调与周边环境的和谐共生，与环境有机地融合，形成开放式的文化广场，生成了"对话"的趣味空间，同时也表达出自身独特的文化气质与建筑性格特征。规划总用地面积7.5公顷，总建筑面积52585平方米，地上三层，框架剪力墙结构，高24米。首层为库房、技术用房及设备电气用房；二、三层为展览空间和办公用房。博物院总体规划着重强调"以人为本、以物为本"的设计思想，突出政府广场庄重、大气、包容的性格特征。采用现代、大气的设计手法，依据以市政府办公楼所在的中心轴线，采用对称式布局，成功地构建出有序的城市空间，创造出博物馆强烈的场所感。同时，在中轴对称布局的基础上，各单体建筑又各自具有独特的性格。这种差异中的对话，体现了城市文脉与地域文化，创造出人与自然充分和谐的城市空间。

平原博物院是新乡十大标志性文化建筑之一。在建筑艺术上，其一，表现为"华夏之光"——文明精神的传播，借助规划形式的放射状规划图景与建筑形象上的独特个性，通过以竖向线条为主的石材巨大实体尺度，以及其富于韵律的排列，形成了博物院震撼人心的整体气势，寓意着新乡牧野大地，作为夏、商、周中国最早王朝的中心，中华文明的发源地。其二，表现为"历史年轮"——历史的沉淀与传承，平原博物院平面呈半圆形，通过与树的"年轮"在形态、肌理上的呼应，体现出历史延续性。它寓意城市是成长着的城市，而平原博物馆，正是要记录下这座城市成长过程中的"年轮"。其三，表现为"太行山势"——地域性与生长性，平原博物院建筑形象强调竖立向上的生长感与层叠起伏的态势，外形硬朗、刚毅，象征牧野儿女坚忍不拔的性格。

第六节　博济惠民医院旧址（卫辉市）

博济惠民医院旧址位于卫辉市健康路 82 号新乡医学院第一附属医学院内，西临老卫河，东临"怀盐场"旧址，晚清民国时期所建，河南省重点文物保护单位。

1896 年，几位传教士来到卫辉府（府治即今卫辉市）并扎根于此，新乡医学院第一附属医院便正式开启了孕育之旅。5 年后，在首任院长、加拿大医学专家罗维灵的带领下，开始动工兴建博济医院。博济医院的建立标志着现代化的西式医院在豫北有了雏形。1923 年，博济医院另改址扩建，更名为惠民医院。扩建后的惠民医院成为当时豫北地区规模最大、最先进的医院，也是除上海、北京之外全国最好的医院，奠定了现在新乡医学院第一附属医院的行医理念——"博济惠民"。

1950 年，在原惠民医院、惠民医院护士学校、冀鲁豫卫生学校等组织办学的基础上，平原省医科学校成立。1982 年 11 月升格为医学本科院校，定名为新乡医学院，在新乡市建立新校区。此时的医院仍在卫辉原惠民医院旧址，采取两地办学模式，在几经更名后，最终定为新乡医学院第一附属医院，并沿用至今。1988 年，河南省结核病医院并入新乡医学院第一附属医院。

博济惠民医院旧址主楼中间部分共分 4 层，面阔 3 间，下层为地下室，其余 3 层在地面之上。两侧为 3 层，面阔 4 间，下层为地下室，其余两层在地面之上。此楼分正门和后门出入，楼体各层正中为通道，双面房屋，内设楼梯可踏至各层。

主楼建筑风格独特，造型优美，具有较高的历史研究价值。2016 年，博济惠民医院旧址入选河南省第七批重点文物保护单位名单。如今，该主体建筑已经成为新乡医学院第一附属医院的院史楼，记录着百年的历史沿革和珍贵记忆。

2016 年 10 月，新乡医学院第一附属医院在新乡市隆重举办了建院 120 周年纪念活动。现在博济惠民医院旧址与现代化的病房大楼并立，构成新乡医学院第一附属医院独特的风景线。在100多年的时光罅隙里，该建筑历经了无数的风风雨雨，建造它的人也许没有想到，这幢普通的建筑，会成为新乡乃至豫北医学近现代史的重要部分之一。

第七节　新乡市图书馆

新乡市图书馆坐落在平原路和新飞大道路口，附近为牧野广场和牧野湖。新乡近代图书馆始建于1928年，是为中山图书馆。1935年，新乡县建成河朔图书馆，1949年改称平原省图书馆，1952年后改称新乡图书馆、新乡人民图书馆等。1973年称新乡市图书馆。

2001年6月，新乡市图书馆从市卫河公园河朔图书馆旧址迁至现在的新馆。新馆建筑面积为8722平方米，各类藏书80多万册（件）。拥有高、中、初级职称的在职职工50余人。内设采编部、外借部、书刊阅览部、古籍部、网络信息部、办公室、保卫科7个部门，现对外开放的窗口有：外借部、报刊阅览室、少儿阅览室、过期报刊参阅室、古籍特藏参阅室、电子阅览室。近年来，获全国重点古籍保护单位、国家二级图书馆和全省未成年人教育先进单位等荣誉称号。

2017年，新乡市图书馆成立了古籍修复室，用以修复馆藏已被发现、尚未严重受损的古籍。该馆收藏有古旧线装文献近20万册，形成了以古代文献典籍收藏为特色的藏书特点。其中善本古籍藏量达到760余种2.08万余册，收入《中国古籍善本书目》的有141种。《读易大旨》《国朝名世类苑》等30种已成孤本，《永乐北藏》《周礼集注》等33种古籍为海内珍本。馆藏11种古籍分别入选第一批、第三批、第五批《国家珍贵古籍名录》。

1949年平原省图书馆成立后，就从全省各地区开始征集，先后从菏泽、安阳、濮阳、焦作等地征集了大量古书。汲县（现卫辉市）李季禾把其父李时灿所办的"经正书舍"数万册藏书全部捐献出来。此外，中央文化部、北京图书馆也赠送了大批图书。1953年新乡图书馆组建时，从平原省图书馆接受了14万册古旧线装书，奠定了古籍收藏基础。新乡图书馆对古书的收藏较为重视，也曾数次派专人出外采购，并注重工具书和大部丛书的配套重点采购，保持馆藏古书优势。

新乡图书馆还收藏有一部极具地方特色的古籍文献——"中州文献"。中州文献是民国初年李时灿（字敏修）主持的中州文献征辑处征集的珍贵地方文献，以中州地区清人清事为主，时代以清代为限，地域以河南一省为限，凡史例所有，名臣、循吏、儒林、文苑、孝义、独行、隐逸、游侠、烈女，史馆有传者，轶事遗闻皆有甄录。谱牒、家传、碑状、表志，凡著述有见于世，兼收并蓄。馆藏中州文献抄本、稿本 738 种 1682 册，其中稿本 67 种 274 册，抄本 671 种 1408 册，计 3000 多万字。在这批文献中，不少的手稿、稿本、抄本在社会上流传甚少，有的已成为稀世珍本、孤本，如明末清初一代大儒孙奇峰的手稿《读易大旨》《诸儒评》，清初名臣、工部尚书汤斌的稿本《征君孙先生年谱》《嵩谈录》《潜庵集》，李棠阶的手稿《强斋日记》《强斋杂稿》《凭良心录》，裴希纯的《易蔹》《论语新目》，殷元福的《寓理集》等。①

新乡图书馆面向公众免费开放，并可以免费享受公益讲座、流动服务等各类延伸性服务。

第八节　娄师德纪念馆（平原示范区）

娄师德纪念馆位于今新乡市平原示范区原武镇东关，是在原"娄贞公祠"基础上修建的，旁边就是全国著名文物保护单位玲珑塔。据县志记载："娄贞公祠，祀唐平章娄师德，在文庙之左。"② 另外，祝楼乡也有一个娄师德纪念馆。

娄师德（630—699），字宗仁，今新乡市平原示范区人，唐朝宰相、名将，谥号为"贞公"。

史载娄师德"器量宽厚，喜怒不形于色"，在边防前后 30 余年，"恭勤接下，孜孜不息。虽参知政事，深怀畏避，竟能以功名始终，其为识者所重"。娄师德曾推荐狄仁杰任相，狄不知，"数排师德"。武则天予以解

---

① 申梦：《新乡市图书馆：书中窥见中州古风》，《河南工人日报》2018 年 11 月 6 日第 4 版。
② （清）乾隆《原武县志》卷二《祠祀》。

释，"狄大惭"，说"吾为娄公所含如此，方知不逮娄公远矣"①！

"师德长八尺，方口博唇。深沉有度量，人有忤己，辄逊以自免，不见容色。""其弟守代州，辞之官，教之耐事。弟曰：有人唾面，洁之乃已。师德曰：未也，洁之，是违其怒，正使自干耳。"② 娄师德的弟弟被任命为代州刺史，临行之时，娄师德教之遇事要忍耐，弟弟道："假使有人吐我一脸口水，我把口水擦去就是了。"娄师德道："不行，你把口水擦了，会使人家更加发怒。你应该让唾沫不擦自干。"这就是成语"唾面自干"的来历。

平原示范区师寨镇安庄村南有娄师德墓。清代阳武知县安如泰《吊唐韦丞相墓》诗一首：

> 相业当年事已沉，朔风迢递起层阴。
> 一生鲠骨藏幽壑，盖代芳魂傍野林。
> 狐兔宜奔荒草合，蛟鼍夜吼冻云深。
> 凭临谁记调羹日，松柏长标不朽心。③

唐韦丞相墓久为邑贤凭吊，词章多载入志内，后渐杂于荒郊、蔓草几不辨，其故墟矣。余因立碑以存其迹而吊之。

第九节 留庄营戏楼（红旗区）

留庄营戏楼坐落于新乡市红旗区洪门镇留庄营村。该戏楼台基建于清康熙四十六年（1707），戏楼建于清嘉庆十四年（1809）。④ 1961年被公布为新乡市文物保护单位。

据文献记载，留庄营古戏楼主体建筑为高台硬山卷棚式建筑，坐北朝

---

① （后晋）刘昫等：《旧唐书·娄师德》卷九十三，列传第四十三，中华书局1975年版，第2976页。

② （宋）欧阳修、宋祁：《新唐书·娄师德》卷一百八，列传第三十三，中华书局1975年版，第4093页。

③ 潘长顺等编：《新乡历代名胜诗选》，中国文史出版社1992年版，第265页。

④ 新乡市地方史志编纂委员会编：《新乡市志》（下），生活·读书·新知三联书店1994年版，第309页。

南，采用当时十分成熟的砖木结构搭建。台基高 1.25 米，主要作用为抬高建筑本体利于观众欣赏节目，同时也为了防水防潮、扩大建筑体量的效果。戏楼为面阔三间，进深两间，通高 6.5 米，灰瓦覆顶，前出檐廊。正面 4 根檐柱为石质，柱高 3 米多，柱下有莲花柱础。柱上书有对联，明间为：

镜里灯花疑是火星流夜月，眉间月燕腻恍红雨过春山。

次间为：

律吕调和依然是高山流水，宫商迭奏好像是白雪阳春。①

阑额枋装于柱头开槽处，阑额下有花草雀替，富有生机。阑额之上的平板枋绘有简单云纹，衬托出明间梁头所雕刻狮首及次间梁头所雕刻龙首的气势。

平板枋与檩之间刻有花卉垫木，雕刻有牡丹和荷花。该戏楼虽为小式建筑，但细节处雕工精美，彩绘生动，实为泰安市古建筑之精品。戏楼两面山墙前端距台沿约 2 米。戏楼中间的装修隔断将室内空间分为舞台和后台两部分，其中舞台呈"凸"字形。隔断左右开两个小门，分别名曰"雁来""云归"。因戏楼进深较大，梁架之间有瓜柱相连，大梁下也有立柱，承托负重。梁架上有清代民间彩绘，前檐彩绘戏曲人物图案栩栩如生。戏楼后檐山墙上镶有两个青石滴水龙头，应为室内用水排水使用。

该戏楼规模不大，而且在中华人民共和国成立后历经较大规模修缮，但工艺严谨，样式别致，现仍保留元明时期的建筑元素和建筑构件。而这样保存较好的建筑在新乡只有三座，分别是东大街关帝庙、原武镇城隍庙、留庄营古戏楼。

传说留庄营古戏楼是从安徽亳州取样，设计别致，素有"河北三府数第一"的美称，对研究我国古代戏楼建筑和戏剧艺术史具有较高参考价值。2008 年，因留庄营进行拆建改造，对戏楼所有部件一一进行拆卸、

---

① 牛力：《留庄营古戏楼》，《新乡日报·大牧野》2016 年 9 月 23 日第 5 版。

编号、保存，以便有效地实现异地复原。据作者在戏楼现场采访老者了解，目前此戏楼为近年按原样原物重建。

另外，凤泉区耿黄乡何屯村北口有建于清同治年间的何屯戏楼。①

戏楼坐南面北，硬山卷棚顶，上覆灰瓦，白石台基，两山后墙用大灰砖砌成。屋檐施猫头滴水。室内梁架四重大起架。戏楼正面檐下立 4 根石柱，呈正方形剔棱。柱 4 面磨光，明间柱上刻对联两副：

> 离合悲欢搜古今传演不尽炎凉世态，
> 穷通成败借讴歌人描出来得失形容。
> 今人与古人无视听品评悟人性皆善，
> 理天合数天似异看报应知天道至公。

何屯戏楼建造规模较大，式样别致，至今完好无损。

新乡地处河南北部，南临黄河，明清时期为卫辉府，系豫北地区政治、经济、文化中心。明清以来，当地出现大量戏曲文物，而古戏楼是当地戏曲文物的重要代表。戏楼，古时也称为"乐楼"和"戏台"，是我国古代建筑与传统戏曲结合的产物，也是城乡居民集会、举办文娱活动、进行贸易的重要场所。明清时期，新乡古戏楼众多，这足以显示当时戏曲在新乡的繁荣和活跃程度。据研究者统计，"新乡古戏楼总数为 201 个，具体为辉县 60 个、获嘉 41 个、卫辉 38 个、新乡县 23 个、延津 12 个、封丘 11 个、原阳 9 个、长垣 7 个。经考证，新乡地区的戏楼，明建 26 个，清建 91 个。此外，还有少量民国时期修建的戏楼，其余时代皆无法确定。清代戏楼明显多于明代，辉县清代戏楼多达 49 个，由此可见当地戏曲文化于清代更加繁荣。在当地众多戏楼中，考证出神庙戏楼 127 个，会馆戏楼 7 个，祠堂戏楼 4 个，官府戏楼 3 个，村舍戏楼 48 个，神庙戏楼和村舍戏楼占大多数。可见，神庙戏楼和村舍戏楼为广大民众听戏的主要场所。"②

---

① 新乡市北站区史志编纂委员会编：《北站区志》，河南人民出版社 1994 年版，第 362 页。

② 周舟：《明清时期新乡古戏楼研究》，《遗产与保护研究》2019 年第 3 期。

第十节　陈玉成纪念馆（延津县）

陈玉成纪念馆位于新乡市延津县城关西街，馆内有一六角凉亭，亭内有一通方柱形石碑，这里便是太平天国将领、英王陈玉成就义纪念地，河南省第二批文物保护单位。

为弘扬烈士精神，1958 年，延津县人民政府在墓地立碑，以志纪念。碑为方柱形，高 2.25 米，宽、厚各 0.5 米，上有宇顶式方形碑装盖，下有正方形碑座，整体结构严整、古朴。为弘扬烈士精神，每逢清明时节，络绎不绝的人群到此凭吊，祭奠英灵，缅怀陈玉成业绩。

太平天国英王陈玉成在延津被害，延津人民感其功德，偷偷掩埋其尸，筑土修墓。1958 年 4 月，延津县人民委员会竖起陈玉成墓碑和凉亭以作纪念。墓碑呈长方体四棱形，正面（南面）碑文为"永垂不朽太平天国革命英雄陈玉成墓碑纪念"，东面的碑文为"墓碑序言"，西面和北面为中国科学院历史研究所第三所撰写的《陈玉成传》。

1990 年 4 月 5 日，陈玉成第四代嫡孙及孙女陈久年、陈清泉，千里迢迢，来到陈玉成墓前，祭奠曾祖父英灵，受到延津县有关部门和领导的盛情接待。[1] 2008 年，延津县委县政府对纪念地进行了规划和环境治理。2009 年，又投资近百万元对纪念地进行了全面维修和改造，建成陈玉成纪念馆。[2]

陈玉成纪念馆尽展英王生平及多年征战之史实，展厅一隅置民间征得土炮一门。展馆中展示有广西藤县政府写给延津县政府的感谢信，对河南延津人民为英王修建墓园、纪念园表示敬意；另有英王夫人蒋桂娘遗照，陈氏后人访问延津时的留影。

第十一节　郭仲隗纪念馆（新乡县）

郭仲隗纪念馆坐落于河南省新乡市新乡县大召营村。

---

① 杨晓玺：《天国英烈陈玉成及其后嗣》，《中州统战》1996 年第 3 期。

② 张法祥编著：《延津乡村记忆》，团结出版社 2016 年版，第 504 页；另参考姬光环《陈玉成延津就义》，《新乡日报·大牧野》2015 年 12 月 18 日第 5 版。

郭仲隗纪念馆由郭仲隗后人、河南辛亥革命研究中心副主任郭力教授设计，面阔三间，是典型的民国建筑风格。建设历时三年，于 2020 年 9 月 19 日，作为河南省新乡市首个统一战线爱国教育基地正式开馆，省市相关部门领导和河南各地的辛亥后裔以及郭氏后人参加了揭牌仪式。

郭仲隗（1887—1959），字燕生，是从新乡走出来的爱国人士，是爱国统一战线的杰出代表。郭仲隗矢志不渝地跟随孙中山，反清反袁护法、二次革命，多次在危急关头出生入死。他坚决支持孙中山提出的反帝反封建的主张，竭力拥护"联俄、联共、扶助农工"的三大政策。1942 年，河南大旱，他在国民参政会上涕泣陈词，呼吁中央对河南减免征粮，震动全国。作为豫鲁监察使弹劾贪官污吏，被誉为"民国海瑞"。

在抗日战争时期，郭仲隗力主抗日，他怀着满腔报国之志，义愤填膺，呼吁社会各界救济河南灾民，他为教育救国奔走呐喊，创办学校、图书馆，使贫困的孩子们走进课堂，学习知识，追求真理，报效国家。

中华人民共和国成立后，他积极投身社会主义建设，曾任河南省政府参事室主任，省人民委员，省政协委员，为中原地区的社会经济发展积极参政议政，献计献策。

为进一步弘扬郭仲隗之爱国精神、加强统战工作建设，近年来，在大召营镇党委政府、大召营村"两委"及郭家后人的支持下，先后筹集资金 60 余万元建设纪念馆。纪念馆陈列了抗战名将马占山后人、辛亥元老张钫后人以及国内收藏爱好者赠送的数十件珍贵文档史料，力求真实展现郭老先生忧国忧民，刚直不阿的性格和跌宕起伏、波澜壮阔的一生。

郭仲隗纪念馆建设本着有址可寻、有物可看、有史可讲、有事可说的整体思路，着力策划打造主题突出、导向鲜明、内涵丰富的革命文物陈列展览精品，做到见人见物见精神。

第十二节　中国烹饪文化博物馆（长垣市）

中国烹饪文化博物馆坐落在新乡长垣（县级）市食博园内，是我国第一座以烹饪文化为主题的博物馆，2012 年 12 月底建成开馆。中国烹饪文化博物馆的建设，不但填补了中国烹饪文化主题博物馆的空白，更是长垣文化事业、烹饪产业发展史上的"里程碑"。

烹饪博物馆建筑面积 5400 平方米，陈展面积 4500 平方米，总投资5000 万元。馆内共展出文物 240 余件。布展以烹饪历史为主线；以声光电、三维动画、视频播放、电子互动为手段；以历史场景复原、文物实物陈列、历史人物介绍为内容；理清了各个历史时期中原烹饪文化与不同菜系、不同民族、不同地域饮食文化相互影响、渗透、融合、发展的脉络，彰显了中华烹饪文化的民族特色和魅力。

共分为五个展厅，第一展厅：烹饪文化的历史发展厅；第二展厅：烹饪文化味觉艺术厅；第三展厅：烹饪文化科学厅；第四展厅：烹饪文化筵席艺术厅；第五展厅：烹饪文化大师厅。馆内布展以烹饪历史为主线，向人们展示中国烹饪文化的博大精深。

长垣自古就有尚厨之风，以厨师众多、技艺精湛著称于世。早在北宋时期，就形成了宫廷菜、官府菜、市肆菜、寺庵菜和民间菜五大体系，在烹饪历史上独树一帜。如今，长垣厨师更是遍布世界各地，烹饪业已经成为长垣经济发展的重要支柱产业。2003 年中国烹饪协会正式发文命名长垣为"中国厨师之乡"。2019 年获得"河南省优秀县级博物馆"称号。

第十三节　史来贺纪念馆（新乡县）

史来贺纪念馆位于新乡县七里营镇刘庄村。

纪念馆为三层建筑，大门正上方，是刘源题写的"刘庄展览馆史来贺同志纪念馆"。纪念馆占地 19 亩，建筑面积 4000 多平方米。一楼大厅，史来贺汉白玉坐像矗立在中央，背后圆弧形墙上巨型浮雕，镌刻着南太行群山、黄河和呈滩涂状的刘庄村全景。

史来贺（1930—2003），新乡市刘庄村原党委书记，全国著名劳动模范。他与雷锋、焦裕禄、王进喜、钱学森并列，被中共中央组织部誉为"在群众中享有崇高威望的共产党员的优秀代表"。20 世纪 50 年代，史来贺的名字就响遍全国。他以共产党人的奉献精神与满腔热情帮助群众树立起战胜贫困的信心。十一届三中全会以后，史来贺带领群众向高科技进军，带领刘庄形成了以农促工、以工建农、农工商并举的商品经济的新格局。史来贺多次被授予全国民兵英雄、全国植棉能手、全国特级劳动模范等光荣称号，曾经 9 次受到毛泽东的接见。2009 年，史来贺被评为 100

位新中国成立以来感动中国人物之一，获得"最美奋斗者"荣誉称号。

第十四节　郭兴事迹展览馆（辉县市）

郭兴事迹展览馆位于辉县市黄水乡大北农白马玉农庄，2013 年正式对外开放。

郭兴（1924—2018），新乡市辉县高庄乡金章村人，原北疆军区司令员，著名抗日英雄，电影《平原游击队》中"李向阳"之原型。16 岁参加八路军，18 岁任太行五分区武工队长、辉县抗日政府区长，曾获"太行山特级战斗英雄"殊荣。

展览馆占地 15 亩，全面展现了郭兴武工队等李向阳原型的抗日真实事迹，展示了部分抗日及解放战争时期的珍贵实物和文图资料，免费向公众开放。

第十五节　河南师范大学

河南师范大学位于豫北名城新乡市，北依巍巍太行，南濒滔滔黄河，坐落在广袤的牧野大地、美丽的卫水之滨。学校是国家中西部高等教育振兴计划支持高校、国家"111 计划"实施高校、教育部与河南省人民政府共建高校、教育部本科教学工作水平评估优秀学校和河南省特色骨干大学，三度蝉联全国文明单位。

学校历史底蕴深厚，办学资源丰富。学校前身是始建于 1923 年的中州大学（原国立河南大学前身）理科和创建于 1951 年的平原师范学院，历经河南师范学院二院、河南第二师范学院、新乡师范学院等阶段，1985 年始称河南师范大学。

学校占地面积 106.41 万平方米，建筑面积 97.65 万平方米，中、外文及电子藏书 530 余万册。建有全球唯一一家帕瓦罗蒂音乐艺术中心和河南省规模最大、种类最多的生物标本馆，办有附属中学、附属小学和幼儿园。

学校学科门类齐全，培养体系完备。现有哲学、经济学、法学、教育学、文学、历史学、理学、工学、农学、管理学、艺术学 11 大学科门类。设有 25 个学院（部），86 个本科专业，其中国家一流本科专业 13 个，27

个硕士学位授权一级学科、7 个硕士学位授权二级学科、15 个硕士专业学位类别，10 个博士学位授权一级学科、1 个博士专业学位类别，7 个博士后科研流动站，各类学生 5 万余人。

根据近几年的中国大学评价，学校教师学术水平、教师绩效和办学性价比均位居河南省高校前列，学校综合排名始终保持在河南省前三名。（数据截至 2020 年 4 月 30 日）

第十六节　河南科技学院

河南科技学院是一所省属普通本科院校。学校始建于 1939 年，前身为中国共产党早期创建的延安自然科学院大学部生物系，历经北方大学农学院、华北大学农学院、华北大学农学院长治分院、北京农业大学长治分校、平原农学院、百泉农业专科学校、河南职业技术师范学院等时期。2004 年 5 月，经教育部批准，更名为河南科技学院。

学校地处河南新乡市，占地面积 2176 亩，校舍面积 62 万平方米。建校 80 年来，学科专业已涵盖农学、工学、理学、管理学、教育学、文学、经济学、法学、艺术学 9 大学科门类，拥有 21 个教学学院，66 个本科专业，全日制普通在校生 28230 人。图书馆各类文献资源总量达 301 万册（种），中外文期刊 1500 余种。学校是河南省博士学位授权立项建设单位。建有学术型硕士学位授权一级学科 12 个，硕士专业学位授权类别 7 个。建校以来，为国家培养了 12 万余名高级专门人才。现有教职工 1678 人，其中专任教师 1363 人，教授等正高级专业技术人员 128 人。

2013 年学校主持培育的小麦新品种获国家科技进步一等奖，为国家粮食生产和中原经济区建设作出了重大贡献，受到河南省人民政府嘉奖，成为全省高校的骄傲。（数据截至 2019 年 12 月 31 日）

第十七节　新乡医学院

新乡医学院位于河南省新乡市，是河南省独立建制的西医本科院校。学校渊源可追溯到 1896 年英属加拿大人、医学博士罗维灵在古城卫辉开办的西医诊所。

新乡医学院医学教育肇始于 1922 年惠民医院护士学校，招收四年制护理专业学生并由中华护理学会（1923 年名为"中华护士会"）颁发文凭。1949 年冀鲁豫卫生学校及哈励逊医院迁入，于 1950 年成立平原省医科学校。学校经历华北第二医士学校、河南省汲县医士学校、新乡专区医学院等发展阶段，1962 年更名为豫北医学专科学校；1982 年升格本科，定名新乡医学院；1998 年获得硕士学位授予权。

学校目前占地面积 1744.58 亩（含 5 所临床学院），建筑面积 125.83 万平方米（含 5 所临床学院），图书馆馆藏各类图书 212.45 万册。现有教职工数 12860 人（含 5 所临床学院）。其中高级专业技术职务人员 1841 人（含 5 所临床学院）。学校设有 22 个教学院（部）。开办有全日制教育、中外合作教育及继续教育等多种教育类型，具备研究生、本科生、留学生等较为完备的人才培养体系，校本部现有全日制在校生 18132 人。学校学科涵盖医学、理学、工学、文学、法学、管理学、教育学 7 个门类；拥有基础医学、临床医学、药学等 10 个一级学科硕士学位授权点和临床医学、公共卫生、护理等 6 个专业硕士学位授权点；本科专业 29 个。

学校创办有《新乡医学院学报》《眼科新进展》《中华实用儿科临床杂志》《临床心身疾病杂志》4 种国内外公开发行的刊物，其中《眼科新进展》《中华实用儿科临床杂志》为全国中文核心期刊。建有 5 所直属附属医院，编制床位共 10286 张，其中 4 所为国家三级甲等医院。（数据截至 2020 年 4 月）

第十八节　新乡学院

新乡学院是一所公办全日制普通本科院校，办学始于 1949 年成立的太行公立新乡师范学校，是一所具有红色革命基因、改革开放基因的学校。2007 年经教育部批准，由原新乡师范高等专科学校、平原大学、新乡市教育学院合并升格为本科院校，2014 年通过教育部本科教学工作合格评估，2019 年获批河南省硕士学位授予立项建设单位。

校园占地面积 2130 亩，校舍面积近 75 万平方米，教学科研仪器设备总值约 4.3 亿元，图书馆馆藏纸质图书 168 万册、电子图书 152 万余种、中外文报刊 1520 余种、各种数据库 50 种。建有 24 个二级学院、62 个本

图 7-1　新乡学院

科专业、24 个专科专业，涵盖工学、理学、管理学、经济学、教育学、文学、法学、艺术学、历史学、农学、医学 11 大学科门类，全日制本专科在校生 2.63 万余人，成教生 1 万余人。

现有教职工 1800 人，专任教师 1300 人，具有高级职称的教师 500 余人，具有博士、硕士学位教师 1100 人，获批河南省硕士学位授予立项建设单位。（数据截至 2020 年 6 月 1 日）

第十九节　河南工学院

河南工学院是省属全日制普通本科院校，位于新乡市，始建于 1975 年。

学校在工学结合中诞生、在校企合作中发展，有较深厚的历史积淀和较丰富的办学资源。目前，学校全日制在校生 2 万余名，教职工 1100 余人，占地面积 1220 亩，校舍建筑面积 50 多万平方米，馆藏适用纸质图书 171 万余册，电子图书 26 余万册；教学科研仪器设备总值 2.4 亿余元。学校设有 15 个学院（部），32 个本科专业，拥有省级重点培育学科、省级一流本科专业建设点和省级以上特色（示范、名牌）专业 25 个，形成了智能制造、新能源材料、电缆工程等特色学科，初步构建了以工学为主，工学、管理学、经济学、文学、艺术学 5 大学科门类协调发展的学科专业体系。现有专任教师 970 多名，具有高级职称教师 300 多人。（数据截至 2020 年 3 月）

第八章　公园湖泊

第一节　新乡市人民公园

新乡市人民公园位于和平路和金穗大道西北，西接劳动街，北邻人民路，始建于 1958 年。总面积 736 亩，水面 110 亩，绿化覆盖率达 90% 以上，年客流量在 200 万人以上，是全市最大的一所集清幽的园林秀色、水上娱乐、文化健身、动植物观赏和休闲游乐于一体的综合性大型园林。

人民公园内有儿童乐园、海洋馆、人工湖岛、假山、新乡县旧城遗址、动物园、荷花湖等。地势高低起伏，园内花木繁茂，植物配置合理，东西门有宽敞的广场。石榴园、盆景园、竹园等景观园，风格迥异、造型别致，景色秀美。动物园动物种类较多，国家一级保护动物东北虎多次繁殖成功，现已成为重要的东北虎繁殖基地。人民公园宜人的环境、优质的服务，是度假、休憩、娱乐、健身的最佳去处。

海洋馆占地 8000 平方米，总投资 1000 万元，是市区唯一一家以海洋生物展示、表演、科普教育为主的大型综合性海洋馆。内设亚马孙热带丛林、海底隧道、人鲨共舞、美人鱼表演、南美海狮表演、西双版纳鸟艺表演、淡水鱼隧道、海洋生物展示、海底景观圆柱鱼缸等多个景区，展示海洋生物和珍奇鱼类数千种，采用国内外先进的声、光、电技术手段向游客展示出神奇美丽、妙趣横生的海底奇观。使游览者在休闲娱乐的过程中与大自然融为一体，近在咫尺的观赏形形色色的海洋生物，全方位的获取海洋动物知识，放松身心，享受美好生活。

新乡人民公园是百姓释放心情的地方，是百姓的快乐之园，是百姓和谐的绿色家园。

第二节　卫河公园（卫滨区）

卫河公园位于新乡市区中心，东接胜利路胜利桥，西近解放路解放桥，南邻中同街，北濒卫水河畔。

卫河公园初建于1924年，是为纪念辛亥革命时期追随孙中山参加革命直至牺牲的暴质夫、张宗周二位烈士修建的，当时叫"暴张花园"，它是新乡市最早的园林公园，占地128亩。解放后成为人民公园。新的人民公园建成后，又称老公园。1982年更名为卫河公园。

公园内卫河蜿蜒清澈，三个别致的石桥将公园连接；山峦起伏于卫河之滨，"卫水金波"旖旎无限；河朔图书馆古典雅致，暴张纪念亭庄严肃穆；暴张烈士纪念碑字字血泪，暴张烈士纪念堂让人追思；身披蓑衣的姜太公钓鱼塑像惟妙惟肖，碑廊里书法作品琳琅满目；卫源亭山头巍峨，汉白玉河朔桥精致美观；老者对弈胜券在握，神女举臂亭亭玉立；九龙雕塑栩栩如生，太极广场欢声笑语；树木花草苗壮繁茂，空气清新环境优美，一年四季都是人们休闲锻炼娱乐的好地方。

第三节　牧野公园（牧野区）

牧野公园位于新乡市牧野区平原路和新飞大道路口，南邻平原路，西接新飞大道，卫河穿行其中，始建于1988年9月，是以牧野大战为背景题材修建起来的一座文化公园，是市民休闲娱乐的好去处。

牧野公园总占地面积约33万平方米，大型音乐喷泉广场、奔马雕塑等分布园中，它以牧野文化为主题，在充分挖掘当地历史文化资源的基础上，通过广场、喷泉、雕塑以及景观小品等园林要素，不仅展现出新乡市悠久的历史文化底蕴，而且更具有现代都市的文化品位。

公元前1046年的牧野之战是武王伐纣的决胜战，是周武王联军与商朝军队在牧野（今新乡市附近）进行的决战。由于帝辛（商纣王）穷兵黩武，加剧了社会和阶级矛盾，最后兵败自焚，商朝灭亡。《诗经·大雅·大明》记载："牧野洋洋，檀车煌煌，驷騵彭彭。维师尚父，时维鹰扬。凉彼武王，肆伐大商，会朝清明。"① 园中栩栩如生的战马塑像充分展现了激烈的战场情景。

牧野之战是中国历史上以少胜多，以弱胜强，先发制人的著名战例，也是中国古代车战初期的著名战例。它终止了六百年的商王朝，确立了西周王朝的统治，为西周时期礼乐文明的全面兴盛开辟了道路。牧野之战中所体现的谋略和作战艺术，也对中国古代军事思想的发展具有不可低估的意义。

第四节 新乡市和谐公园

新乡市和谐公园坐落在新乡市平原东路北侧，是新乡市行政文化中心区中轴线最北端的规划景观节点。

和谐公园以"自然生态、和谐共融"为主题思想，公园地形极其丰富，整体呈北高南低、西高东低，取"紫气东来"之势，环抱水系自公园西北部假山源头通过小溪和叠水的形式向东南部流动形成湖泊和生态湿地，取"一江春水向东流"之势。

公园分为中心景观、山林休闲、滨水景观三大区域；主要景点有祥云广场、和谐广场、木子傲霜、趣园、和风亭、细雨亭、畅远台、爱晚台、枫露台、高山流水、古木清风和云栖幽篁等融人文景观与天然雅趣为一体，纳新乡故事和地域精神于一园。

园内乔灌相拥、四季花开，湖水荡漾、溪水蜿蜒，竹影斑驳、草木葱郁，是新乡城区中的一片绿洲，繁华中的一片宁静，是休闲、度假、健身的怡人佳境。

第五节 新乡市平原公园

新乡市平原公园位于新乡市解放路和孟姜女路口，始建于 1981 年，地处新乡繁华闹市，是一个闹中取静的古典园林。平原公园小巧精致、内涵丰富，是一座园林景观同地域文化融为一体的特色公园。比起占地 700 多亩的新乡市人民公园，平原公园可谓玲珑剔透的袖珍公园，目测过去只

---

① 程俊英：《诗经译注》，上海古籍出版社 2004 年版，第 412 页。

有二三十亩地，在城市的繁华地带也算是一块黄金宝地。

平原公园看着不大，假山、人工湖、小桥一样不缺，真可谓"麻雀虽小，五脏俱全"，处处独具匠心。整体没有大的活动集散场地，但他通过曲径通幽将一个个景观节点和休息场地联系起来，使之以小见大，连为整体，游人行在其中往往有种"山重水复疑无路，柳暗花明又一村"的感觉。

平原公园北临孟姜女路（原来是孟姜女河，后被填平），也是一个历史性主题公园，其主题是孟姜女哭长城的典故，园内有长城造型。

孟姜女哭长城的传说在民间广为流传，版本也很多，其中有新乡版本。据说，战国时期卫辉人范喜良被魏王征召修筑长城（今卫辉与辉县交界处）劳累而死，埋于长城之下。孟姜女寻夫哭至卫辉池山段长城，感动天地，哭塌长城，露出丈夫尸骨。至今在卫辉池山乡歪脑村一带还流传其故事，山上能见到孟姜女哭塌长城的泪滴石。新乡市区有孟姜女河，孟姜女路，孟姜女桥等名称。

第六节　京华园（新乡县）

京华园坐落在新乡县小冀镇，始建于 1992 年，占地面积 300 亩，是国家 4A 级景区。京华园旅游景区是人文景观，它区别于古寺、禅院、宫殿的单一文化架构，融儒学、道学、佛学为一园，主题鲜明，构思巧妙、设置自然、亭台楼榭、曲径通幽，是一处形象而简明展现祖国上下五千年优秀文化史及各民族、民俗、民情的优美画卷。

京华园旅游景区用蜿蜒起伏的长城作围，宛如祖国的版图。山海关、嘉峪关、居庸关挺拔屹立；黄河、长江横贯其间；海上的台湾宝岛、索道与陆地相连。天地宫、历代名君殿、名臣名将府、中华名人馆、超凡世界、十殿阎君审奸臣的梦幻世界以及各民族建筑和布局基本按照聚集区分设，错落有致，风格各异，古色古香；蒙古包、维吾尔经房、苗族吊脚楼、傣家竹楼、佛塔，以及各具传统特色的土家族、壮族、朝鲜族、藏族、白族民居等，室内布置古朴有序，各族服饰色调丰富、艳丽……真是民俗民情多彩多姿，满园歌舞满园情，增强了民族文化的交流融合，促进了民族团结。定期举办的傣族泼水节、北方民族文化节、彝族火把节其乐融融……

第七节　凤凰山森林公园（凤泉区）

新乡凤凰山森林公园位于新乡市凤泉区，太行山与华北平原的接合部，是连接山区和平原的过渡地带。区内中间高，四周低，地貌属太行山区的低山丘陵区。

乾隆《新乡县志》记载："凤凰山一名望虎山，在县北三十里，五陵冈麓即潞坟。"① 潞坟就是潞王墓。

相传，这片山林过去常有不少猛虎出没，又称"万虎山"，又因望而生畏，所以也称"望虎山"。明朝万历年间，藩王朱翊镠派人到处寻访茔地。当所派之人来到万虎山南麓时，看到这一带北有峰峦竞秀的高山，南临碧波荡漾的河水，地势北高南低，东西敞阔，且东有金灯寺，西有峙儿山，真个气势非凡。同时，他还发现万虎山的三个山峰，中峰高如凤头，左右峰犹如凤翅，整体形如凤凰，故认为这里是块风水宝地，便将此情况奏明潞王。潞王听了欣喜若狂，亲临察看。环顾原野如碧毯，仰望太行似翠屏；画意绘不尽，诗情咏不穷。潞王连声叫道："妙哉宝地也！宝地妙哉矣！"跟随中一位官员凑上来献媚道："王爷福气，王爷福气，微臣闻听此宝山古时曾有凤凰起飞。"潞王听了哈哈大笑，当即拍板定案，决定在此筑陵，并更改山名"万虎山"为"凤凰山"。

近几年，新乡市在凤凰山植树造林，美化环境，使凤凰山成为新乡近郊的一个休闲娱乐景区。景区对 3000 余亩土地进行育林绿化，山腰种植果树，山下种植经济林，从山头到山脚逐步形成"松柏戴帽，果树缠腰，经济林封底"的格局。现已建设侧柏林、塔松林、石榴林、银杏林、柳树林、国槐林、杏树林、苦楝林、梨树林、美国大杏仁等林区。多种植物因季节变化而表现出不同的颜色，花果也因气候变迁而改变其外表，正应了北宋山水画理论家郭熙的一首诗：

---

① 清乾隆《新乡县志》卷八《山川志》，《中国地方志集成·河南府县志辑（12）》，上海书店、巴蜀社、江苏古籍出版社 2013 年版，第 62 页。

春山淡冶而如笑，夏山苍翠而如滴，秋山明净而如妆，冬山惨淡而如睡。①

第八节 黄河故道森林公园（延津县）

黄河故道森林公园（省级）是在国有延津林场的基础上建立的，位于新乡市正东新（乡）长（垣）线20公里处的黄河故道区，北临菏宝高速。

这里林木茂盛、草清水秀、花果飘香、环境幽静，被人们誉为"天然氧吧"和"世外桃源"的万亩槐林、千亩果园、千亩景观林、3万亩杨树片林、国家级湿地鸟类自然保护区、大沙河水产养殖区等，形成了独具特色的黄河故道旅游风景线。2006年11月，公园被国家旅游局评为"全国农业旅游示范点"。

黄河故道森林公园以万亩槐林景区为重点进行建设，建成了园林式大门、喷泉广场、百花园、植物园、百果园、睡莲池、鸵鸟园、万国花卉博览园、桃花园农家大院、狩猎场蒙古包风情区、园中园苗寨竹楼风情区、槐园槐俱乐部、丛林野战区、槐林山庄等景点18处。

大门由两棵巨大的人造古树构成，凌空横卧，气势恢宏，与大自然景色十分协调。万亩槐林，沙丘纵横，地势起伏。密密层层的槐林树干高大，枝繁叶茂，无边无际，气势壮观，具有东北大森林的风貌，平原地区极为罕见。冬季下雪，漫天洁白，银装素裹，有雪原之意境，夏秋季节郁郁葱葱，遮天蔽日。春暖花开，缀满枝头的槐花远看像云团，近看似堆雪，蜂飞蝶舞，十里飘香。园艺工人利用槐林中的次生幼树改接红花槐、香花槐10万多棵，为槐林增添了姿色，拉长了花期，提高了槐林的旅游品位和观赏价值。每年五一前后，举办"槐花节"，目前已经举办有十一届槐花节。"槐香"是延津"四香"之一，其他三香分别是麦香、槐香、酒香、书香。延津县地处黄河故道，土质肥沃适合种植小麦，延津小麦个大、粒饱、面筋道，被誉为"中国第一麦"。

百花园位于槐林北部，占地300亩，引进栽植各类名贵树木300多

---

① （宋）郭熙：《山川训》，苏育生主编：《中华妙语大辞典》，陕西人民教育出版社1990年版，第403页。

种，乔木、灌木、针叶、阔叶、色叶等应有尽有。百花园中部是一片占地30亩的人工湖。

百果园占地 500 亩，引进栽植国内的名优特新果树品种 100 多个，一年四季有鲜果。植物园占地 200 亩，多是国内外名贵彩色树种，千姿百态，色彩斑斓。百花园是游人认识大千世界奇特树种，增加知识性、趣味性的好去处。

园中有园，景中有景，是公园一大特色，在几个较大的景区中还分布着十多处集游乐、休闲、锻炼及特色餐饮服务于一体的小景点。有桃花源农家大院、杜仲林里的苗寨竹楼风情区、疏林草地上的凯歌狩猎场蒙古包风情区、槐林深处的丛林野战区、槐园马术俱乐部、槐林山庄等。到这里不但可以饱览秀丽的黄河故道风光，还可以品尝到北国风味的烤全羊、卤野兔、中原农家风味的地锅草鸡和各类野菜野味等特色餐饮。骑射区占地面积 300 多亩，有马、骆驼等，供游客骑和游玩，让游客在中原平原之地也可以体验大草原和西北大漠之境之情。

黄河故道森林公园有豫北地区最大的万亩槐林、两万亩杨树生态林、千亩经济林、鸟类繁多的国家级湿地鸟类自然保护区、芦苇荡、鸟岛、鸵鸟驯养场、大沙河水产养殖长廊、肉羊养殖场等，还有战国名将吴起扼守黄河渡口的"吴起城"、姜子牙蒙难落户、靠卖锅贴度日的"汲津"遗址等人文景观，已经成为一个集生态观光、旅游度假、娱乐休闲、科普教育、运动健身于一体的豫北地区最大旅游景点之一。

黄河故道森林公园是新乡市不可多得的一方净土和风水宝地，随着新乡市东扩，小店工业园区、榆东产业聚集区的崛起，森林公园的区位优势更加显现。

第九节　牧野湖（新乡市）

牧野湖位于牧野公园东，平原路和牧野路口西北，南临平原路，东临牧野大道和牧野大桥，北以防洪通道为界，规划占地面积 334 亩，其中水面面积 167 亩，湖岸线总长 2697 米。

牧野湖本着"自然、生态、健康、休闲"的设计理念，按功能及湖区划分为湖滨休闲区、湖光水色景观区、生态湿地景观区和台地景观区四大区域。

牧野湖实际上是在卫河滩上挖出来的，也就是在一段卫河水面的加宽周围硬化、绿化面积也是十几公顷，和原先建设的牧野广场一连，就显得很大气。在这样一个缺水的城市，能有这么一个临路边的湖面，给新乡市增添了不少灵气，为市民提供一个游玩的好去处。

目前，为提升新乡人民对于卫河的感受，新乡市正在规划建设新牧野湖公园（在现牧野湖东北方向），面积28公顷（420亩），将卫河的滨水界面拓展，以绿化水系空间为核心，周边布局城市中重要的文化、体育、展览类公共建筑，形成城市新的综合性休闲游憩核心，在展现时代建设风采的同时突出绿色生态特色。

第十节　定国湖（新乡市）

定国湖位于荣校东路以北、东环路以西、中原东路以南、新七街以东，是新乡市委市政府为改善民生，提升城市生活品质，依托水资源、优化水环境而规划的中心城区中的一个人工湖。定国湖，名字源于其所处的位置——定国村。定国村历史悠久，文化源远流长。其村内的定国禅寺（简称定寺）为河南七大佛寺之一，属国家级文物保护单位。

在2015年12月新乡市第十二届人民代表大会常务委员会第十四次会议上，新乡人大作出决定《新乡市人大常委会关于推进我市水系生态建设的决定》，新乡市将按照"以水为脉、以水兴业、以水惠民"总体要求，围绕中心城区"九带、八湖、九园"生态水系规划，计划用三至五年时间，要建成市中心区域"五湖（卫源湖、凤泉湖、定国湖、东湖、南湖）、四河（卫河、孟姜女河、赵定河、大河沙）、两渠（共产主义渠、人民胜利渠）"生态水系网络，将新乡打造成一个河湖相连、绿水绕城、花香四溢、水系交融的文明生态城市。定国湖是新乡"五湖、四河、两渠"规划第一个完成的项目。

定国湖占地面积约为626.25亩，其中水面面积约为301.95亩，也就是约等于三个牧野湖的水面面积，绿地面积约为229.95亩，广场及园路面积约为94.35亩，湖区库容量约50万立方米，是新乡市水系景观的重要组成部分，也是城市的重要公共开放空间。

定国湖湖面架设有雾月桥、鉴开桥、云影桥、晴好桥、雨奇桥、漱流桥、枕石桥 7 座景观桥，尽显湖岛风光。这些桥皆取名于宋代朱熹"半亩方塘一鉴开，天光云影共徘徊"和苏轼"水光潋滟晴方好，山色空濛雨亦奇"等诗句。

定国湖绿化采用自然式景观设计手法植物造景，运用片林绿带和组团绿化相结合的植物栽植模式，注重层次与色彩的丰富，乡土树种与景观苗木结合、常绿与落叶互补、陆生与水生呼应，乔灌花草合理搭配，170 多种植被营造出四季常绿三季有花，人与自然和谐共生的生态园林景观。

湖区东面是草坪和银杏风光带，与成片的薰衣草相互掩映，形成东部区域的视觉景观中心。湖区南部的滨湖风光区，不仅能欣赏到沿水风光，还能为市民提供休闲、健身之所。湖区的西面，是堤岛风光区。其中乌桕岛、枫杨岛与最高大的五拱桥——雾月桥相连，精致的景观桥梁和明媚的堤岸风光相结合，尽显堤岛沿岸绵延不断的美景。湖区的北面，是阳光沙滩区，东西长约 200 米，宽约 30 米。沙子是专门从湖北丹江口水库买过来的，干净又细腻，就算赤脚走也不会觉得有任何不适。洒满阳光的金黄色沙滩是孩子们玩耍的天堂，欢笑的海洋，更为整个公园增添了一份童真与活泼。

定国湖是新乡市首个采用海绵城市理念设计的海绵公园，设有植草沟、下沉式绿地、雨水湿地等景观海绵元素，将"渗、滞、蓄、净、用、排"运用于园区建设。园内形成了一套目前豫北地区最先进、完善的水处理循环系统，只需要 20 天，即可将全部湖水净化一遍。

定国湖整个区域由一环多节点组成，一环指的是 2500 米有氧健身环道，步道上标有里程编号，方便市民跑步时计算所跑里程。健身环路贯穿定国湖公园的各个景观节点（悦望广场、乐活广场、亲水平台、露天剧场、渔人码头、浪漫沙滩、堤岛风光等），每个节点均匀分布于环道周边。

定国湖的建成，成为我市东区一个高品质生态休闲的城市公园，给新乡人的生活再添美丽的风景。

第十一节　平原湖（开发区）

平原湖位于新乡市经济技术开发区中北部，范围在经六路以东，经八路以西，平原路以南，纬八路以北，占地面积 1165 亩，其中水域面积一期为 410 亩，二期为 600 亩（平原路北）。

平原湖以黄河文化、牧野文化为主题，结合农耕文化，留得住乡愁的乡土文化特色鲜明。湖中心绿岛浮翠，南岸有主入口广场、城市形象广场、木栈桥；西岸有西入口广场、临水商业码头、小平台、沙滩草坪；北岸平原路处有桥头广场；东岸有老年活动中心、书画院、曲水流觞。整个湖岸通过曲桥、廊桥、平原路附桥连通内循环。

平原湖集引黄调蓄、防洪防涝、农业灌溉、观光游览、休闲养性、科普教育、体育健身为一体，是经济技术开发区的生态湖、发展湖、经济湖，是秀美新乡田园人居的理想之地。

目前，平原湖二期工程已基本完工，二期工程位于新乡市经开区平原路两侧，占地约 1300 亩，估算总投资约 3 亿元。二期工程是运用海绵城市建设理念实施的一项核心民生工程，与平原湖一期工程相连相通，是新乡市引黄工程的重要节点。工程景观设计总体构思本着因地制宜、以人为本的宗旨，充分体现城市发展的特点。规划建设了湖区景观、周边配套商业综合体、精品酒店等项目，建成后是一个河湖相连、绿水穿区、绿荫相伴的文明生态廊带，将发挥出巨大的生态、经济和社会综合效益。

湖面绿波荡漾、岸边景色宜人。沿着湖区园路走一趟，能看到整个园区地形起伏，通过匠心布置，亭台楼榭处处有水可依。平原湖引入的是黄河水，蓄水后湖水平均深度在 3 米左右。平原湖还具备地下水补给等功能，达到自然蓄水与地下水相互贯通的效果，使当地水生态环境保持良性循环。

第十二节　凤湖（平原示范区）

凤湖位于新乡平原示范区，总占地面积 1830 亩，国家 4A 级景区。

凤湖犹如豫北版图上一颗耀眼的宝石，吸引着人们的目光。千秋笔墨香，一湖园林秀。凤湖沿岸因水而青，凤湖的水因岸而秀，无论春夏秋冬，更替的是四季，不变的是凤湖绚丽的生态自然之美。如今，黄河北岸的凤湖是水系景观建设的核心景观工程，已经成为新乡市的名片。

走进新乡平原示范区核心区，远远便可以闻到凤湖水草的气息，看到粼粼波光的湖水。凤湖沿岸，历史人文区、都市娱乐区、生态湿地区、观赏休憩区、湖心岛 5 大板块尽显"生态、健康、文化、休闲"的理念，雕塑、石景、文化立柱以及文化背景墙等景观元素，展示了新乡浓厚的宰相文化；紧邻城市道路设计的 400 米长滨湖大道，既满足了人们的亲水要求，又为人们观赏水面提供了开阔的视线，水波状阶梯式入水驳岸将滨湖大道延伸到水面，进一步拉近了人与水的距离；湖畔晨风、童真稚趣、林间漫步、云帆港湾 5 个景观节点各具特色，为周边居民提供了休闲健身的绝佳场所；休闲娱乐区、科普趣味区等休闲区让人们参与其中，体验生态湿地的乐趣。

凤湖设计主要突出地域特色，整体性与多样性相结合，因地制宜、合理布局，形成与城市联系紧密、层次丰富、连续的、具有现代城市特色的景观休憩区域。凤湖突出中央生态公园的环境生态功能，辅以休闲游憩功能、人文景观展示功能、娱乐集会功能，将当地的历史人文资源以景观手段融入水景与绿化之中，塑造出了新乡市的标志性景观。

近来，凤湖绿化改造提升工程已经完成，面积约 10 万平方米，建设内容包括增加绿量，提升公园的生态性；扩大市政广场，方便政府活动与形象展示；增加挑出栈桥，提高亲水性；增加街角空间，提高公园的辨识性，提升凤湖公园的知名度。凤湖公园按照 4A 景区标准打造建设，栽植苗木选用树形优美的全冠树，栽植苗木树种有国槐、银杏、樱花、红梅、白玉兰、大叶女贞、白皮松等，可以保证凤湖公园四节常绿、三季有花，为人们提供一个休闲、健身的场所。凤湖有商业街、酒吧城、艺术中心等配套城市功能建筑，加之绿地、水系、景观桥涵等配套设施的合理搭配，已经成为一座黄河北岸的"不夜城"。

西北农林科技大学 2017 届硕士研究生、新乡市籍卢丹以低碳生态技术、低碳园林营造与建设等相关理论为基础，以凤湖景观工程现状为切入点，对豫北地区生态绿地景观建设进行深入分析，探究低碳园林景观在实际运用中的相关理论和技术问题，并通过调查分析对其从理论层面、技术层面和提升设计实践方面予以研究和分析，以期为今后的低碳园林景观建设提供借鉴。[1]

---

[1]　卢丹：《豫北地区低碳园林景观设计探究——以新乡平原新区凤湖为例》，硕士学位论文，西北农林科技大学，2017 年。

第十三节　青龙湖（封丘县）

青龙湖位于河南省新乡市封丘县曹岗乡，是清乾隆二十六年（1761）黄河决口时留下的一处自然湖泊。湖水面积2200亩，蓄水量300万立方米，南北长6.5公里，平均水深2米以上，最深处可达8米。因水深色青，南北狭长，宛如巨龙，故称青龙湖。青龙湖面积大，风来碧波荡漾，美丽如画，如一片汪洋，故乡人都叫它"塘洼（当地读音为窝）"。2018年经河南省旅游局审核评估，被评定为河南省休闲观光园区。

青龙湖南临黄河大堤，湖内盛产鲤鱼、青鱼、鳜鱼、甲鱼、青虾、中华毛蟹等水产品。秋、冬、春三季，白天鹅、白鹤、灰鹤、白鹭及野鸭等100余种鸟翩然而至，是许多珍贵鸟类生息繁衍的乐园。1996年，被国务院列入湿地鸟类自然保护区名录。

据传，汉、唐、宋时期，青龙湖是森林牧场，东汉光武帝刘秀曾在此练兵，向世人展示其雄才大略。著名诗人高适于唐玄宗天宝八年（749）46岁时中第，授封丘尉。[①] 任封丘尉期间，每每漫游其间，写下了他的代表作《封丘感怀》一诗，成为千古绝唱：

> 我本渔樵孟诸野，一生自是悠悠者。
> 乍可狂歌草泽中，宁堪作吏风尘下。
> 只言小邑无所为，公门百事皆有期。[②]

---

① 高适（704—765），字达夫，渤海蓨（今河北省景县）人。唐朝时期大臣、边塞诗人。唐玄宗天宝八年（749），进士及第，授封丘县尉。天宝十一年（752），49岁时辞封丘尉。投靠河西节度使哥舒翰，担任掌书记。拜左拾遗，转监察御史，辅佐哥舒翰把守潼关。天宝十五年（756），护送唐玄宗进入成都，擢谏议大夫。出任淮南节度使，讨伐永王李璘叛乱。讨伐安史叛军，解救睢阳之围，历任太子詹事、彭蜀二州刺史、剑南东川节度使。广德二年（764），入为刑部侍郎、左散骑常侍，册封渤海县侯。永泰元年（765）去世，时年62岁，追赠礼部尚书，谥号为忠。作为著名边塞诗人，与岑参、王昌龄、王之涣合称"边塞四诗人"，著有《高常侍集》二十卷。

② 高适：《封丘感怀》，（清）顺治《封丘县志》卷八，封丘县地方史志办公室2019年7月整理重印本。

还有一说，清乾隆二十六年（1761），黄河决口漫溢，百姓深受其害，烧香拜佛乞求上天救助，此举感动了东海龙王之子小青龙，他以身作堤，助人堵决口。战胜洪魔后，却因无水而无法回归东海，于是，群众泼水成湖，供他安身，"青龙湖"由此而获名。

清同治十年（1871），慈禧太后南巡，途经此地，手书"天光云影"的条幅，以赞美中原地区这一奇异景观。①

青龙湖的水是干净的，青龙湖的水也是丰盈的。水源来自黄河，河高湖低，河水通过地下含水层不断渗入湖中，与湖面蒸发形成平衡，长期保持不深不浅。造化弄神功，青龙湖没有干涸过，也没有过泛滥成灾，所以青龙湖的水是神奇的。青龙湖与黄河地下水脉相通，黄河枯水断流季节，此处依然碧波荡漾。青龙湖作为一处旅游胜地，水域宽阔，水质清澈，方圆数里，芦苇繁茂，林木森森。身置其间，可湖中荡舟，水中嬉戏；可消夏避暑，悠然垂钓；可篝火赏月，陶冶性情。漫说江南多胜地，应知此处亦忘愁。"欲把西湖比西子，淡妆浓抹总相宜。"青龙湖则不然，天生丽质用不着淡妆浓抹，虽然小家碧玉却是清新可人，一切都是天然的。②

第十四节　唐庄万亩桃园（卫辉市）

唐庄万亩桃园位于卫辉市唐庄镇，总面积达1.6万余亩，是唐庄镇党委书记吴金印同志领导下调整农业结构的良好典范。

每到春天，万亩桃花盛开，数以万计的游人前来欣赏桃花盛开的盛大场面。村庄里小路旁，金黄色的油菜花飘着芳香，和桃花交相辉映。

走进万亩桃花林内，犹如步入世外桃源，粉红色的花瓣在绿叶的陪衬下更加妖娆。粗壮的枝条曲折有型，游人漫步花下，整个画面美若国画。唐朝诗人崔护《题都城南庄》中的诗句跳跃而出：

> 去年今日此门中，人面桃花相映红。
> 人面不知何处去，桃花依旧笑春风。

---

① 齐永顺：《风光旖旎青龙湖》，见孙兴主编《封丘概览》（下），中州古籍出版社2009年版，第853页。

② 李桂生：《青龙湖》，《平原晚报》2019年6月5日第A16版。

自 1995 年以来，在新乡享有"十里桃花、万亩果园"美誉的唐庄镇，已连续举办 25 届桃花节，逐步实现桃花搭台、节庆活动唱戏、发展旅游、富裕百姓的目标。以花为媒，以节会友，以花迎客。唐庄镇万亩桃园，每年都吸引了众多游客。游客在这里赏花观景吃农饭，体验唐庄镇浓厚纯朴的民俗文化风情。

游客高度赞扬唐庄桃园，面积之大，使人震惊："这里花不仅开得鲜艳，村民也非常质朴，真是不虚此行。"

唐庄镇有"万亩桃花灿若霞"的美名，有"水果之乡"的美称。近年来，唐庄以花为媒，"花果经济"一路走红。据不完全统计，唐庄镇每年桃花节期间，接待游客达数十万人，赏花、采摘、乡间旅游的"桃园经济"应运而生，创造经济效益达 1 亿元左右。

李白《山中问答》最是应景之作：

问余何意栖碧山，笑而不答心自闲。

桃花流水窅然去，别有天地非人间。

第十五节　龙泉苑（新乡县）

龙泉苑位于新乡县七里营镇龙泉村，占地面积 1500 亩，地下水资源丰富，环境条件优越，主要种植有精品水果、高档花木、各类无公害蔬菜等，是集旅游观光、娱乐休闲、精品展示、研究开发、科技示范、成果转化、教育培训等于一体的综合性园区。2018 年，河南省旅游局认定 50 家河南省休闲观光园区，其中就有龙泉苑景区。

龙泉村是全国文明村、全国先进基层党组织、全国民主法制示范村，村党委书记梁修昌是全国劳动模范、河南省优秀党务工作者和优秀思想政治工作者。

龙泉苑有绿色长廊、果蔬采摘、农事体验、花卉观赏、村史展览、农耕文化、德孝教育、传统提水工具展示、游乐园等 20 多个景点，是一个度假、休闲、娱乐及进行传统文化教育的好去处。园区近年被评为全国农业旅游示范点、全国休闲农业与乡村旅游示范点、国家 3A 级旅游景区、全国青少年农业科普示范基地、河南省农业标准化生产基地、河南省一村一品引智示范基地。园区生产的黄金梨获中国果菜十大驰名品牌、河南省著名商标，被中国绿色食品发展中心认证为绿色食品，荣获北京奥运推荐果品二等奖、中国地方特产、河南省名牌农产品等称号，园区还是河南科技学院、新乡学院等高校认定的大学生实验基地。

龙泉苑的四季是这样的：春季，体验果树修剪、嫁接；赏花、体验疏花疏果；采摘樱桃，挖掘乡村野菜。夏季，采摘杏、杏、梅、桃、葡萄。秋季，采摘黄金梨、苹果、大枣、柿子等。冬季，体验农事活动、观果园雪景、霜凌压枝。

龙泉苑在新乡算是一个小众的景点，但去游玩过的人总是赞叹不已。

第十六节　同盟古镇袁家村（获嘉县）

同盟古镇袁家村位于新乡市获嘉县亢村镇，东近 107 国道，南近晋新高速，东面和平原示范区为邻，黄河北 12 公里，占地约 2000 亩，开发规模约 40 万平方米，项目总投资 50 亿元。

获嘉县隶属于河南省新乡市，北依太行，南临黄河，距省会郑州 60 公里，东至新乡市 15 公里，西邻焦作 30 公里，是中原经济区新、焦、济产业带上的节点城市。获嘉县域面积 473 平方公里，辖 8 镇 3 乡，1 个省级产业集聚区，219 个行政村。总人口 43 万人。西汉元鼎五年（前 112），南越造反，汉武帝出师平叛。次年，武帝东巡至张固城村附近时，恰逢大将路博德派人送来南越宰相吕嘉之首，武帝大喜，遂于此地置县，定名"获嘉"。获嘉属暖温带大陆性季风气候。有同盟山、武王庙等风景名胜，特产有获嘉大白菜、获嘉黑豆、获嘉饸饹条等。

同盟山位于获嘉县城东，距新乡市区 16 公里，该山为周武王率师伐纣时在商郊牧野举行战前誓师的盟台。史料记载为诸侯兵捧土封之，即《尚书·牧誓》所载的牧誓之所，也是武王军举行牧野大战现存于地表的唯一物证。其文化层丰富，考古发现为龙山文化至商周文化遗址，属河南省重点文物保护单位。"诸侯演武场""诸侯井""周武王饮马池""姜太公校阅台"等古迹遗存与同盟山相依相连，交织形成了追溯牧野战景、寻古探幽的千古景观。

同盟古镇所在的亢村镇位于获嘉县城南 17 公里处。东邻新乡县，南接平原示范区。2017 年有 23 个行政村，8761 户，55865 人。亢村镇历史悠久。据县志载：因孔子弟子陈亢病卒于此而得名。亢村镇亢西村有明代驿站，为省级历史文物。明朝时在此设置驿站，故又名亢村驿。清同治年间，废驿改镇称亢村镇。亢村镇还有明代夏言碑。

同盟古镇以获嘉同盟文化为基础，依托中原同盟文化，结合中国网红第一村陕西袁家村运营模式，立足郑州大都市圈，旨在以原汁原味中原民居古村落的形式，打造集民俗非遗、特色美食、休闲娱乐、文化创意、民宿客栈为一体的中原休闲度假体验地，形成一个活态的中原文化发生地。

同盟古镇提取陕西袁家村核心运营理念，取自袁家村，高于袁家村，形成中原小镇的独有运营模式。以新村民为核心，以食品安全产业链为基石，将中原民俗、建筑、美食、时尚新业态融入其中，营造家常生活场景，让每一个走进古镇的游客融入一场慢生活的体验之旅。

陕西袁家村坐落于陕西礼泉县烟霞镇，距离西安 70 公里，从 2007 年至今，历经 13 年演变，从一个小村落发展成为今天年纳游客 800 万人次，旅游收入超 10 亿元的中国乡村旅游第一品牌，国家 4A 级旅游景区（目前正在申报 5A 级景区）。2016 年，和上海迪士尼（主题乐园类）、杭州西湖（自然风光类）、成都宽窄巷子（都市休闲类）、珠海航展（展会活动类）一同被评为"2016 年度最佳旅游项目"。

在同盟古镇，商户是古镇的主体，以商户为核心，营造家文化。采用前店后厂的工作模式，作坊建在古镇里，现场生产、销售和品尝，实现游客的可视化体验。所有商户门口都清晰地表明本人的籍贯和姓名，以个人名誉来担保食品安全，接受游客的监督。新鲜食材，透明调拨，建有调拨中央仓，存放着农家乐、小吃街商户每天所需的食材原料，既有镇上作坊自己生产的，也有每日采购的新鲜瓜果蔬菜、清真牛羊肉。和作坊的前店后厂一样，透明化调拨，可视化体验。

同盟古镇以中原四合院传统民居为载体，沿着一条曲曲折折的石板路穿过一片景观农田，正式进入景区。据说石条是从山东临沂沂蒙山区的老村子整体拆过来的，因沂蒙山区扶贫搬迁，就把老村子的石板路整体搬了过来。镇上的古树是从信阳大别山区翻山越岭移植过来的，甚至连树上的鸟窝都一块移挪过来了。镇里的老房子和四合院也是我们整体拆分打包从外地运到这里，然后重新复原，所以游客每每惊讶于老房子的味道，有些建筑有着近 300 年的历史。

整个景区由一条主街、一条辅街和数个联通主街辅街的巷道组成。主街主要以作坊、小吃、农家小院、茶馆、戏台等民俗业态为主，辅街以酒吧、咖啡、主题餐厅、客栈等时尚业态为主。

镇上有十来个作坊，分别是辣子坊、油坊、酒坊、醋坊、面坊、粉条坊、豆腐坊、腐竹坊、酸奶坊等，前店后厂形式，前面是销售展示和老式工艺体验，可以让更多的人了解在没有机器之前油是怎么榨出来的，粉条怎么生产的，面是怎么一步步磨出来的。后面是标准化的生产工厂，游客可以随时随地参观了解这些食材的生产全过程，用原汁原味的朴素做法，还原很多人念想的"老家味道"。

钟鼓楼、关公祠是镇上的中心广场，有戏楼、茶馆、麻将馆，有很多外摆座椅，游客可以在这歇歇脚、喝喝茶、听听曲儿，文化气息浓厚。

无论是蹒跚学步的小孩，还是不惑之年的中年大叔，再或者是年过半百的古稀老人，在这里都能找到适宜自己的休闲方式。可以看得见乡亲、听得见乡音、记得住乡愁，体验记忆深处的节日味道和一些现代的文化创意，给人耳目一新的呈现，充分感受中原老家的魅力。

第十七节　黄河故道湿地鸟类国家级自然保护区

黄河故道鸟类湿地国家自然保护区位于河南省新乡市东部，卫辉市和延津县接壤的黄河故道以及封丘县境内的黄河滩涂和背河洼地。卫辉市和延津县接壤区域为古黄河改道后遗留下来的一段槽型凹地，地理位置为东经 114°07′，北纬 34°54′；封丘县境内区域地理坐标为东经 114°29′，北纬 35°24′。1988 年经河南省人民政府批准建立，1996 年晋升为国家级自然保护区，主要保护对象为天鹅、鹤类等珍禽及内陆湿地生态系统。

1988 年 7 月，河南省人民政府批复建立"豫北黄河故道天鹅自然保护区"。1996 年 11 月，国务院批复建立"河南豫北黄河故道湿地鸟类国家级自然保护区"，扩大了保护区面积。

保护区包括黄河大堤以内（包括黄河滩涂、河心沙洲等陆地）以及黄河背河洼地区域。其北岸是：长垣县魏庄镇至封邱县荆隆宫乡与原阳县交界处。其东岸是河南与山东省界，南岸是开封市兰考县至开封市水稻乡。

保护区总面积 22780 公顷，其中，核心区面积 7973 公顷，缓冲区面积 7290 公顷，实验区面积 7517 公顷。保护区设 2 处核心区，分别位于保护区的东部和西部。东部核心区位于封丘县李庄乡至长垣县魏庄镇以东的黄河主河道，西部核心区位于封丘县陈桥乡南侧的黄河河道。

保护区卫辉、延津范围属北片区，西南起延津县东屯乡贾堤村，穿越延津、卫辉两县（市）的胙城镇、班枣乡、后河乡、李源屯镇、庞寨乡，止于延津县丰庄乡河道闸村，共涉及 7 个乡镇 153 个行政村。封丘范围属南片区，西起封丘、原阳两县交界处，穿越封丘县的孙庄乡、荆隆宫乡、司庄乡、陈桥镇、曹岗乡、李庄乡、尹岗乡、止于封丘长垣县交界处，共涉及 7 个乡镇 156 个行政村。

保护区地貌属黄河流域冲积平原豫北平原地区，地势平坦，略向东北倾斜，地面坡降小。保护区地貌类型主要包括黄河现代河床、河漫滩、阶地及背河洼地等，自然坡降 1/7000，海拔 63.5 米。

保护区地处中国暖温带向亚热带的过渡区，四季分明。春季干旱多大风，降雨较少，气温回升快，夏季炎热多雨，秋季干燥凉爽，冬季寒冷，少雨雪。

豫北黄河故道湿地鸟类国家级自然保护区内水域、滩涂广阔，野生动植物资源丰富，鸟类众多，是黄河中下游平原人口稠密区交通发达地带遗存下来的较大的一块湿地，动植物的北方物种、南方物种和广布种十分丰富，是冬候鸟的越冬北界，具有重要的生物多样性保护意义和潜在的科研开发及生态旅游价值，对保护中原地区的生物多样性具有很重要的意义。

第十八节　五龙山响水河游乐园（辉县市）

五龙山响水河游乐园位于辉县市常村镇，总投资 2 亿多元，占地面积 3600 亩。游乐园气势宏伟、规模壮观，是集休闲、游乐、度假、观光、垂钓、采摘、餐饮于一体的豫北地区规模最大、最具体验价值的综合性游乐园。

五龙山游乐园依山而建，主要项目有悬挂过山车、摩天轮、旋转木马、青蛙跳、旋转的士高、奇幻世界、穿越丛林、碰碰车、飞行塔、5D

影院、逍遥水母、家庭过山车、激流勇进、飞天梭、果虫滑车、超级秋千、大摆锤、五龙山小火车、自控小飞机、鬼屋等。

五龙山响水河水上乐园可同时容纳上千人游玩。可体验项目有激情飞碟梭、童梦奇缘、神秘巨兽碗、七彩竞速滑道、梦幻漂流河、山洪海啸、超级龙卷风、小龙人乐园、疾驰降速滑道等，让你在夏日骄阳中享受水的清凉与舒爽。

五龙山野生动物王国与五龙山欢乐世界、响水河水上乐园、五龙山滑雪场隔河相望，是河南省首家融马戏表演、猛兽驯养、动物科普为一体的原生态、全方位、立体式、综合型野生动物园。置身野生动物王国内，鸟鸣山涧，猿啼丛林，虎啸深山，鱼翔水岸，环境优美，气候宜人，游客可选择乘坐观光投食车体验野生动物，也可沿步行游线路透过玻璃或笼网近距离观看各种动物萌态，还可站在观光台上俯瞰生龙活虎的动物嬉戏玩耍，一派物竞天择、动物与自然的和谐景象。

五龙山滑雪场集滑雪、戏雪于一体，既可观赏人工造雪的天然景象，又可领略北国冰雪皑皑的优美风光。

第九章　陵墓坟茔

第一节　潞简王墓（凤泉区）

潞简王墓坐落在河南省新乡市凤泉区北郊 13 公里处的凤凰山（系太行山余脉）南麓，依山据岭，四周泉壑幽深。时人称其为"头枕凤凰山，脚登老龙潭，左手揣着金灯寺，右手托着峙儿山"[1]，景色十分秀丽宜人，是中国目前保存现状最好、占地面积最大的一座明代藩王陵墓。当地人称"潞王坟"。

墓主潞简王朱翊镠（1568—1614），是明太祖朱元璋九世孙、明穆宗朱载垕第四子、明神宗朱翊钧（万历皇帝）唯一同母弟。其陵墓建成于万历四十三年（1615），完全仿照万历皇帝在北京明十三陵定陵。现为国家 4A 级景区，被誉为"中原定陵"。

潞简王墓由东墓区（潞王墓）、西墓区（次妃赵氏墓）和神道三大部分组成，共占地四百余亩，其整体建筑用材除极少数砖木外，几乎全部采用青石和白石，被当地百姓称为"中原石头城"。

潞简王墓，历经沧桑巨变，几度兵火，风雨侵蚀，原地面上木结构建筑群：棱恩殿、棱恩门、配殿明楼和众多的附属房屋都已不复存在，在墓室内大量珍贵的金银铜瓷，珠宝玉翠和织锦刺绣等随葬品被洗劫一空。现存的古代建筑，大量石雕塑和碑碣等，仍蔚为壮观。

潞简王墓主要建筑布局与北京明皇陵基本相同。墓区前首，是一座雕工颇精的石坊，上刻"潞藩佳城"楷书。石坊东西两侧并列石华表两座，

---

① 新乡市地方史志编纂委员会编：《新乡市志》（上册），生活·读书·新知三联书店 1994 年版，第 552 页。

雕云龙图案。过石坊进入长 189.5 米神道，两旁排列石人、石兽 15 对，形象有文臣、獬豸、狻猊、麒麟、骆驼、象、羊、马及神化了的其他怪兽，或立或蹲或卧，形态各异，栩栩如生。石人、石兽均采用整块青石雕成，其中最大者高 2.77 米，最小者亦有 1.55 米。四百多年来，虽经历代沧桑，风雨剥蚀，仍保存完好，细部纹饰清晰，实为难得的一批艺术珍品。

走完神道，穿越一座用汉白玉砌成的三孔券御河桥，再北行百余步便是潞简王墓的正门，一座宏伟壮观的"潞藩佳城"展现面前。佳城外墙南北长 324 米，东西宽 147 米，城墙高达 6 米，全部用青色石条垒砌，整个城垣坚固而规整。

城内从南到北由三个院落构成，即自"维岳降灵"石坊至棱恩门为第一院落，自棱恩门北至享殿基台构成第二院落，自享殿基台后面的石坊，明楼至坟园的最后部分"宝城"为第三院落。在三层院落之间，东西横向有内城墙二道相隔。

圆立式的"宝城"在第三个院落的墓碑和五供的后面。"宝城"通高 9.35 米，周长 70 米，内有石阶可登临立顶。"宝城"下为地宫，即安放潞简王朱翊镠棺椁的地方，距地面 3.8 米。地宫总面积达 185 平方米，由前、中、后、左、右五个殿堂组成，全部为石结构的拱券式。潞简王的棺椁安放在后殿。

从潞简王墓西行百余米，为次妃赵氏墓地，总面积约 5 万平方米，建筑布局与潞简王墓大体相同。

朱翊镠三子朱常淓（1607—1646）于万历四十六年（1618）袭封为潞王，人称"小潞王"。他在政治上无所作为，但在音乐和书法方面却深有造诣，朱常淓自制的潞琴在明末清初就名扬天下，今新乡市博物馆藏有其潞琴一张，编号为 64 号；还撰写《古音正宗》音律专著一部，今卫辉市博物馆藏其手书唐诗石刻 200 多块。书法方面，撰写《述古书法纂》书法理论一部。

四百余年来，潞王墓以其独特的风光、雄伟的建筑、精美的石刻、神奇的传说，吸引着人们的目光，清人刘玉威有诗赞曰：

古殿空山里，名王有旧茔。秦陵和汉寝，不及此幽情。①

---

① 杜彤华：《潞王与潞王坟》附录一《潞王墓诗抄》，中州古籍出版社 1990 年版。

有明一代共有 50 余位亲王封国建藩，王府及陵墓遍及全国各地，然而历经数百年的战争和风雨沧桑，大都销毁殆尽，唯有潞简王墓等少数陵寝保存较为完整，成为研究明代藩王制度和帝王陵寝的重要依据。

清代佚名有诗一首《潞王坟》：

> 平平御路走牛羊，宫殿化为瓦砾场。
> 风云龙虎今何在？蔓草荒烟照夕阳。
> 当年人能见及此，不待周琴泪沾裳。
> 声色狗马朝还暮，奚翅巫峡梦襄王。
> 我今来此正秋末，草木黄落悲雕伤。
> 山崩石裂华表折，翁仲倾欹石马僵。
> 冢中白骨呼不起，昔日歌舞环佩香。
> 酌酒酹君君知否？君若有知笑我狂。
> 乘除代谢有常理，江山千古几兴亡。①

再录民国《新乡县志》（续）《游潞王坟感赋》诗一首：

> 残碑断碣卧蚕丛，潞府荒茔落照中。
> 蔓草迷离藩滕垄，疏林掩映梵王宫。
> 山犹虎踞龙蟠壮，地已狐城鼠社同。
> 樵牧往还谁复禁，油油禾黍动秋风。②

近年来，国家陆续拨出专款对潞简王墓区进行全面整修，保护和修复古建筑，营建园林，栽培树木花草，逐步使古冢风貌重现。

潞王墓以宏伟的规模，精美的石刻，博大的中国明代藩王制度及陵寝建筑文化内涵，成为中国现存规模最大，最完整的明代藩王陵墓，1996年被国务院公布为全国重点文物保护单位。潞王陵犹如一颗中原明珠，以其深厚的历史底蕴，绝伦的艺术魅力，绽放于牧野大地。

---

① 潘长顺等编：《新乡历代名胜诗选》，中国文史出版社 1992 年版，第 46—47 页。
② 民国《新乡县志》（续）卷四《艺文·诗选》。

第二节　姜太公墓（卫辉市）

姜太公墓位于卫辉市太公镇吕村西 1 公里处的黄土岗。墓前有"周姜太公茔葬处"墓碑，为清康熙二十年（1681）卫辉知府立。

乾隆《汲县志》记载："在城西北一十五里地，名太公泉，上有墓及庙。"[①] 据乾隆《河南通志》载：在卫辉"府城西北太公泉，尚昔避纣居东海之滨，后徙渭滨，封国于齐，还葬于此"。《金石萃编》载："去汲县（今卫辉）治北三十里，崇岗峻岩，林木丛茂，有泉潆然。其下距泉复二里许，相传吕太公墓在此，故名其为太公泉，土人即其建庙以祀焉。"姜太公墓周长 139 米，寓意其享年 139 岁。墓高 6 米，青石围墙环绕底部，墓前除保留清康熙年间所立"姜太公茔葬处"碑外，新立有"姜太公吕尚之墓"碑，新修有青石甬道，以及仿汉阙门。

姜太公，姓姜，名尚，字子牙，号飞熊，河南省卫辉市太公泉镇人，据说活了 139 岁，是一位传奇色彩浓厚的人物。他大器晚成，70 岁遇文王于卫滨，从而成为周朝的开国名臣。周武王伐纣，太公为军师，牧野大战，灭商盛周，立了首功。周初分封，姜子牙被封为齐国君主，为后来的齐桓公"九合诸侯，一匡天下"成为五霸之首奠定了基础。在唐宋以前，姜子牙被历代皇帝封为武圣，唐肃宗封姜子牙为武成王。宋真宗时，又封姜子牙为昭烈武成王。姜太公文治武功，影响深远，著有《六韬》《金匮》等书。

到了元朝时期，民间对姜子牙增加了一些神话传说。到明代万历年间，许仲琳创作了《封神演义》小说，从此，姜子牙由人变成了神，并且为民间广为信奉。历代典籍都公认他的历史地位，儒、法、兵、纵横等诸子百家皆追他为本家人物，被尊为"百家宗师"。

他的后裔逾百姓之多，有姜、吕、齐、高、卢、丁、聂等。太公镇是他的根亲祖地。2015 年农历八月初三（八月初三为姜太公出生日），世界姜氏宗亲联谊总会在姜太公墓隆重举办拜祖大典。

姜太公墓牌坊宽 9.9 米，高 6.9 米。由无锡市陶珍女士和张国建先生

---

① （清）乾隆《汲县志》卷二《舆地》（下）。

携子女捐资，由卫辉市太公泉镇吕村村民委员会和太公泉古文化研究所于2002 年 8 月共同策划兴建而成的，正面横额"高山景行"，阴面横额"震古烁今"。

太公故居、太公庙、太公钓鱼处均位于卫辉市太公镇前太公泉村。

2009 年 9 月，由中国先秦史学会、黄河文化研究会、卫辉市人民政府主办的中国卫辉太公文化高层论坛在卫辉举办，通过了《卫辉宣言》，明确姜太公故里在卫辉，太公墓在卫辉。

第三节　息氏墓（封丘县）

息氏墓，其墓地位于封丘县城东北 16 公里的青堆村东头。清康熙三十四年（1695）《开封府志》记载："韩凭妻何氏墓在封丘县东北。凭宋大夫，妻何氏貌美，康王欲夺之。凭自杀，妻亦堕台死……"①

战国时期，宋康王戴偃驱车出游，来到青堆，途中见一采桑女子，貌美过人，心怀恶念。为能看到她，就令人在青堆东头筑起一座高台（青陵台）望之。宋康王差人访问其家，乃知是宋康王舍人韩凭之妻息氏，宋康王要韩凭将其妻献给他，韩凭夫妇不从，韩凭在台下自杀，息氏投台而死。

宋康王命将他们夫妻分葬大路两旁，不准合墓。后两墓各生一棵梓树，根结于下，枝交于上。"连理枝"一词即由此而来。又有鸳鸯，雌雄各一，恒栖树上，晨夕不去，交颈悲鸣，音声感人。宋人哀之，遂号其木曰"相思树"。相思之名，起于此也。南人谓此禽即韩凭夫妇之精魂。清康熙年间知县王赐魁建祠祀之，额曰"贞烈"。知县耿绂祚复匾其神龛，曰"乌鹊双飞"，题其联曰"鸳冢只生连理树，蝶魂不上别枝花"于祠门，仍额曰"古青陵台"。②

唐朝诗人李白在《全唐诗》第 163 卷《白头吟》中明确表示：

---

①　（清）康熙三十四年（1695）《开封府志》卷十七，陵墓。在汉代的流传中，韩凭又作韩冯、韩朋、韩俏，息氏也称何氏、贞夫、信夫等。在汉画像砖中，韩凭夫妇还曾被称为"孺子"和"孺子妻"。

②　封丘县地方史志编纂委员会：《明清民国封丘县志（整理本）》，新风出版社 2001 年版，第 548 页。

覆水再收岂满杯，弃妾已去难重回。

古来得意不相负，只今惟有青陵台。

李白的"青陵台"，就是指韩凭与息氏的爱情故事。当息氏在青陵台上感到此生在劫难逃时，便"密遗凭书"——她从衣襟上撕下"三寸之帛"，以血书写"密信"，用箭射给青陵台下修墙的丈夫，其中有"河大水深，日出当心"字样——"日出当心"显示出息氏"死志"：她与丈夫相约以死捍卫爱情。韩凭接到妻子"密信"后，当即在青陵台下自杀，息氏略施小计稳住宋康王，在青陵台上祭拜丈夫，然后从青陵台上纵身跳下，宋康王等"左右揽之"，然而抓到手中的，却只是被息氏自己"阴腐"过的裙裾上的一片碎布。

息氏衣襟上的两片"三寸之帛"形如蝴蝶，绝世美女息氏从青陵台上飞身而下，其身形也有如蝴蝶——当然，这不是我的联想，而是唐宋诗人李商隐与王安石的联想：

莫许韩凭为蛱蝶，等闲飞上别枝花。

若信庄周尚非我，岂能投死为韩凭。

1930 年《民俗周刊》载有我国著名戏曲专家钱南扬《梁祝故事叙论》，明确指出韩凭与息氏的故事是"梁祝故事"原型，所以我们有理由说，正是韩凭与息氏的故事，演绎出我国独特的爱情符号——化蝶。

李商隐的《咏青陵台》，把这个故事描绘得无比浪漫美丽——

青陵台畔日光斜，万古贞魂依暮霞。

莫许韩凭为蛱蝶，等闲飞上别枝花。

"生命诚可贵，爱情价更高。"——这是古今中外通理。

白居易在《长恨歌》中表达过自己的完美爱情理想——

在天愿作比翼鸟，在地愿为连理枝。

白居易的"比翼鸟"与"连理枝"，就典出韩凭与息氏的爱情故事。

王安石也注意到韩凭与息氏的爱情故事。王安石在《明妃曲》中就曾突破前人的悲剧成见，通达乐观地看待过"昭君出塞""汉恩自浅胡恩深，人生乐在相知心"。在《蝶》诗中，王安石仍然没把韩凭与息氏的爱情看成悲剧，相反，他从这个故事中，看到了爱情自身浪漫而美丽的境界——

> 翅轻于粉薄于缯，长被花牵不自胜。
> 若信庄周尚非我，岂能投死为韩凭。

明末通俗文学家冯梦龙在其历史演义小说《东周列国志》第 94 回中叙述了韩凭与息氏的故事，并借"髯仙"之口作诗赞叹：

> 相思树上两鸳鸯，千古情魂事可伤。
> 莫道威强能夺志，妇人执性抗君王。

一位俄罗斯作家说过，"爱情是观察一个民族的最佳窗口"。从一个民族的女性对待爱情的态度中，可以看出这个民族具有怎样的精神境界。韩凭与息氏的故事，在两千多年的流传过程中，已积淀为我们民族的一种文化心理结构，其中"相思树""相思鸟""连理枝"和"化蝶"等细节所包含的爱情力量，至今仍使我们感到惊心动魄。①

第四节　山彪镇战国墓（卫辉市）

山彪镇战国墓位于卫辉市唐庄镇山彪镇西。1928 年与 1935 年，先后在这里出土战国器物甚多。1935 年农民李奠探得一座大墓，同年 7 月由当时中央研究院、河南古迹研究会、河南博物馆联合组织进行发掘，共发掘墓葬 8 座，后经郭宝钧研究整理，于 1959 年出版《山彪镇与琉璃阁》一书。该墓群占地约 3000 平方米，其中一号墓最大，出土器物最多。墓圹口东西长 7.8 米，南北宽 72 米，深 11.49 米。墓底铺石块，上置木椁，四周填石子，外层填木炭，椁内有棺，棺内有尸骨及衣衾等。出土器物计有 1400 余件，其中编钟 2 套，列鼎 5 种，还有壶、鉴、鬲、盘、匜、铜

---

① 罗强烈：《只今惟有青陵台》，《中国青年报》2015 年 12 月 21 日第 4 版。

勾、铜匕、陶器、玉饰件、石磬、铜铳、带钩、车马饰、石尺、海贝等。

出土器物中最为珍贵的是《水陆攻战纹铜鉴》，该铜鉴四壁分三层镶嵌红铜水陆攻战图案，共分 40 组，292 人，手执旗、鼓、镦、戈、戟、剑、盾、云箭等。还有车、舟、壶等画像。内容有徒卒战、舟师战、短兵交手战、长栓大戟战、仰攻战、飞梯战、投石战、旗鼓相当的阵地战等。武士短装佩剑，或有帻巾，射者张弓搭矢，持戟者前握后运，攻者迈步跃进，死者首级落地。全器 286 个人物形态生动，一改过去单纯以动物图像为主的传统图案程式，趋向于表现人们自身的活动，这在艺术发展史上是一个飞跃，它为战国时代战争形式提供了可靠的形象资料。该墓群于 1987 年定为河南省重点文物保护单位。①

水陆攻战图案主要表现战争和宴饮两类题材，其中以战争题材为主。战争题材表现的有两军步兵交战、攻城和水战三方面内容。画面人物均为平列，没有纵深表现，但人物主次关系分明。每组人物活动都有高潮，而且注意对环境的衬托，表明当时的绘画技巧虽然还处于比较幼稚的阶段，但在反应激烈斗争气氛和人物动态方面，已经具有了一定的表现力。

第五节　子路墓（长垣县）

子路墓即仲由墓，位于长垣城东北岳庄村。嘉靖《长垣县志》记载："仲由墓在城东北三里，墓前有祠。正统间重修，济南杜仁杰记。"②

子路，姓仲名由，字子路。仲由以政事见称，为人耿直，好勇力，跟随孔子周游列国，是孔门七十二贤之一。

子路小的时候家里很穷，长年靠吃粗粮野菜等度日。有一次，年老的父母想吃米饭，可是家里一点米也没有，子路想到要是翻过几道山到亲戚家借点米，就可以满足父母的这点要求了。于是，小小的子路翻山越岭走了十几里路，从亲戚家背回了一小袋米，看到父母吃上了香喷喷的米饭，

① 卫辉市地方史志编纂委员会编：《卫辉市志》，生活·读书·新知三联书店 1993 年版，第 548—549 页。

② 长垣县地方史志编纂委员会：《明清民国长垣县志》（整理本），1993 年内部印制，第 368 页。

子路忘记了疲劳。邻居们都夸子路是一个勇敢孝顺的好孩子。这就是子路为亲负米的故事。

春秋时期，卫国于长垣之地同时置蒲邑（今长垣县城）、匡邑。公元前496年，孔子带着弟子路经过匡城时，被误认为残暴对待过匡人的阳虎，匡人将孔子围住五日之久，而孔子抚琴一曲并大发感慨，子路问他原由，孔子说，"临大难而不惧者，圣人之勇也"——这就是成语"临危不惧"的由来。

孔子很想把他的仁、礼理念付诸治国之中，为此周游列国14年，可惜各个诸侯对其敬而远之，因此孔子没得到一试身手的机会。孔子没有机会，他的弟子中得到这种机会的人却比较多，比如子路，公元前487年，子路被任命为蒲邑宰，成为长垣县有文字记载的第一位地方长官。

据地方县志记载，子路"治蒲三年"，成绩卓著，他亲自带领民众开挖沟渠，以利农耕。孔子听说这位弟子政绩斐然后，专门从外地赶来查看子路的政绩。刚进入蒲邑境内，孔子就称赞说："善哉由也！"走进城内看了一圈，孔子又说了一句"善哉由也！"走进衙门后，孔子第三次说了一句："善哉由也。"这时，跟着孔子的颜回有点纳闷，就问："夫子尚未见到子路就三次称赞其善，不亦逾乎?"孔老夫子回答说，入其境见沟渠深治，田地整齐，庄稼茂盛，说明子路恭正以信，故民众尽力；入其邑，房屋完好，商贾繁荣，树木葱茏，说明子路忠信以宽，故民不偷懒；至其庭，满院清净，诸下用命，说明子路明察善断，故其政不扰。最后，孔老夫子说，看来子路的仁政取得了斐然的成果，所以就没有必要再去见子路了，于是就带着颜回满意地回去了。从此以后，子路治蒲的故事被广为传颂，长垣县"三善之地"的美称也被流传至今。

仲由初仕鲁，后事卫。孔子任鲁国司寇时，他任季孙氏的宰相，后任大夫孔悝的宰。卫庄公元年（前480），孔悝的母亲伯姬与人谋立蒯聩（伯姬之弟）为君，胁迫孔悝弑卫出公，出公闻讯而逃。仲由在外闻讯后，即进城去见蒯聩，蒯聩命石乞挥戈击落子路冠缨，子路道："君子死，冠不免。"君子即使临死，也要衣冠整齐，系好帽缨的过程中被人砍成肉酱。子路死后，孔子非常伤心，有覆醢之举（吃饭时，见到肉酱将其盖上，不忍食用）。

明代诗人胡俨《谒子路墓》：

结缨不负升堂日，厚禄何如负米时。

自古人生皆有死，一抔黄土令名垂。①

第六节　蘧伯玉墓（长垣市）

蘧伯玉墓位于新乡市长垣城南 5 公里邵寨村南，古蒲（今长垣市②）"四致八景"中的"南蘧公"即指此。

蘧伯玉，蒲人（今长垣孟岗乡伯玉村人），春秋末年卫国大夫，为人有贤名。孔子周游列国走投无路之际，数次投奔蘧伯玉。他曾称赞蘧伯玉是真正的君子："君王有道，则出仕辅政治国；君王无道，则心怀正气，归隐山林。"

蘧伯玉生活的时代和孔子大致相同。他是卫灵公时著名的贤大夫，是一位道德和操行都非常优秀的人。蘧伯玉与孔子关系很好，孔子多次到卫国去，都住在他家。

蘧伯玉墓早在汉代就有一定的规模。东汉文学家班昭曾作《东征赋》，其中有"蘧氏在城之东南兮，民亦尚其丘坟，唯令德之不朽兮，身既没而名存"的诗句。

康熙《长垣县志》记载：

蘧伯玉墓在县南八里邵家寨，有祠。内前后堂二重，堂各两厢。正统癸亥侍郎薛希琏令有司茸之。翰林刘矩记。天顺间知县刘弘重修。嘉靖十九年知县杜纬置祭田九亩。三十五年知县钟崇武置祭田二十亩。隆庆年知县赵煒，左迁丞郑钦增建仰止亭，知县胡宥重修。按：卫辉府亦有伯玉墓。今考曹大家《东征赋》云：蘧氏在城之东南兮，民亦尚其丘坟。曰东南者，汉县之东南也。在今县则正南矣。大家，汉人，去春秋未远，其言有足征者。伯玉，卫人，卫乃蒲匡都

---

① 潘长顺等编：《新乡历代名胜诗选》，中国文史出版社 1992 年版，第 239 页。

② 2019 年 8 月 29 日，经国务院批准，同意撤销长垣县，设立县级长垣市，以原长垣县的行政区域为长垣市的行政区域，长垣市人民政府驻蒲西街道人民路 368 号。长垣市由省直辖，新乡市代管。

也，后人不详处所，概以相传耳。①

新编《长垣县志》：蘧伯玉墓位于城南 6 公里邱寨村南，墓前有祠，内多碑刻，祠后是墓碑文："先贤内黄侯蘧公之墓。"② 伯玉墓高约 5 米，直径 10 余米，墓周围有数 10 丈长的瓮圈形长墙围护，全为青砖垒砌。有古槐翠柏，苍劲多姿，当时实为游览胜境。清末后失于修葺，逐渐颓废，新中国成立后仅余墓冢。1958 年平整土地时，夷为平地。

明代诗人胡俨有《长垣谒蘧伯玉墓》五言律诗一首：

> 卫昔多君子，斯人实我师。下车存笃敬，寡过在知非。
> 荒陇一抔土，高情千载思。至今伯玉里，遗俗自熙熙。③

蘧伯玉墓地所在，还有新乡县、卫辉市、获嘉县、濮阳市说法。

康熙《新乡县志》载："蘧伯玉墓，在县东北君子村。"乾隆《新乡县志》载："蘧伯玉故里，在县东北十五里君子村，俗呼蘧里。按君子村在邑东北由来已久，今邑北尚有蘧姓，且其祠墓见存兹邑，则伯玉之为邑人无疑。"

清《河南通志》和民国《河南新志》俱载：在卫辉府城西北卅里君子村，蘧伯玉居此故名，村北有蘧伯玉墓，又有蘧大夫庙。《卫辉市志》记载：蘧伯玉墓位于城西十六公里，君子村北一公里许，墓前有清康熙廿五年（1686）知府杨茂祖之立石。

民国《获嘉县志》载：蘧瑗在县东北五里许巨柏村，墓在村北半里许，周围 30 余步。巨柏村原名：蘧伯玉村和君子村，村民众感其在世之德，不忍直呼其名，即以墓前有大柏树而命名大柏树村，"大"即"巨"也，遂又更名巨柏村。民国二十二年（1933）县长邹古愚撰文立石。今

---

① （清）康熙《长垣县志》卷二《塚墓》。

② 长垣县地方史志编委会编纂：《长垣县志》，中州古籍出版社 1991 年版，第 486 页。

③ （明）嘉靖《长垣县志》卷九。胡俨（1360—1443），字若思，江西南昌人。通览天文、地理、律历、卜算等，尤对天文纬候学有较深造诣。洪武年间考中举人。明成祖朱棣成帝后，以翰林检讨直文渊阁，迁侍讲。永乐二年（1404）累拜国子监祭酒。重修《明太祖实录》《永乐大典》《天下图志》，皆充总裁官。洪熙时进太子宾客，仍兼祭酒。后退休回乡。同时擅长书画，著有《颐庵文选》《胡氏杂说》。正统八年（1443）去世，终年 83 岁。

墓已湮没，残碑尚在。①

第七节　张苍墓（原阳县）

张苍墓位于新乡市原阳县城关镇谷堆村（今原兴街道办事处张苍社区），墓区占地 1000 多平方米，墓冢高出地面 2 米，墓前有清康熙年间立《汉丞相北平侯张公讳苍之墓》石碑 1 通。墓周树林茂密，郁郁葱葱，与张苍纪念堂一起被列为河南省文物保护单位。

张苍（前 256—前 152），河南郡阳武县（今河南原阳县富宁集乡张大夫寨村）人。西汉初期丞相、历算学家。

早年在荀子门下学习，与李斯、韩非等师出同门。初仕秦朝，担任御史，因罪逃亡。跟随沛公刘邦起义，拜常山太守，颇有功劳。汉朝建立后，历任代国相、赵国相。从平燕王臧荼叛乱，封为"北平侯"，入朝为计相、主计，管理财政事务。迁淮南国相，入为御史大夫。汉文帝四年，灌婴去世后，接任丞相。因政见不同，主动致仕。

张苍是一枚"帅哥"，犯罪后因帅美而被赦免。刘邦攻城略地经过阳武的时候，张苍跟随刘邦南征北战。《史记》记载："苍坐法当斩，解衣伏质，身长大，肥白如瓠，时王陵见而怪其美士，乃言沛公，赦勿斩。"② 就是说，张苍因为犯法应该斩首，脱下衣服，伏在刑具上时，身体又高又大，同时还有一身如同葫芦籽一样肥硕白皙的皮肤，凑巧被王陵（后任丞相）看见，惊叹张苍长得好。因此，王陵就向沛公说情，赦免了他的死罪。这样，张苍便跟随沛公向西进入武关，到达咸阳。所以有人戏说：你在想着减肥的时候，他却靠着一身肥肉免死，后来还官至丞相。同时期的阳武人陈平也是帅哥一枚，司马迁曾描述陈平渡河之时，把上衣脱去，船人赞其"美丈夫"，也打消了船人非分之想。

汉景帝前元五年（前 152），张苍活百余岁而卒，谥号"文侯"。曾经校正《九章算术》，制定历法，主张废除肉刑，是中国历史上主张废除

---

① 民国《获嘉县志》卷四《冢墓》。

② 司马迁：《史记》（点校本二十四史修订本，第八册）卷九十六《张丞相列传》第三十六，中华书局 2014 年版，第 3243 页。

肉刑的一位古代科学家。

清代阳武县人赵宾《吊张丞相墓》诗曰：

千载上人不可见，王侯将相终荒甸。

张公八尺伟丈夫，少年掌书秦王殿。

风尘邂逅隆准公，从龙西入咸阳宫。

咸阳公卿不好文，律历独推北平君。

歌钟书鼓曾几日，伐石树松起新坟。

坟枕城闉滨大河，赑屃苔斑岁月讹。

父老相传故侯冢，伏腊谁来浇新醑。

秋来策马神道前，狐兔跳逐樵牧眠。

嗟乎，古往今来尽如斯，惟宜招客烹肥倾金卮，君不见丞相墓头草葳蕤。①

赵宾，字锦帆，阳武人。顺治丙戌进士，官刑部主事，有《学易庵诗集》。

第八节　周亚夫墓（平原示范区）

周亚夫墓位于新乡市平原示范区原武镇小村南，墓冢高大，翠柏成林，俗称"柏林冢"。乾隆《原武县志》专门记载了"柏林冢"："柏林冢在县东北七里许即汉条侯周亚夫墓。明知县张祥置地十亩，四旁立石柱以封识之。"②

明万历二十二年《原武县志》记载：原武县"县治东北数里许有古墓，相传西汉条侯周亚夫墓"，"惟见周围皆砖封盖门，大可三十余步，坚固掷之作金铁声"，知县张祥"乃捐俸贸地十亩，封树之，立石以志，使后之吊古者或有所凭"。③

---

① （清）乾隆《阳武县志》卷十一《艺文志》。
② （清）乾隆《原武县志》卷二《冢墓》。
③ （明）张祥：《汉条侯周亚夫先茔记》，参见孟迎朝、范洪潮主编《原武阳武明清县志》（合订本），2007年内部印制，第39页。

周亚夫（前199—前143），沛郡沛县（今江苏丰县）人，"其先卷人"（今原武镇人）。西汉时期名将、军事家，官至丞相。他是名将绛侯周勃的次子，历仕汉文帝、汉景帝两朝，"细柳屯军"，以善于治军领兵、直言持正著称。军事才华卓越，在吴楚七国之乱中，他统率汉军，三个月平定了叛军，拯救了汉室江山。后被冤下狱，闭食自尽。

"柏林冢"亚夫墓现仅存"汉条侯周亚夫"墓碑，部分碑文尚清晰可辨，为明代立。

周亚夫以"细柳屯军，治军严明"而闻名，被文帝封为"条侯"。原国防部部长张爱萍在1986年为周亚夫题词"治军严明，一统大业"。

另外，国内还有两处周亚夫墓，一是位于河北省衡水市景县县城内。景县那时称作"条"，周亚夫曾被封为条侯，周亚夫死后，其封地当即被剥夺。可景县百姓听了周亚夫惨死在狱中的消息，不顾皇权威压，自发地动员起来，每人一把土，为其筑起了个小山似的衣冠冢。周亚夫墓前有一个古色古香美丽的八角亭，后边有一石雕像和一方石碑。石碑底周长600米，高约16米，占地面积7亩。1956年被定为河北省重点文物保护单位。一是江苏省徐州市丰县周庙村周亚夫墓，此墓地有数棵柏树，汉碑散佚，明代碑尚存。

第九节　百里嵩墓（封丘县）

百里嵩墓位于封丘县城东北2.5公里庙岗村的东南角。顺治《封丘县志》记载："百里嵩墓，在县东五里庙岗村。汉徐州刺史、邑人百里嵩葬此。"神道碑尚在，百里刺史为官"多善政"[1]。

百里嵩，字景山，封丘县冯村乡吴村人。据载：东汉末年，百里嵩曾任徐州刺史，为官清正廉洁，关心百姓疾苦，老百姓都尊敬地称他为百里"使君"。他在任时，有一年大旱，禾苗枯焦，赤地千里，特别是金乡、东海两县地处山区，旱情最重。百姓急切盼望刺史来解决。百里嵩得知后，便立即进山。传说，巡车所至，感动天地。天降沛霖，旱情遂解。当时人们称为"刺史雨"，"甘雨随车"一词便由此而来。故事虽离奇，带

---

① （清）顺治《封丘县志》卷二《冢墓》。

有神秘色彩，但也反映了百里嵩不辞劳苦，为民分忧解难的精神。

在救济灾民的同时，百里嵩还发动民众，开挖了一条旱能浇、涝能排的大水渠，把水引到了徐州，使徐州一带的旱地变成了水浇田，从根本上解决了徐州这一带的旱涝问题，当地老百姓都非常感动，称百里嵩领导着开挖的这条引水渠为"百里渠"。第二年，徐州一带取得好收成。徐州的老百姓念念不忘百里使君之恩，都又称他为"救命使君"。

百里嵩死后葬于封丘县王村乡庙岗村。百里嵩墓为八角圆顶砖包墓，尖顶，造型独特，别具匠心。墓前立碑一通，上面铭刻着使君生平。元至大年间（1308—1311），为他建祠。祠庙在墓东，是一组古建筑群，主要建筑为山门、大殿、后殿等。

万历《封丘县志》记载了明代修建百里嵩庙的情况，"县之东北仅七里有庙焉，世以为使君百里嵩庙，又称庙址即使君冢茔"；"刻石以纪其德，将遗来世，使不泯焉"；并附词一首，抒发了对百里嵩的热爱：

> 使君畴昔兮载出守，徐民服其化兮乃安以舒，为国藩屏兮祇忧岁旱，经行所部兮甘雨随车。作庙在斯兮岁时以祀，羞具洁兮诚恳至备。使君之来兮旌蠹陆离，佑我孔多兮御灾出祟，河水汹涌兮山岳嶔崟，使君之德兮山幽水深。俾民效慕兮春秋匪懈，千万斯年兮无古无今。①

清代康熙年间封丘知县王锡魁撰写《百里公甘雨记》并"勒石冢前"，记述了康熙十七年（1678）大旱时节到百里庙求雨的神奇故事：

> 康熙十七年岁次，戊午仲夏亢旱，田禾焦枯，魁司民牧，不胜深忧，于是月二十五日，步祷公祠。土人舁公遗像，曾不移时，大雨滂沱，环封霑足。三秋大熟，万姓腾欢，皆神之功。谨约略镌石，以传不朽云。②

---

① 高建：《建修百里嵩使君庙记》，（明）万历四十三年刻本《封丘县志》卷七《艺文》，封丘县地方史志办公室 2019 年内部印制，第 45—47 页。

② （清）康熙十九年《封丘县志·艺文·碑记》，封丘县地方史志办公室 2019 年内部印制，第 29 页。

王锡魁拜谒百里嵩使君庙时曾作诗《百里使君庙祈雨》：

> 千载英灵呼应随，争传百里使君祠。
> 昔称徐沛循良吏，今作乡邦雷雨师。①

清嘉庆三年（1798），重修百里墓，并立碑刻文，赞百里嵩：封丘为"公桑梓乡，冢前建祠，凡有所祷，无不灵应如响，盖其精诚所结，犹不忘乎故土也"，"砌以砖石，环以墙垣，建立端门，不数月而大工告竣"。②

清代诗人曾写诗赞百里嵩：

> 使君到处沛甘霖，德政昭孚信有神。
> 郑卫遗黎殊渴甚，泽民何处觅斯人。③

民国《封丘县志》记载："百里使君祠，在县东北五里庙冈，祀汉百里嵩。历清乾、道、光绪间累修筑，有房三十六间。向日旧习，凡雨衍期，有司迎主，祈祷。光绪六年（1880）敕加'普佑'封号，颁发'千里秋成'匾额。其冢在祠西。民国十七年（1928）在此设立第六小学校。"④ 使君祠是封丘县唯一受过皇封的庙宇。

改革开放以后，1980年、1984年、1994年、1996年屡修百里嵩墓。今存山门、使君殿、广生殿、玉皇殿、使君墓、端门，以及古碑4通，古柏1株。百里嵩墓被列为新乡市重点文物保护单位。

---

① （清）康熙十九年《封丘县志·艺文·诗歌》，封丘县地方史志办公室2019年内部印制，第51页。

② 苍建星：《重修使君百里公冢茔碑记》，封丘县地方史志办公室：《明清民国封丘县志》第十四章《古文化》，新风出版社2001年版，第605页。

③ （清）顺治十六年《封丘县志》卷八《艺文·诗歌》，封丘县地方史志办公室2019年内部印制，第20页。

④ 封丘县地方史志办公室：《明清民国封丘县志》第十四章《古文化》，新风出版社2001年版，第638页。

第十节　刘伶墓（获嘉县）

刘伶墓位于新乡市获嘉县亢村镇刘固堤村东北。墓外有石碑，上刻有刘伶画像，相传石碑立于明代。

民国《获嘉县志》载：刘伶墓"在县南三十五里郭堤东北二里许，东西十三步，南北十步，高约三四尺，传为刘伶卒，葬于此。村之刘姓十余户皆其后也，但中间世次已不可考。"① 同时，还有刘伶祠"在县南三十二里刘固堤寨东门外……村东北尚有刘伶墓……祠中有刘伶石像，盖古祠也"。②

刘伶，字伯伦，沛国（今安徽淮北）人，"身长六尺，容貌甚陋。放情肆志，常以细宇宙齐万物为心。澹默少言，不妄交游"，自己言说"天生刘伶，以酒为名"，"竟以寿终"。③ 魏晋时期名士，"竹林七贤"之一；与阮籍、嵇康、山涛、向秀、王戎和阮咸并称为"竹林七贤"。刘伶嗜酒不羁，被称为"醉侯"，好老庄之学，追求自由逍遥、无为而治。曾在建威将军王戎幕府下任参军，因无所作为而罢官。泰始二年（266）朝廷征召刘伶再次入朝为官，被刘伶拒绝。刘伶现今存世的作品只有《酒德颂》和《北芒客舍》。其作品生动地反映了魏晋名士崇尚玄虚、消极颓废的心态，也表现出对"名教"礼法的蔑视及对自然的向往，后世以刘伶为蔑视礼法、纵酒避世的典型。其主要事迹资料保存在《晋书》卷四十九《刘伶》传以及《世说新语》中。

刘伶等七贤，相约游居于今辉县市西南吴村镇鲁庄、山阳村一带。当时这里有个邓城，到处竹林清泉。平时与竹草为伍，和鱼雀相伴，谈古论道，放浪形骸。

据传，刘伶曾流落到获嘉县亢村，为排遣郁闷之情开了一家饭馆。他把商朝苏护之女苏妲己在进京（朝歌）路过获嘉被害时吃的"活啦面条"（即"饸饹条"）改进，作为经营的主食，并亲自设计制作了木制的饸饹

---

① 民国《获嘉县志》卷四《墓冢》。

② 民国《获嘉县志》卷四《祠祀》。

③ （唐）房玄龄等撰：《晋书》（第五册）卷四十九列传第十九《刘伶》，中华书局1974年版，第1375—1376页。

压制机械，俗称"饸饹床"。用"饸饹床"压制出的"饸饹条"粗细更加均匀，吃起来更加筋道、滑爽，对获嘉县"饸饹条"这一地方名吃的形成、发展和传承起到很大的推动作用。①

南宋叶梦得说："晋人多言饮酒有至于沉醉者，此未必意真在于酒。盖时方艰难，人各惧祸，惟托于醉，可以疏远世故。盖自陈平、曹参以来，已用此策……流传至嵇、阮、刘伶之徒，遂全欲用此为保身之计……饮者未必剧饮，醉者未必真醉也。"②

关于刘伶墓所在地还有几个地方主张，有山东枣庄、山东泰安、江苏淮安、河北保定和安徽阜阳。

第十一节　李戴墓（延津县）

李戴墓位于延津县城东郊，原有石碑、石坊，墓道两旁有两列石人、石马、石羊等大型石雕 20 余件。1985 年被列为县级文物保护单位。

李戴，字仁夫，号对泉，延津县城关东街人。嘉靖四十年（1561）举人，隆庆二年（1568）进士，历任官职为兴化知县、给事中、陕西参政、山东巡抚、刑部侍郎、户部尚书、工部尚书、吏部尚书。李戴主持吏部六年，谨守新令，惠政爱民，引之以宽，豁达大度，时称"温然长者"。③当地人称"天官李戴"。④

---

① 《竹林七贤之刘伶与获嘉县"饸饹条"》，《平原晚报》2015 年 4 月 29 日第 B03 版。

② 叶梦得著，逯铭昕校注：《石林诗话校注》（卷下），人民文学出版社 2011 年版，第 192—193 页。

③ （清）张廷玉等撰：《明史》（第 19 册）卷 225，列传第 113《李戴》，中华书局 1974 年版，第 5920 页。

④ 天官是一种官名。《周礼》中记载：朝廷分设六官：天官、地官、春官、夏官、秋官、冬官，以天官冢宰居首，总御百官。后世沿而为吏部、户部、礼部、兵部、刑部、工部。唐武则天时曾一度复六部为六官之称，其中改吏部为天官，因此后世亦称吏部为天官，吏部尚书称为吏部天官。但其他部的尚书也有称为天官的，如刑部尚书。明朝自洪武十三年（1380）朱元璋裁撤中书省、废除丞相制度后，吏部尚书便因掌握铨选等人事大权而地位迅速上升，一跃成为"七卿"（明代以六部尚书、都察院左右都御史为"七卿"）之长，被尊称为"冢宰""天官"，故可知明代吏部尚书的地位和作用非前朝历代吏部尚书所能比拟，吏部尚书在明代政治中扮演着非常重要的角色。

图 9-1　延津东街李戴墓

(延津县委宣传部刘承英拍摄)

2016 年 8 月 30 日，天蓝云淡，秋高气爽，延津东街彩旗飘扬，盘鼓震天，红彤彤的横幅高悬，横幅上写着"热烈欢迎各界人士参加明天官李戴墓揭碑仪式"。新建的李天官墓碑竖立在五个台阶的高台之上，两侧还立有"众望所归"碑和"永垂不朽"碑，左首立有"延津县明朝天官李氏后裔重修祖墓筹备小组名单"碑，右首立有"延津县重点文物保护单位李戴墓"记事碑。环绕李戴墓，精雕细刻的汉白玉栏杆富丽堂皇，"天官"李戴对联"文传倚马、龙猷嗣道"赫然篆刻玉石栏杆两侧，青石铺成的人行走廊，环绕一周的观赏松，处处给人一种典雅、简朴的印象。

李戴曾任山东巡抚，前后达三年有余。《明史·李戴传》记述说"岁凶，累请蠲振"。另有资料说，任山东巡抚时，山东恰逢大旱，李戴力请免除租税，赈济饥民，先后上疏 12 次，最终得到当时的皇帝允许。

李戴曾对济南趵突泉修建有所贡献。明万历间任山东直指（朝廷直接派往地方处理问题的官员）的毛在《对泉说》一文，对李戴修建趵突泉、泉亭命名、泉亭楹联来历等有翔实记述。①

在清乾隆《历城县志》中载录有李戴为修建济南千佛山一览亭所撰写的《一览亭记》："一览亭，初建佛寺（系指兴国禅寺）前，为积雨倾坏，因山腰隙地，移旧亭而新之。公余登此，坐翠微中，可以洗涤尘襟。而凭槛一览，则民瘼历历眼前也。己丑仲春，对泉子书。"从上面的记述中也可以看出，李戴在任职山东巡抚期间，是一位关注平民疾苦，颇有惠政的官吏。

李戴的文字功底深厚，善于叙事状物，阐发幽微，在明清《延津县志》中留下了他撰写的《重修大觉寺塔记》《石婆固东岳庙古酸枣记》《重修莲塘书院记》《重修城隍庙记》《旧志序》等十余篇。

万历三十一年（1603），他告老还乡，逝世后葬于县城东郊，人称"天官坟"，占地百亩。②

第十二节　饿夫墓（辉县市）

辉县市百泉苏门山啸台左侧的半山腰上，有一处"饿夫墓"，坟墓里面埋葬着一副铮铮铁骨——明末志士彭了凡。

清道光《辉县志》记载："彭了凡墓在苏门山啸台东"，"以孙征君隐苏门遂来依焉，终日不食，坐死啸台旁，曰：得与公和（孙登）为邻足矣！征君孙钟元（孙奇逢）题其墓曰饿夫"。③

"饿夫"名叫彭之灿，字了凡，河北蠡县城东刘村人，明末秀才。据说，刘村的彭家是个充满传奇色彩的家族，从明朝到清朝，彭家先后出过1个进士，14个举人，几十名秀才，更有彭了凡这样的传奇人物让人肃然起敬。彭了凡十几岁就精通四书五经，曾设私塾教学，很有些名气。颜李学派的创始人颜习斋就是他的学生。

1644年，清兵入关，彭了凡痛惜明朝灭亡，抗拒清朝统治，多次联系友人倡导反清复明，而屡遭挫败。为了保持民族气节，不吃清朝的饭，

① 任宝祯：《有"温然长者"美名的山东巡抚李戴》，（山东）《联合日报》2017年8月12日第3版。

② 姬光环：《"天官"李戴》，《新乡日报·大牧野》2015年11月20日第5版。

③ （清）道光《辉县志》卷九《坟墓》。

就带着家眷，带着一条狗，就往南走。离家的时候，写下了一首诗：

> 英花凋落故园秋，报国儒生志未酬。
> 唯有破囊是知己，从今四海欲周游。

在南下的途中，彭了凡的妻儿相继死于战乱。清顺治十五年（1659），彭了凡来到河南辉县的苏门山投靠他的朋友、清朝名儒孙奇逢，商议再度举义，而孙奇逢却劝他回蠡县。彭了凡说，"离开家乡时已拜别过父母坟，不能蹈东海西山而死，死在沟壑道路亦无恨"。

视"生死为家常事，不肯龌龊求活于天地间"的彭了凡，带着国破家亡的悲愤，带着有心报国却无力回天的遗憾，绝望地来到苏门山的啸台前，毅然决然地绝食而死。彭了凡宁可饿死，也不吃清家（朝）的饭。他那条狗也跟彭了凡一同饿死在那儿了。彭了凡说："你们用俩大瓮，把我埋深点，立着埋深点，总立着，我要死而不倒。"得知彭了凡啸台绝食而死的消息，孙奇逢闻讯前往，按照彭了凡的遗愿，将他的遗体立在上下相扣的两个大瓮中，埋在啸台旁，并题写了"饿夫墓"三个大字。彭了凡不食清粟，以死抗争的义举震惊天下，这个死了也要站着的人，用他不屈的灵魂感动了无数后人。孙奇逢赞叹道："其不可及者，生死之关堪破已久，欲死即死，绝无沾滞，此非识力过人，未足与语也。"

1928 年，冯玉祥将军在辉县百泉驻军，看到了饿夫墓，不胜感动，手书"民族精神"四个大字，并一字一碑，勘刻了四通石碑立在饿夫墓前。又作了一篇三百多字的墓序纪其始末，并刻在墓旁崖石上，使这段可悲可泣的英雄志士的事迹得以传扬。

清末著名学者俞樾《春在堂诗编·庚癸篇》有《饿夫墓》诗一首，歌颂了彭了凡的高尚气节，抒发了景仰的心情：

> 玄蝉洁而饥，蜣螂秽而饱。苟念呼蹴羞，犹谓饿死小。何况劫火人间烧，故宫离黍愁萧条。何地可挂箕山瓢？何路可吹吴门箫？侏儒亦孔丑，尔曹饱死竟何有？夷齐结队下山中，巢许争先迎马首。眼前突兀惟有孙登之高台，嵇康死后无人来。芒鞋竹杖偶过此，划然长啸山为开。千仞山，三尺土，饿夫之骨香千古。谁其题者孙徵君，至今字字龙蛇舞。我欲拜其墓，惜无介山田。我欲吊其魂，惜无雍门弦。

但觉饿夫赫然在，生气凛凛干云天。呜呼！先生竟以一饿传。①

第十三节　李化龙墓（长垣市）

李化龙墓位于长垣市魏庄镇傅堤村附近，墓冢高大。② 清嘉庆《长垣县志》记载："兵部尚书赠太师谥襄毅公李化龙墓在县南十里傅家堤。"③ 墓前有规模庞大的石牌坊、石翁仲、石像生群等石刻。

李化龙，字于田，号霖寰，长垣县满村镇老李庄人，名列"长垣七尚书"④ 之首。累迁南京工部主事、南京吏部、河南提学、右佥都御史、兵部右侍郎、工部侍郎、太子少保兵部尚书、戎政尚书等。晚年居一品，皇上特加封为"柱国光禄大夫"。万历三十九年（1611）十二月，卒于任上，谥号襄毅，赠少师，加赠太师。著有《平播全书》《扶辽疏稿》《邦政条例》《治河奏疏》《李于田诗集》等著作。

李化龙从小聪明过人，人称神童，10 岁就成为秀才。17 岁随长垣教谕吴钦就学于大名府元城书院。吴公发现化龙与众不同，拔着化龙的辫子称赞说："此异日能勾当天下者。"果然他于 19 岁中举人，明万历二年（1574）中进士。八月初授河南嵩县知县。地方劣绅及不法官员看不起年仅 20 岁的七品知县，依旧作恶。化龙深入民间，明察暗访，掌握大量证据，择首恶者绳之以法，众人惊服。他带领百姓兴修水利，奖励生产。任职六年，嵩县大治。

---

① （清）陈澧等著，刘善良译注：《陈澧俞樾王闿运孙诒让诗文选译》，巴蜀书社 1997 年版，第 54—55 页。

② 《忠君爱国李化龙》，关媛媛主编：《风物长垣》，河南大学出版社 2013 年版，第 235 页。

③ （清）嘉庆《长垣县志·冢墓》，参见长垣县地方史志编纂委员会《明清民国长垣县志》（整理本），1993 年内部印制，第 379—380 页。

④ 明代设六部，即吏部、礼部、兵部、刑部、户部、工部。尚书为正职，官一品，相当于今国家部长级。左侍郎、右侍郎为副职，官三品，相当于国家副部长级。长垣七尚书实为三尚书、四侍郎，分别是：李化龙（1554—1611），兵部尚书；崔景荣（1556—1631），吏部尚书；王永光（1560—1638），吏部尚书；王家桢（1581—1644），兵部左侍郎；胡睿，工部左侍郎；胡锭，户部左侍郎；许宗礼，吏部左侍郎。参见师鸿光《长垣七尚书传》，中国文化出版社 2012 年版。

李化龙"具文武才"①，治嵩抚辽，治国安邦；播州之役，平叛边患；开河治功，为漕渠永利；文有著述，武多军功，被誉为"文治武功"贤臣。死后葬于长垣县傅堤西头李家祖茔。坟前立有碑楼，上刻"柱国光禄大夫少傅兼太保兵部尚书李化龙墓"，石人石兽依次列于坟旁。长垣东街建有襄毅公祠，大殿横额"春秋享祀"，两边是崇祯帝写的对联："春秋血食诗书帅，钟鼎名流社稷臣。"后大殿挂着李化龙的影像，也有一副对联是："歼播奏肤功，带砺河山同不朽；开泇济漕运，馨俎香豆有余荣。"祠前一座两丈多高的石牌坊，上刻明代著名书法家董其昌楷书楹联，上联"掀天揭地功业"，下联"长江大河文章"，横额为"文治武功"，概括了李化龙一生的不朽功绩。

第十四节　子夏墓（获嘉县）

子夏墓（又名"商陵"）位于新乡市获嘉县史庄镇邓庄村西北隅。卜子夏是获嘉先贤，生于南阳屯村，葬于城西邓庄。乾隆《获嘉县志》记载："卜子夏墓在邑西商陵村，俗称'双陵村'"，清康熙五十五年（1714），卫辉知府庄廷伟、知县戴承勋勒石墓前，题曰"先贤卜子夏之墓"。② 子夏墓长7米，宽4米，高1.5米。1979年被公布为获嘉县重点文物保护单位。

卜商（前507—前400），姬姓，卜氏，名商，字子夏，尊称卜子（夏），春秋末年卫国（今获嘉南阳屯）人，春秋末期思想家、教育家，孔门十哲之一，享年107岁。子夏比孔子小44岁，初见孔夫子，夫子身形伟岸容貌奇异，"望之俨然，即之也温"。远远望去庄严可畏，接近他时却温和可亲，君子如玉，即是如此。遂拜孔子为师，日日求学天天解惑。子夏以文学著称，被孔子许为其"文学"科的高材生。

《论语》是孔子的弟子及其再传弟子编著，据传，有半部《论语》为子夏所写。子夏问："'巧笑倩兮，美目盼兮，素以为绚兮'，何谓也？"子曰："绘事后素。"曰："礼后乎？"孔子曰："商始可与言诗已矣。"子夏才

---

① 《李化龙》，《明史》（第20册）卷228，列传第116，中华书局1974年版，第5986页。
② 民国《获嘉县志》卷五《墓冢》。

气过人，《论语》中保留了他的许多著名的格言，如："博学而笃志，切问而近思，仁在其中矣"；"百工居其肆以成其言，君子学以致其道"；"日知其所亡，月无忘其所能，可谓好学也已矣"；"虽小道，必有可观者焉"；"仕而优则学，学而优则仕"；"做官取信于民，然后才能使民效劳"，等等。

孔子去世后，子夏前往魏国西河郡教学育人，收李悝、吴起为弟子，魏文侯尊为师傅。子夏不像颜回、曾参一样严守孔子之道，而是一位具有独创颇有经世倾向的思想家。不再关注"克己复礼"，而是与时俱进的当世之政，提出一套延展儒家正统政治观点的政治及历史理论。孔子在世时曾告诫子夏曰："汝为君子儒，无为小人儒。"史载子夏传《易》，并有著作《子夏易传》传世。子夏为儒学思想起到了承上启下的作用，是上承孔子，下启荀子的代表人物。

子夏晚年，因丧子而哭之失明，离群索居。唐开元二十七年（739）被追封"魏侯"；宋大中祥符二年（1009）加封"河东公"；南宋咸淳三年（1267）晋封为"魏公"；明嘉靖九年（1530）改称"先贤卜子"。获嘉域内有卜氏一族，延续至今已 80 余代。

在获嘉，与子夏有关的故事有二：一是孔子去赵国，途经同盟山，卫国大夫蘧伯玉宴请孔子，恰逢子夏在隔壁弹琴，收子夏为徒的故事；二是子夏邑内遇见两猎人同时射中一只野鸡，因而起争执，而教化黎民的故事。两则故事均刻在同盟山武王庙碑廊之中，名为《孔子停车处记》和《子夏解经佗记》。

现获嘉县除子夏墓外，还有子夏祠。子夏祠原在文庙内，已废。清乾隆四年（1739）又建，有匾额文曰："西河儒宗。"

子夏墓除获嘉外，其他地方有此主张的有陕西省韩城市芝川镇西、陕西省郃阳县（今合阳县）洽川镇子夏陵、山东省菏泽市卜堌都（现菏泽市牡丹区万福办事处丁庄附近卜固里）、河南温县林召乡卜杨门村、山西省河津市辛封村五处。

第十五节 七十二冢（获嘉县）

获嘉七十二冢是牧野大战后，死于牧野大战的商周将士的墓冢。姜子牙在同盟山封七十二冢为七十二神。

民国《获嘉县志》记载："获嘉古冢四境俱有"，仅志载之数，近一百座。一进获嘉县境，就可看见一个个的大土冢接连不断，这就是获嘉人经常夸耀说的："新乡有七十二井，获嘉有七十二冢。"这七十二冢是什么时候有的？里面埋葬又都是谁呢？

八百诸侯在同盟誓师后，姜太公被推为联军大元帅。牧野一场血战，好将也难免阵前亡，壮烈殒身的有72员大将。他们的尸首被运回当时的后防修武（现在的获嘉），暂时散落地浅埋在各处。

伐纣胜利后，武王在同盟山用纣王和妲己的头祭奠了亡灵。大军凯旋时，姜太公首先抓土撒在各个坟头上，祷告说："将军们请在这里永远安息吧。我们活着的人，将永远怀念你们。今后不能常来您坟前悼念，今撒上一把土，让风雨不要把你们的忠骨暴露出来吧！"各将领和士兵们都仿效着姜太公，排着队挨着个儿抓一把土撒在坟上，表示哀悼。现在，有的地方死人理葬后，亲属也抓土三把撒向坟头，就是那时兵丁遣散回乡后流传下来的风俗习惯。另有人云，获嘉旧为"棺材城"，也是与七十座古冢有关系的。①

由于兵多，蒙在坟上的土也多，因不是用锹来特意添坟加高的，而是随意扔的，坟头大小，形状不一。从前老人还能一一指出冢里埋的是谁，时间一长可惜失传了。现在都是按着它的形状、大小、距县城远近，起了许多奇怪名字。如按形状起名的有亚亚葫芦冢、尖冢、马鞍冢、大磨盘冢、小磨盘冢、牛蛋冢、鸡蛋冢、弹花锤冢、风箱冢、平冢、破冢、搭连冢……按县城方向起名的有东冢、南冢、西冢、北冢、东南冢、东大冢、北小冢、西小冢、南大冢……按距县城远近起名的有一里冢、二里冢、三里冢、四里冢、五里冢……按冢的数目起名的有双冢、大双冢、小双冢……按地形位置起名的有大路东冢，沙谷堆冢……②

数千年来，农家修房盖屋，谁也舍不得动这七十二冢一星点土，依然那么高大，风吹雨淋依然如故。

---

① 刘锡元:《漫说获嘉的洛纣村及有关古冢》，刘锡元主编:《获嘉民间故事集成》，获嘉人民文化馆1998年内部印制，第478页。

② 宋宇鹏搜集整理:《七十二冢》，参见刘锡元主编《中国民间故事集成·获嘉卷》，1985年内部印制，第183—184页。

随着岁月的流逝，获嘉古冢遭到严重的损毁和破坏。又因地处通衢，境内古冢被盗者甚多。有的反复被盗，开挖多次。掘冢者有官方军阀，也有蟊贼土匪。早在晋太康二年（281），大梁冢被盗，得竹书数十车。1936 年，国民党军长商震驻守开封期间，曾派出工兵连，到获嘉县古冢进行大肆挖掘，掘出有大量的铜斧、铜镞及马尸骨等，这些文物被运到南京。1938 年，王国然（封丘人）在获嘉中和镇"支大锅，蒸白馍"，拉起土匪队伍，对周边古冢打洞，洗掠。1939 年，本地土匪王光遂，号称"八支队"，于春夏之季，对境内黄飞虎冢打洞半月之久。1958 年的农田水利改造工程中，获嘉古冢又遭到毁坏。1995 年，青王冢被盗。1996 年，白冢被盗。民国《获嘉县志》记载时有 90 余冢，现只有 26 冢遗迹尚存。现存的墓冢主要有：

"周文王冢"在太山镇张朴营村北，"世传武王伐纣旋师葬文王木主于此，冢上旧有庙，久废"。① 占地面积 7200 平方米。文王冢是县级文物保护单位，1987 年 2 月被获嘉县人民政府认定。

离周文王陵不远处的大洛纣村，有"纣王冢"。武王厚葬文王木主时，在这里竖立起大白旗、小白旗，旗杆上分别悬挂纣王与妲己首级。封神后，纣王首级被就地安葬于此，村子自此改称洛纣村、沿用至今。

徐营镇宣阳驿村西南的"姜子牙冢"。姜子牙封神时，封了 72 位主神之后，忽然想起自己还没神位，于是灵机一动，提笔把周文王姬昌的"率世神"神位划掉了。武王责问其故，姜子牙道："昔王乃千古圣人，在世一生操劳，在天也该清闲逍遥了，这是我作臣子应尽的忠孝之道啊！我师父元始天尊若问其事，我自有道理。"就这样，姜子牙给自己腾出了一个神位。然而，所封神位都在宁邑地方筑有墓冢，自己怎么办呢？他思忖再三，指示亲信给他修了一座生墓，想死后魂灵来此安居，墓前镌石"吕尚"。当姜子牙把自己的生墓等一切安排妥当，站在封神堂中间正要举鞭为自己封神时，忽听堂外传报："元始天尊到！"姜子牙心中惊慌，四处一看，这封神堂中无处可藏，纵身一跳，上了封神堂正中间的大梁头上。元始天尊进得封神堂，高声叫道："徒儿吕尚何在？为何隐匿不见？"姜子牙在梁头上战战兢兢地回道："姜子牙在此，诸神退位。"元始天尊

---

① 乾隆《获嘉县志》卷五《陵墓》，第 10 页。

一笑道："好个吕尚徒儿，你就做你的梁上神去吧！"姜子牙无可奈何地答道："谢师父！"就这样，姜子牙做了"梁上神"①。

　　妲己冢在徐营镇宣阳驿村内。妲己被姜子牙封为"悔过神"，位于宣阳驿村中的"悔过神冢"，埋葬的是妲己的头颅。获嘉因何存"妲己冢"？获嘉民俗文化学者、甯邑历史文化研究会会长刘锡元认为把妲己视为红颜祸水，其实是很不公平的。就是按神话传说，她也是执行女娲娘娘的命令，言其何罪？还有材料说妲己是甘肃灵台人，邻接陕西，也算周武王的故乡人。这也是能为妲己建冢的原因。②

　　"黄飞虎冢"在史庄镇陈庄村南，俗称"黄冢"。占地面积为2556平方米。

　　位于吴庄村的"杨冢"，百姓称"二郎冢"，葬的是杨戬和他的哮天犬。杨戬武功高强，战功卓著，被姜太公封为"战神"，封哮天犬为"义兽星"。

　　照镜镇安村北丹河畔的"元冢"，元冢主人就是《西游记》《封神演义》中声名显赫的右手握乾坤圈，左手执火尖枪，脚踩风火轮的哪吒。牧野大战中，哪吒杀敌无数，立下奇功，死在牛鼻将军之手。被姜子牙封为"元武将军"，负责民间习武传艺，护佑人间太平和谐。

　　苏章营村的"小毛冢"，是雷震子魂灵的安息地。牧野大战中，雷震子死因不明，连骨骸也没找到，姜子牙就让手下将雷震子的兵器黄金雷锤与木主一起埋在了这里，并悬榜封神。根据雷震子面黑泛蓝、红发阔口、风雷两翅的特点，封其为"黑煞神"，专司巡夜和管理夜间活动的食肉类猛兽。

　　"双冢"在史庄镇东永安东南半里。郑伦"哼"，陈奇"哈"，"哼哈

　　① 孟庆国《获嘉封神文化探秘》美篇（2018.05.19），《老家河南·获嘉篇》拍摄札记（之二）。https：//www.meipian.cn/1bmyklep

　　② 刘锡元：《漫说获嘉的洛纣村及有关古冢》，刘锡元主编：《获嘉民间故事集成》，获嘉人民文化馆1998年内部印制，第476—477页。获嘉民间有两种著名小吃，传说与妲己有关。传说妲己貌美且善厨，她家祖传的一种油炸酥肉纣王很爱吃，这也是妲己受宠的一个原因。当地人将这道菜叫作"小苏肉"，过年过节家家必备。妲己被姜子牙封为"悔过神"。当地人说"妲己又活了"，逢年过节，就用一种面食纪念妲己，叫这种面为"活了面"。久而久之，"活了面"被叫成了"饸饹面"，成了当地人人喜爱的特色小吃。

二将"主司护卫山门、宣布教化、维护一方安宁。目前已被损坏不完整，是县重点文物保护单位。

"南冢""武德将军冢"在史庄镇蒋村南，为县重点文物保护单位。

沈庄有座神冢叫"房冢"，埋葬的是给周军修营房的宁邑匠人叫房德坚，被姜子牙封为"安居星君"，主司人间建筑事宜。获嘉自古出能工巧匠，建筑人才辈出，原因在此。

吴庄村南有一座顶部平坦的大土冢，人称"平冢"，埋葬的是姜子牙在月光下遇到的一位养马老叟，与儿子、女婿同上战场，随军代纣，死在纣王大将鲛膈之手。姜子牙封其为"月老神"，司牵合人间男女婚姻之事。单身男女欲择偶者来这里祭拜月老，一定能心想事成，找到如意佳侣。

照镜镇桑庄村的"小磨盘冢"，主人是黄飞虎的儿子黄天化，被姜子牙封为"山神"，主司人间除五岳之外的大小山脉。五岳由其父黄飞虎镇守。故这里也称"山神冢"。全国各名山大川的山神庙，供的多是这尊神。

"二冢""招宝冢"在位庄乡大位庄西，县重点保护单位。

"清王冢"在徐营镇宣阳驿西南，县重点文物保护单位，冢上建有陶神庙。

"草帽冢"在徐营镇宋吴巷村司吴巷西，县重点文物保护单位。

大位庄"大冢""太师冢"在位庄乡大位庄西，县重点文物保护单位。

"季夐墓"在县城西南史庄镇李村。季夐是甯姓的始祖。

"苗庄王冢"在史庄镇陈庄香山寺北墙外。

第十六节　王恽墓（卫辉市）

王恽墓位于卫辉市汲水镇八里屯村[①]西南石人洼内。乾隆《汲县志》记载"王学士恽墓在城西北十里河西乡"[②]。

王恽（1227—1304），字仲谋，号秋涧，卫州路汲县（今河南卫辉

---

① 八里屯村，位于河南省新乡卫辉市汲水镇铁西工业园区，东邻 107 国道，西临翟阳线，北临卫吴线。

② （清）乾隆《汲县志》卷四《冢墓》。

市）人。元朝著名学者、诗人兼政治家。一生仕宦，刚直不阿，清贫守职，"恽有材干，操履端方，好学善属文"，成为元世祖忽必烈、元裕宗真金和元成宗皇帝铁穆耳三代著名谏臣。其书法遒婉，与东鲁王博文、渤海王旭齐名。著有《秋涧先生全集》。散曲创作，今存小令41首。

王恽墓呈圆丘形，高3米，周长9米。墓前竖石碑一通，碑额刻盘龙，碑身正中阴刻楷书"元翰林学士谥文定秋涧王公之墓"。碑左镌"明弘治七年（1494）冬十月，其后裔赐进士中宪大夫卫辉知府华容王俨立石"字样。碑前有石刻仪仗群对称排列。有石狮、石虎、石豹各一对，石羊三对，均为1米多高。最后是2米多高的石人一对。这组石刻刀法娴熟、刻工精细、形象生动。虽石刻头、腿和脚，多有残缺，但仍不失为研究明代石刻艺术的宝贵实物，为县级文物保护单位。

王恽直言敢谏，主张礼下庶人，刑上大夫，强调治理混乱的财政。至元五年（1268），元世祖建立御史台，任王恽为监察御史，"知无不言"。他上书《击邪》《纳海》等论列150余条，大胆弹劾揭发贪官污吏。在福建，他果断罢黜了40多名贪官污吏，任用了一批文武精通、耿直清廉的人赴职，使百姓得以安居乐业。

王恽的谏政，得到了元世祖的器重。至元二十八年（1291），忽必烈专门将他传至京城召见。他又上万言书，提出"改旧制，黜赃吏，均赋役，擢才能"的建议，顺应了忽必烈"祖述变通"的建国思想，对推动统一多民族国家的历史发展有着积极的意义。为此，忽必烈亲授他为翰林学士。

王恽任职从政期间，时常忧国忧民，他把历代明君贤相勤劳思政、治国安邦的经验和事迹系统整理成章，"裕宗在东宫，恽进《承华事略》二十篇"，太子真金（庙号"裕宗"）除自己学习外还将《承华事略》各篇发给皇孙们传读。真金早薨，他的儿子成宗铁木真即位。王恽给成宗皇帝敬献《守成事鉴》十五篇，表现出忠心事主的一片赤诚。因此，成宗又加封他为通议大夫，知制诰，并委托他纂修《元世祖实录》。

大德八年（1304），王恽在汲县去世，终年78岁。朝廷的钦差大臣在汲县看到他的故居依然是茅屋陋室，清贫如民。其儿孙们田园生涯，耕稼自给，便如实奏明圣上。皇上赠翰林学士承旨，追封太原郡公，谥"文定"。家乡人民也把他少年勤奋读书的古子涧村誉为"秋涧书声"，被列为"汲县八景"之一。他的言论诗文合为一百卷，名《秋涧集》行于

世。河南大学杨亮老师编著有《王恽全集汇校》（全 10 册），中华书局
2013 年出版。

第十七节　姚枢墓（辉县市）

姚枢墓位于辉县市北环路东段。明万历《卫辉府志》记载："姚枢墓
在辉县北五里，九山之南。"①

姚枢（1203—1280），字公茂，号雪斋、敬斋。原籍营州柳城（今辽
宁朝阳），后迁洛阳（今河南洛阳）。金末元初政治家、理学家。

姚枢的祖父和父亲先后担任金朝中下级官吏，其家辗转回到中原。姚
枢生长于洛阳，金朝末年，其父姚渊调任许州（今河南许昌）录事判官，
"乃徙家于许"。姚枢自幼读书刻苦，自期甚高，当时闲居许州的名士宋
九嘉对他倍加赏识，认为他有"王佐略"。

这个时候，在蒙古军队长鞭的频频抽打下，金朝已是风雨飘摇。1232
年，蒙古军攻破许州，姚枢被迫出逃。这时，宋九嘉已出任蒙古官职，姚
枢就到燕京（今北京）投靠他，宋九嘉将他推荐给了名臣杨惟中，被引
荐北觐窝阔台汗。皇子阔出统兵攻南宋，姚枢随杨惟中访求儒、道、释、
医、卜等类人才。蒙古军陷德安，他从俘虏中访得名儒赵复，力劝其北上
讲学授徒，使理学在北方传布渐广。姚枢从赵复处尽得程朱传注诸书，始
攻习理学。

后出任燕京行台郎中，旋即弃官隐居于辉州苏门。海迷失后二年
（1250），忽必烈召姚枢至漠北访问治道，他陈述儒家传统的帝王之学、
治国之道，深受器重。忽必烈受命总制漠南汉地军事，姚枢建议他在与南
宋接壤地区屯兵，积谷守边，徐图灭宋，被采纳。后随忽必烈攻大理、鄂
州，他屡谏屠戮。忽必烈即位后，姚枢以藩府旧臣预议朝政，参定一代制
度，官至中书省左丞、翰林学士承旨。

在辉县期间，姚枢曾置田数百亩，修二水轮，茅屋为堂，潜心研读程
朱之书，与许衡、窦默经常聚集在一起，朝暮讲习，"凡经传、子史、礼

① （明）万历侯大节纂修，卫辉市地方史志办公室点校：《卫辉府志·卷五·祠祀志》（第
二册），中州古籍出版社 2010 年版，第 135 页。

乐、名物、星历、兵刑、食货、水利之类，无所不讲"，从学者甚众，辉县一时星光闪耀，成为理学研究和教学的中心，在北方名声极为响亮。

至元十七年（1280），姚枢病逝于大都（今北京），享年78岁，谥"文献"。他遗命子孙将辉县作为自己长眠之处。为了守护祖先的墓茔，他的一支后裔生活在这里。大德元年（1297）五月迁葬于辉。子名炜，谥文忠，附葬此。

姚枢家族墓地位于辉县市北环路，除姚枢本人外，还有元代文学家姚燧、元代平章政事姚炜（均为姚枢之侄）。20世纪五六十年代，墓地翠柏掩映，郁郁苍苍，墓前石马、石羊整齐地排列，堪为辉县一景。

2016年4月2日，辉县姚姓家族举办了纪念姚枢公诞辰815周年暨丙申年清明节祭祖大典。

第十八节　张缙彦墓（新乡县）

乾隆《新乡县志》记载："张缙彦墓在县南五里孟家营。"①

张缙彦（1600—1672），字濂源，号坦公，又号外方子，别号大隐，新乡县翟坡镇小宋佛村（也叫"小送佛村"）人，明末清初大臣，明兵部尚书，后降清。顺治十七年（1660）六月，流徙宁古塔，写成黑龙江第一部山水记与地名学专著《宁古塔山水记》。诗人吴兆骞评说张缙彦是"河朔英灵，而有江左风味"。

张缙彦少年时即聪颖过人，十岁时即能作文，读书必定寻根究底。明朝天启元年（1621），乡试中举人，明崇祯四年（1631），中进士，授清涧知县，不久调三原知县。明崇祯十年（1637），迁户部主事。崇祯十一年（1638）历任编修、兵科都给事中。崇祯十六年（1643），崇祯擢升张缙彦为兵部尚书。

崇祯十七年（1644）二月，李自成逼近京师，张缙彦拒绝采纳急招士卒固守、号召天下勤王入援的正确建议，并且隐匿军情不报。三月，李自成攻打京师，十九日清晨，时任兵部尚书的张缙彦主动打开正阳门，迎刘宗敏军队，崇祯帝在景山自缢。张缙彦和大学士魏藻德率百官表贺迎接

---

① （清）乾隆《新乡县志》卷二十七《邱墓》（下）。

义军，司礼太监王德化怒斥其误国，有记载说王德化打张缙彦，"奋臂痛殴，须髯尽拔"。四月，清军入关，张缙彦逃归故里，闻福王据江宁，骗说自聚义军，受封总督河北、山西、河南军务。及多铎率清军平定河南、江南，张缙彦逃匿于六安州商麻山中。

顺治三年（1646），总兵黄鼎领洪承畴命令入山招降张缙彦，张缙彦降清。顺治九年（1652）后，张缙彦历任山东右布政使、浙江左布政使。顺治十七年（1660），因遭人弹劾出资助李渔刊刻《无声戏》，并为之作序，诡词惑众，获罪流放宁古塔（今黑龙江省牡丹江市海林市长汀镇古城村）。

顺治十八年（1661），张缙彦携大量图书并歌姬10人出关至宁古塔，与有"边塞诗人"之誉的吴兆骞、方拱乾等人"朝夕相对，欢若一家"，诗酒唱和，过从甚密。游东京城（即渤海国上京龙泉府遗址），撰写了《东京》一文，具有很高的史料价值。

流徙宁古塔，对于"大节有亏"的张缙彦来说，可以远离官场人事纷争，无复面对中原士人的鄙视、指责与攻击，其内心深处或许能获得更多轻松与宁静。康熙四年（1665）夏，张缙彦邀集同为被流放人士吴兆骞、姚其章、钱威、钱虞仲、钱方叔、钱丹季结成"七子诗会"，这是黑龙江省第一个诗社，每月集会一次，分派题目，限定韵律，作诗唱和。张缙彦的诗被吴兆骞誉为"河朔英灵，而有江左风味"。

张缙彦性喜山水，遍访当地风景，当然其中多数连名字也没有，他便一一给取上名字，记载下来，写成黑龙江第一部山水记与地名学专著《宁古塔山水记》，具有开创之功，价值重大。其中，《东京》一文写渤海国上京龙泉府遗址情况；《泼雪泉》一文写宁古塔名泉；《杂记》一文最长，记述了宁古塔的特产和风俗民情。他写的散文集《域外集》是黑龙江第一部散文集。《域外集》共22篇，是一部散文集，文笔优美，有较高的文学价值。其中《苍头街移镇记》，是一篇关于中俄关系最早的著述，文中提到的黑龙江口石碣，是对永宁寺碑的最早记录；还曾补辑前人所撰《岱史》及《天下名山胜概记》。

张缙彦晚年在宁古塔时，徙宁的士人，有各种立场，各种身份，有顺民，有遗民，有曾当政的大员，有民间的反对派，都相处得极好。在宁古塔，政治消失了，生活并没随之破碎，反倒恢复了些自治，甚至虽然身为罪人比关内的人更自由。

张缙彦一生钟情山水，写下大量山水诗文。到宁古塔后，他踏遍青山，留下了可贵的《宁古塔山水记》《域外集》。张缙彦还教授当地土人中原耕种之术，被誉为"五谷神"。中原农耕文化在塞外的传播，不仅丰富了流人的物质生活，也促进了东北地区农业经济的发展。他组织的"七子之会"，是黑龙江、吉林两省最早的民间诗歌社团。

清康熙十一年（1672），张缙彦逝世于宁古塔，《清史稿》中有其传。流人自古多磨难，能于流放地淡然处之者极少，而能够有所作为、多所成就者，则少之又少。清初，满洲入主中原，民族矛盾突出，政治环境恶劣，一些士人被清廷流徙至塞外苦寒之地，往往心情苦闷，悲观度日。明崇祯朝兵部尚书张缙彦仕清后，因受党争牵连，顺治末年被流徙宁古塔。与一般流人愤懑抑郁心态迥然不同，张缙彦在塞外"坦然以处之，十余年来，无几微怨尤"，并通过广交游、多体察、勤著述等方式积极传播中原文化，为东北文明开化作出了重要贡献。①

第十九节　暴张纪念堂（卫滨区）

暴张纪念堂位于新乡市卫滨区胜利路武警支队（原暴张公园）内，建于 1924 年，是为纪念辛亥革命时期追随孙中山参加革命直至牺牲的暴质夫、张宗周两位烈士修建的，是新乡市最早的园林公园。

暴、张两早年追随孙中山参加同盟会，积极宣传推行孙中山先生的反清、讨袁、护国、护法等政治主张，为实现共和作出了杰出的贡献。1917年，两人又在孙中山先生的直接指示下参加护法斗争，计划在南阳起义，但因起义之事泄露被捕，张宗周被南阳镇守诱杀，年仅 32 岁。1923 年，孙中山策划北伐时，暴质夫被委任为两湖宣抚使，因革命操劳过度突然病倒，后死于上海宝丰医院。

1924 年，国民党元老于右任、胡景翼、张钫、杨虎城、邓宝珊等 15人提议为暴、张二人修建墓园，后由郭仲隗、韩经亚募资修建于此。

---

① 张佐良：《清初流徙士人心态与历史功绩——以"河朔英灵"张缙彦为例》，《中原文化研究》2018 年第 6 期。

暴张纪念堂采用中西技术结合而建成，坐南朝北，面宽 5 米，进深 1 间，复灰瓦、四周建环廊，内窗雕刻花带，外长 18.05 米，宽 8.87 米，墙长 14.50 米，宽 5.30 米，面积 80 平方米，是典型的民国时期优秀建筑，是研究辛亥革命在豫北活动的重要遗址，已被确定为市级文物保护单位，1994 年市政府投资对该建筑进行了全面整修。

暴质夫（1883—1923），名式彬，字质夫，以字行世，河南滑县城南暴村人。清朝末年科举停办后考入怀庆府中学（即今河南沁阳市一中）并参加了当时的反清革命活动。毕业后在卫辉中学（今卫辉一中）任学监，与刘粹轩、张宗周等组织学生操练，准备武装斗争，后参加同盟会。民国成立，当选为河南省议会议员。1917 年，护法军起义，他参加靖国军的领导工作，张伯英为总司令，于右任为副总司令，暴为参谋长。当时靖国军的宣言、布告以及其他文件，多由暴起草。于右任曾赠对联："结交一言重，挥笔四座惊"，对其大加赞赏。1923 年，孙中山委他以两湖宣抚使，代表孙中山策动北伐。暴因操劳过度突然病倒，入院治疗，结果因服药过量中毒在上海逝世，终年 40 岁。孙中山在痛惜之余，亲书"又弱一个"① 横挽，以示悲痛，并拨专款派人护送灵柩回滑县安葬。

张宗周（1885—1917），名希圣，字宗周，河南浚县城内人，1904 年浚县英文学堂肄业，1908 年入开封河朔中学，后入省立优级师范，与暴质夫、韩经亚结为革命密友，并与在日本留学的杜扶东联系，想到日本参加同盟会，行至上海，因事中止。1910 年在卫辉中学任教，与暴质夫、刘粹轩等秘密进行革命活动。辛亥革命爆发，张宗周与暴质夫、韩经亚等奔走联系，在沁阳组织革命武装，屡次袭击清军。清宣统帝退位，南北议和，张被选为省议会议员。1913 年宋教仁被刺，二次革命又起，张遂被通缉，不得已与韩经亚等在沁阳葫芦寺隐蔽年余。1915 年他又联合革命党在漯河蛋厂组织革命工作，1917 年到广东参加孙中山领导的护法运动。后又奉命被派到南阳镇守使吴庆桐处联系队伍，但此时吴已叛变，张遂被

---

① 又弱一个，意思是哀悼人去世的话。出自《左传·昭公三年》："二惠竞爽犹可，又弱一个焉，姜其危哉。"二惠：齐惠王的孙子公孙灶（子雅）和公孙虿（子尾）；竞爽：刚强而精明。比喻两兄弟都是好样的。弱：丧失，减少。又少了一个（子雅）。二惠竞爽的局面犹可，现子雅已去，姜氏面临灭亡的危机。

吴逮捕，最后英勇就义，年仅 32 岁。

暴张纪念堂内有暴张二人遗像及遗物展览，纪念堂后建衣冠冢、碑亭及纪念碑，现仅存暴张纪念堂。

第二十节　汲津铺无名革命烈士墓园（延津县）

汲津铺无名革命烈士墓园，位于延津县东屯镇汲津铺村。

汲津铺村原名"棘津"，是古地名，即现在的延津县东屯镇汲津铺村一带。历史上的"棘津"是古黄河的一个渡口，滔滔黄河就从该村村南而过，横贯县境 80 余里东流入海。据说姜子牙曾居住此地，曾到黄河滩割柳条编笊篱，然后再到渡口小镇上卖笊篱，还卖过酸枣山的酸枣和面，生意无成然后到磻溪钓鱼，遇到周文王求贤，被封为丞相助周灭商。

《延津县志》记载：汲津铺在县城西北 21 公里处，大沙河北岸，属东屯乡，古称"棘津"，为黄河渡口。司马迁《史记》："吕尚困于棘津。"李白《梁父吟》云："君不见朝歌屠叟辞棘津，八十西来钓渭滨。"他们说的"棘津"即此。明初杜姓从山西迁居于此，取名棘津铺。后因该村地处汲（县）延（津）交界处，故改今名"汲津铺"。①

汲津铺无名革命烈士墓园占地 5 亩，长方形。墓冢分南北二区，皆南向东西排列。南区 5 排 73 个，北区 7 排 149 个，共 222 个。所葬皆为解放战争时期豫北战役中阵亡之我解放军指战员，其中 5 位为攻袭黄河铁桥牺牲后始葬于王堤，解放后迁葬于此者，余皆为围攻汲县城之牺牲者。

延津县东屯镇西屯村还有一处无名革命烈士墓园，也是攻打汲县时牺牲的我解放军指战员，共有 102 个墓冢。2018 年 10 月 6 日下午，笔者前去拜谒墓园，墓园中立的纪念碑记述了当时攻打汲县时的激烈战况：

> 或曰此战我子弟兵牺牲四百有余，分别葬于西屯、汲津浦等村，葬时或一穴而二三魂者。唯烈士之名藉，迄无一获，诘其所以，则曰：当时转撤之急，盖非今人所能想象也。

---

① 《延津县志》编纂委员会编：《延津县志》，生活·读书·新知三联书店 1991 年版，第91 页。烈士坟即指后来命名的汲津铺无名革命烈士墓园。

第二十一节　新乡市烈士陵园

新乡市烈士陵园地处新乡市宏力大道 409 号，前身是"平原烈士陵园"，1951 年 1 月 16 日经平原省人民政府批准筹建，1953 年竣工，1976 年更名为"新乡市烈士陵园"。1996 年 12 月被河南省人民政府批准为"全省重点烈士纪念建筑物保护单位"。

新乡市烈士陵园占地面积 120 余亩，分为广场活动区、瞻仰教育区和烈士墓区，建筑布局严谨，主要纪念设施有：烈士公墓、烈士事迹陈列馆、骨灰堂、四十七烈士墓、新乡解放纪念碑，安葬着 92 位烈士遗骨，安放着 99 位烈士骨灰，陈列馆陈展了 466 位烈士的英名、事迹和遗物。长期坚持"褒扬烈士、教育群众"的主题目标，积极开展爱国主义教育、革命传统教育和国防教育活动，弘扬英烈精神，传承红色基因，营造全社会尊崇烈士、铭记功勋的浓厚氛围，是精神文明创建的重要阵地，承担着党和政府赋予的特殊任务。2011 年被省委宣传部授予"全省爱国主义教育示范基地"、2002 年被省政府授予"河南省国防教育基地"、2019 年 7 月被授予"全国退役军人工作模范单位"。

烈士陵园是社会各界开展爱国主义教育的重要活动场所，每年免费接待社会各界人士祭奠、参观、瞻仰 8 万人次，发挥了爱国主义教育示范基地的作用。

第二十二节　四十七烈士殉难处（凤泉区）

在新乡市凤泉区大块镇陈堡村东北角，有一块"四十七烈士殉难处"石碑静静地屹立在北堤河边。这里就是 1944 年秀才庄事件中 40 多名烈士集体殉难的地方，这是抗日战争时期发生的故事。

1943 年 8 月，太行军民发起林南战役，重创日伪军，抗日根据地由林县北部扩展到林县南部和辉县北部山区。在这种形势下，太行军区第七分区建立。1944 年 2 月，一支精干的武装侦察队在军分区驻地林县合涧镇河西村建立。建立后不久，这支 40 余人的侦察队就在队长兼指导员雷泽民的带领下，从河西村向南出发，深入日伪控制的地区侦察敌情。

1944年3月4日凌晨，侦察队到达新乡县秀才庄（现新乡市凤泉区大块镇秀才庄村）。当时，这个村除伪保政权外，还有联庄会、金枪会等组织。伪保长魏化明向联庄会反动分子余作乾等人通风报信，余作乾等人遂纠集联庄会成员围攻侦察队驻地，打死侦察队哨兵，同时燃炮发号，召集周围块村营、孟庄、樊城、石庄等村联庄会向秀才庄聚拢。侦察队员们因寡不敌众，突围不成，全部被捕。

据说，当时侦察队员在秀才庄突围时，发现追上来的反动武装强行押着许多手无寸铁的老百姓做"人肉盾牌"。担心会伤及无辜百姓，队长雷泽民下令，宁肯被捕，也不准机枪手射击。天亮后，侦察队员们被敌人押回村子，沿途围观的村民得知他们是八路军后，群情激奋，纷纷高喊"放人"。

为了向伪县长李怀仁和日军邀功，魏化明等人将46名侦察队员押送到辉县县城（一名卫生员给村民治病，被保脱险），关进监狱。在多日的残酷审讯中，侦察队员们誓死不屈。3月14日，侦察队队长雷泽民、副队长田玉山在辉县城南文昌阁附近被杀害。

随后，有44名侦察队员被从辉县押送新乡日军总部。因害怕八路军中途劫持囚车，凶残的敌人在途经陈堡村北时，将44名侦察队员用刺刀戳死，并强迫当地百姓在路东河沟里挖了8个大坑，把惨遭杀害的侦察队员深埋于河底。此次事件共有47名侦察队员英勇牺牲。

因当时仅知道两人被害于辉县文昌阁，其余侦察员在何地遇难一直成了悬案，直到烈士殉难20年后的1964年10月，新乡县组织民兵兴修陈堡村北堤河谷的水利工程时，才在距河谷约1.7米深的地里发现了44具遗骨。经考证挖出的纽扣、手章、皮带扣等物，确系侦察员所用之物。至此，沉寂20年的疑案才终于真相大白。

为告慰英勇献身的烈士们，经相关部门积极准备，1965年清明节将47位烈士的遗骨迁葬到新乡市烈士陵园，并举行了有党、政、军及社会各界参加的隆重葬礼。在现在的烈士事迹陈列馆内，也详细记录有47位烈士的事迹。1985年春，共青团新乡市委在陈堡村烈士殉难地立碑，上书"四十七烈士殉难处"，以资纪念。

第十章　八景荟萃

"八景"是汉文化与传统自然审美相融合的表现形式之一，也是生态环境变迁后部分未被破坏的景物在自然界凸显的结果。这些景致融入了人文的内涵，包含了人的思想感情、精神寄托及审美趋向，各历史时期的文士以八景为中心，在文学、绘画、美学及思想等方面创造了较高的文化成就，形成了内容丰富的八景文化。

学术界研究认为，先秦是八景的起源时期，两汉是八景的孕育阶段，魏晋南北朝是八景萌芽的重要时期，唐代是八景初步发展的阶段，两宋是八景的定型及成熟阶段，元朝是八景文化缓慢发展的时期。明朝是八景文化普及并走向繁荣的重要时期。①

八景在魏晋以来的审美旨趣及人文思想内涵的基础上得到了较大发展。万历年间，朝廷诏令呈报各地八景，八景在全国范围内得到推广，各地均有了名称乃至内容大致相似的八景。清代康乾时期是八景文化的繁荣时期。清嘉道年间是八景从繁荣逐渐走向衰落的时期。

从八景的起源、发展可知，其内涵在不同时期是不同的。早期八景基本上是没有人工雕凿痕迹的纯自然生态景致，积聚了文人独到的审美眼光、宏富的神思及文采，凝聚了深厚的文化内涵后，以其傲然的丰姿挺立在人们的视野中。很多富有诗情画意的著名景致多脱身于山涧河谷、风云日月、湖泉潭树等自然地理及生态谱系，满载着传统文人灿烂的思想、弥漫着地方文化的精髓，具有了生态及人文的厚重色彩，得到了民众的普遍接受和认同。

---

① 周琼：《"八景"文化的起源及其在边疆民族地区的发展——以云南"八景"文化为中心》，《清华大学学报》（哲学社会科学版）2009 年第 1 期。

各地方志及文集笔记等史料记录了众多歌咏胜景的诗词歌赋，产生了数量巨大的七言、五言诗词律赋及序记，形成了别具一格的"八景文学"。八景具有很重要的审美效果和教化作用，可以增进人们对乡邑的认识了解，增强家乡故土观念。清代程大夏认为，"志与史不同，史兼褒诛，重垂戒。志则志其佳境奇迹，名人胜事，以彰一邑之盛"①。所谓"隐恶扬善"和"彰一邑之盛"，并不是一味地夸耀乡里，附庸风雅，其中还包含着很朴素、很真诚的爱山川、爱文化、爱家乡的观念。方志中的八景诗文，除了映证一县一乡之灵杰而外，其实还有一个很少为方志学家注意到的贡献，那就是辑录保存了大量的近乎亡佚的诗文作品。当八景景观被我们认识并认真地辨析甄别后，它的史料价值就有可能转化为可贵的经济价值，为现代人的生产生活提供有益的借鉴。

第一节 新乡八景

新乡（县）为古鄘州，牧野大战发生地，南临黄河，北依太行，境内名胜众多。清代顺治年间新乡人赵民表曾赋诗怀古：

> 相传此地古鄘州，九度升沉万古秋。
> 白鹤空传仙笔在，澄潭不向故城留。
> 殷墟凭吊鹰扬迹，牧野追思抱器俦。
> 时代变迁增感慨，卫溪依旧水悠悠。②

新乡八景是指明弘治十八年（1505）新乡县知县储珊归纳的八景，附带还有题咏，收入明正德《新乡县志》，八景分别为：

> 五陵晓色、鸿门夜月、司马迷魂、故城络丝、李台晚照、牧野春耕、原庄夏景、卫水金波。③

明正德《新乡县志》编纂者描述了"新乡八景"的由来：

---

① （清）程大夏：康熙《黎城县志·叙例》。
② （清）乾隆《新乡县志》卷十九《名迹志》（上）。
③ （明）正德《新乡县志》卷三《八景》。

新乡负山面河，襟带卫郡，而山川之明秀，形胜之瑰丽有非他邑可及。其间古踪虽已荒凉，景致播传入口载诸旧志固有不一，若乃八景尤为最者也。昔之宰斯邑司文教士大夫及以事经行，皆有歌咏。弘治十八年，知县储珊公退之暇，乃搜其前人纪述歌吟，命予纂修县志，并录之成帙，绣梓以传诸后，俾观者知新乡为邑虽小而其胜槩尽可夸美其所以壮丽斯邑，不没人之善乃如此夫。①

明代河南金宪②孔谔有诗《题新乡八景》：

> 五陵晓色日喧和，开宴鸿门夜月歌。
> 司马迷魂因布阵，故城丝络为成罗。
> 李台晚照霞千里，牧野春耕雨衣蓑。
> 惟有原庄秋夏景，其余卫（水）涌金波。③

明代曾任新乡县令的今湖南省郴州市临武县人邝瓒（明景泰四年即1435 年中举）也有《题新乡八景》诗一首：

> 晓出东城望五陵，日西尤向李台行。
> 魂迷远寺寻司马，丝络寒潭访故城。
> 夜月鸿门无犬吠，春风牧野有牛耕。
> 原庄游到卫河上，还见金（波）擢眼明。④

民国十二年（1933），《新乡县续志》鉴于之前县志只有八景之说没有八景之图的缺憾，特推出了《八景图说》：

> "查各郡邑志例载八景，岂足尽山川之胜景？物之奇哉，亦润色承平，道扬美盛之意耳！吾邑旧志载有八景，本地风光，天然佳胜，虽无奇山异水之足称，而游息其间仰观俯察，亦悠然有逸韵焉，特补

---

① （明）正德《新乡县志》卷六《题咏》。
② 古时称御史为宪台。明代，都察院设有左右佥都御史，所以称为"金宪"。
③ （明）正德《新乡县志》卷六《题咏》。
④ （明）正德《新乡县志》卷六《题咏》。

以图并缀以诗于名迹中，采风者其知所考乎?"① "旧志惜无图，兹各补绘一图并缀以诗，俾览斯图者想见景物之美盛焉。"②

一　五陵晓色

五陵位于今新乡市凤泉区，明正德《新乡县志》载："五陵在县北二十里，每于天晓，曙光灿烂于岗颠，草木辉煌而秀丽，登高望远，可以适情，故曰'五陵晓色'。"③ 清乾隆《新乡县志》记载，五陵"林石郁翠，与汲邑山彪相连，曙光辉耀，势凌碧落，可以远眺适情"④。明万历《卫辉府志》记载："五陵冈在县北三十里，其阜有五，盖太行余脉之所结也。"⑤

（明）邝瓒

旭日东升霁景鲜，五陵呈瑞更岑然。

上林影散千层雾，下壑光消万劫烟。

鹜带朝霞过绿野，雁拖寒露上青天，

望空一段繁花意，好付良工作画传。⑥

（明）陈俊

五陵景物本堪夸，晓际看来更见嘉。

瑞色横拖山接日，祥光下映树蒸霞。

梳翎老鹤翻松露，伴侣寒鸡啄石花。

纵使丹青描不就，欲吟妙处在诗家。⑦

---

① 民国《新乡县续志》卷一《八景图说》，台北成文出版社有限公司1976年版。下同。

② 民国《新乡县续志》卷二《名迹》。

③ （明）正德《新乡县志》卷六《题咏》。

④ （清）乾隆《新乡县志》卷十九《名迹》（上），《中国地方志集成·河南府县志辑（12）》，上海书店、巴蜀书社、江苏古籍出版社2013年版，第160页。下引同，不详注。

⑤ （明）万历《卫辉府志》卷一《山川》。

⑥ （明）正德《新乡县志》卷六《题咏》。

⑦ （明）正德《新乡县志》卷六《题咏》。

（明）刘咸

西望新乡见五陵，山形迢递镇临清。

络丝潭碧晓涛净，渡柳人闲春草生。

裴令发奸牛狱决，邵公病涉石桥横。

因寻古迹慰行役，重上汉家冯石城。①

（清）李登瀛

日色远含空，苍然晓望同。高峰先闪闪，宿雾尚濛濛。

绿树千章外，黄鹂百啭中。遥看裘马容，初起鞚花骢。②

（清）周嗣昌

五陵霭霭映朝晖，烟树山村接翠微。

出作老农初梦醒，呼童鸦雀已飞飞。③

（清）畅俊

群峰苍翠一轮升，济胜还堪拾级登。

底事寒鸦偏念旧，依依三匝汉时陵。④

（清）畅于熊⑤

曈昽初日映东方，佳气飞来接太行。

无象青红能铸色，有情山水不韬光。

汉家离黍逢秋雨，潞国钟声送夕阳。

暮暮朝朝霞影落，五陵终古卧长冈。⑥

---

① （明）万历《卫辉府志》卷一《山川》。

② （清）乾隆《新乡县志》卷十九《名迹》（上）。

③ （清）乾隆《新乡县志》卷十九《名迹》（上）。

④ （清）乾隆《新乡县志》卷十九《名迹》（上）。

⑤ 畅于熊（1706—1735），字光群，号敬修。清河南新乡人。清雍正二年（1724）中进士，任黄冈知县。曾多次亲临问津书院巡察，并主邑书院祭祀。献"乐山乐水"匾额于书院，将书院每岁生童会课二次增为四次。清乾隆八年（1743）与邑名儒黄自芳等人修整问津学宫，倡建文昌阁等殿宇，并撰《书院碑记》纪之。畅居黄为官，廉正清和，才识英敏，深得吏民之心，后积劳成疾卒于任所，黄人立碑祭祀。清黄州府志有传。

⑥ （清）乾隆《新乡县志》卷十九《名迹》（上）。

（清） 宋之范

空濛片片海云升，曙色尤怜跨鹤登。

为语轻肥贵公子，茂陵若个胜于陵。①

（民国） 佚名

晓日才从瀛岛过，霞光远射五陵多。

置身试向峰高处，应见金乌浴海波。②

二 鸿门夜月

明正德《新乡县志》记载："鸿门在县东十里，平沙千顷，寂无一尘，每遇月夕，沙月交辉，光明加倍，故曰'鸿门夜月'。"清乾隆《新乡县志》记载："鸿门夜月，四望白沙，夜色如昼，可助野趣，亦动怆怀。"鸿门现为新乡市洪门镇。

（明） 邝瓒

城东昨夜卷风沙，风定沙况见月华。

天远素光凝黍稷，露寒清影堕桑麻。

俯看寥落凭谁诉，空对婵娟温自嗟。

何处打鱼人不寐，隔江惊起雁行斜。③

（明） 陈俊

寒月凄凉惨客魂，已离海峤到天门。

草辉宿雁眠难隐，沙砾惊猿垫更奔。

素色照来银世界，清光映出玉乾坤。

吟余乘兴鞭羸马，随过前村眼界昏。④

---

① （清）乾隆《新乡县志》卷十九《名迹》（上）。

② 民国《新乡县续志》卷二《名迹》。

③ （明）正德《新乡县志》卷六《题咏》。

④ （明）正德《新乡县志》卷六《题咏》。

（明）路珠

晚入鸿门景最幽，冰轮初上柳梢头。

名为邑内无尘境，占尽人间不夜秋。

万顷平沙宽眼界，一滩清影豁心忧。

几回把酒频相问，我再来时月到不。①

（明）梁海

万顷平沙久废犁，篆文错落夜清凄。

光腾蓼渚琼楼近，色映云汀玉宇低。

漠漠龙堆皆琥珀，茫茫雁碛尽玻璃。

倒厄不尽鸿门兴，相伴婵娟细品题。②

（明）卢大谟

鸿门一片月，夜夜印平沙。碧汉金疑堕，蓝田玉已芽。

露澄江潋岸，风静浪生花。雁在汀洲宿，惊飞字影斜。③

（明）郭庭梧

夜夜人知仰月华，那堪清景在谁家。

古堤风散惊楼鹤，野戍星辉起噪鸦。

厌藿遗黎珍滷水，服耕瘦犊茹明沙。

可怜造物开长镜，不照逃亡满路赊。④

（清）李登瀛

明月当清夜，溶溶照远扉。玉壶凝皓魄，珠露淡清辉。

天上晴阴合，人间去住违。乡关一夕梦，还共白云飞。⑤

---

① （清）乾隆《新乡县志》卷十九《名迹》（上）。

② （清）乾隆《新乡县志》卷十九《名迹》（上）。

③ （清）乾隆《新乡县志》卷十九《名迹》（上）。

④ （清）乾隆《新乡县志》卷十九《名迹》（上）。

⑤ （清）乾隆《新乡县志》卷十九《名迹》（上）。

（清）郭遇熙

云树孤邨暗，寒烟起暮秋。牛羊归夕照，鸡犬落暝收。

霜白遥含影，沙明近漾流。柴扉终日掩，惟有雁鸿留。①

（清）周嗣昌

过客尝思秉烛游，主人何事不登楼。

虽然天上无蟾影，满地清光擅九州。②

（清）畅俊

博浪惟知报主恩，好悬孤月照鸿门。

尊前起舞知何在，玉斗犹留腐草痕。③

（清）宋之范

项伯乌知国士恩，直将私德树公门。

何如浩浩平沙月，千里冰壶绝线痕。④

（民国）佚名

岿然古塔倚鸿门，浅草平沙澹有痕。

最是清秋好风景，一天明月荻花村。⑤

三　司马迷魂

明正德《新乡县志》记载："司马社在县南二十里有寺，曰天宁寺，入其门则方隅莫辨，如失魂然，故曰'司马迷魂'。"清乾隆《新乡县志》称之为"司马神移"："畛域纵横，长堤斜映，至其地往往方隅莫辨。"清乾隆《新乡县志》另载："天宁寺在司马村，即大迷魂寺，金承安间建，国朝顺治重修。"⑥据说到现在，外人进到司马村仍然会迷失方向。笔者

---

① （清）乾隆《新乡县志》卷十九《名迹》（上）。
② （清）乾隆《新乡县志》卷十九《名迹》（上）。
③ （清）乾隆《新乡县志》卷十九《名迹》（上）。
④ （清）乾隆《新乡县志》卷十九《名迹》（上）。
⑤ 民国《新乡县续志》卷二《名迹》。
⑥ （清）乾隆《新乡县志》卷二十五《祠祀》（下）。

曾亲自前往，果如其言。司马村现属于新乡市高新区关堤乡司马村。古有天宁寺，入其门方向不辨，如失魂魄。传说是辽国萧太后在此地摆过迷魂阵。

（明）邝瓒

伊谁斜构梵王宫，不是西来不是东。

苔胫纵游应恍惚，麦岐弥望更冥蒙。

云连古塔参差际，月照空林隐头中。

我若觉民澄世态，坐令百里起清风。①

（明）陈俊

邑城南去地游冲，萧寺多年古未封。

乍到只凭门有向，若归不识路何从。

烟笼宝塔模糊景，雾压危檐晦冥踪。

辨知从正心有定，指南虽准亦奚庸。②

（明）梁海

典午当年称智慧，何为沙界说迷魂。

虚廊寂寞黄云霭，古殿荒凉碧草繁。

阵演八门夸相绩，师旋孤竹羡王孙。

几时亲驾轩辕辂，尽辨尧封禹甸邨。③

（明）梁问孟

自古谈兵先地利，何年司马此迷魂。

江头阵磊风沙恶，广武城荒草木繁。

老马识途惊霸略，石人指路忆王孙。

车书四海为家日，野寺萧萧倚暮村。④

---

① （明）正德《新乡县志》卷六《题咏》。

② （明）正德《新乡县志》卷六《题咏》。

③ （清）乾隆《新乡县志》卷十九《名迹》（上）。

④ （清）乾隆《新乡县志》卷十九《名迹》（上）。

（明）潘嗣衮

极目迢遥孤刹回，几回搔首暗游魂。

阴阴古砌荒苔合，漠漠烟岚野树繁。

岐路当年悲黑子，南车今日忆公孙。

与前牧子欢田祝，化雨何分南北邨。①

（清）王时泰

黄河遗故道，云树暗长堤。寺带荒烟古，日随望眼迷。

顾瞻思向背，恍忽辨东西。门外神移处，从来话不齐。②

（清）畅俊

携得双柑酒一卮，长堤如带席频移。

莫愁迷却桃源路，铁笛横吹野老知。③

（清）宋之范

甫田如镜复如卮，一望迷离景若移。

疆里东南真识得，夜来风雨卜三时。④

（民国）佚名

何年布阵此迷魂，异迹犹留司马村。

岐路纵横浑不辨，古杨林外话奇门。⑤

四　故城络丝

明正德《新乡县志》记载："故城在县西十里，有庙曰济渎，旁有一潭，险险骇入，深深莫测，俗传昔人有以一络丝探之，始得其源，故曰'故城络丝'。"清乾隆《新乡县志》载："故城络丝在县西南十里故城村。冯石城、济渎庙旁。龙穴深邃，古称以络丝探之，方及底，今

---

① （清）乾隆《新乡县志》卷十九《名迹》（上）。
② （清）乾隆《新乡县志》卷十九《名迹》（上）。
③ （清）乾隆《新乡县志》卷十九《名迹》（上）。
④ （清）乾隆《新乡县志》卷十九《名迹》（上）。
⑤ 民国《新乡县续志》卷二《名迹》。

淤浅。"

（明）邝瓒

古原寂寞旧城荒，中有寒潭不可量。

若识水来深与浅，但看丝去短和长。

鱼龙出没独惊惧，鸥獭纵横尚隐藏。

日暮谩巡遗址上，淡烟衰草月茫茫。①

（明）陈俊

荒城遗址殆陵夷，尚有灵潭最可奇。

堪堪静深难测度，渊渊澄澈不流澌。

虽穷修竹应难准，惟尽络丝始可知。

想是神功绝妙处，事于造化莫猜疑。②

（明）卢大谟

旧潭深几许，犹有络丝名。东海桑田变，西湖桃柳生。

蛟龙天上去，星斗夜间明。岁岁春风里，鹧鸪坐树鸣。③

（清）王铎

一泓无有内，冲漠厚其中。红碎沉光响，绿乾撼始终。

兵戎俱有劫，天地此何穷。但见笛风外，山烟昔昔濛。④

（清）张缙彦

飞龙谁控御，穴处政蟠泥。鳞角岂不全，飞腾未及时。

神物滋行恻，临渊叹数奇。谁知泓灏中，雷动泽即随。

潭光寒星碎，树影乱琉璃。浩渺终不测，垂缕空尔为。⑤

---

① （明）正德《新乡县志》卷六《题咏》。

② （明）正德《新乡县志》卷六《题咏》。

③ （清）乾隆《新乡县志》卷十九《名迹》（上）。

④ （清）乾隆《新乡县志》卷十九《名迹》（上）。

⑤ （清）乾隆《新乡县志》卷十九《名迹》（上）。

（清）李登瀛

旧是蛟龙窟，犹闻吟啸声。仙灵成幻迹，潭水尚留名。

夜雨青苔湿，春风绿草生。沧桑总无定，凭吊不胜情。①

（清）周嗣昌

闻道络丝不见丝，此中深浅有谁知。

桑田沧海浑无定，胜景传来勿用疑。②

（清）许尔梅

深潭今尽涸，城阙已全非。莫探蛟龙窟，空惊鸟雀飞。

瀹沦宁仿佛，井甃尚依稀。每过灵湫侧，流连不欲归。③

（清）郭遇熙

春色何时到，澄潭影日华。有山皆翠壁，无树不丹霞。

倦倚林间石，醒攀枝上花。归途齐步月，驰马更驱车。④

（清）潘德人

可识深潭里，洋洋活水来。

倏然时雨降，点缀入青苔。⑤

（清）畅俊

殷沃当年似郑京，延袤也说小都城。

辘轳岂必真千文，到底波光一脉清。⑥

（清）宋之范

地险谁言莫与京，万家烟火即金城。

---

① （清）乾隆《新乡县志》卷十九《名迹》（上）。

② （清）乾隆《新乡县志》卷十九《名迹》（上）。

③ （清）乾隆《新乡县志》卷十九《名迹》（上）。

④ （清）乾隆《新乡县志》卷十九《名迹》（上）。

⑤ （清）乾隆《新乡县志》卷十九《名迹》（上）。

⑥ （清）乾隆《新乡县志》卷十九《名迹》（上）。

清潭可似桃花水，望断金兰一片情。①

（民国）佚名

潭深千尺几何时，今日犹传此络丝。

认取故城踪迹在，绿杨影里戏鱼儿。②

五　李台晚照

明正德《新乡县志》记载："李台在县南三十里，元管民总管孙公懋避兵时建此台，巍巍屹立，势若冲霄，每遇夕阳，光明愈盛，故称'晚台夕照'。"清乾隆《新乡县志》记载：这里"夕阳掩映，光景逼人"。

（明）邝瓒

南陌巡行到李台，晚风微动夕阳开。

余光未向云间没，残影先从地下开。

明逐流莺生腐草，晚随宿鸟入高槐。

不堪惊起乡关思，忍听孤城画角哀。③

（明）陈俊

斜日生辉壮碧峰，照来村坞见奇踪。

鸦北上光偏媚柳，树丛村中色更浓。

且咏且觞应适意，再行再览漫扶筇。

远瞻未尽繁华处，山外有山知几重。④

（明）梁海

孙公台畔吊残晖，灿烂晴光映四围。

几处林园丹饰牖，数椽野屋锦为扉。

斜穿叠嶂峰含丽，返照云澜鉴吐辉。

---

① （清）乾隆《新乡县志》卷十九《名迹》（上）。

② 民国《新乡县续志》卷二《名迹》。

③ （明）正德《新乡县志》卷六《题咏》。

④ （明）正德《新乡县志》卷六《题咏》。

鸦噪忽惊回首望，翠屏晚景此依稀。①

（明）余相

弭节西风过李台，吟眸欣傍夕阳开。

断霞斜卷群峰外，暝色遥从千里来。

桑拓荒村归鸟乱，牛羊平野暮笳哀。

登临谩异黄昏近，明月前溪待举杯。②

（明）郭从可

西风落日暮林疏，犹有余光触玉壶。

倒景真如壮士挽，晚烟难倩画工图。

尊前再酌催花酒，台下休惊啼夜乌。

莫怪当年元尚白，天应独照子云庐。③

（清）郭遇熙

每过夕阳下，依稀晚照城。应知真幻景，还听有无声。

鹊噪疏林晚，云归残寺明。登台频眺望，处处见深耕。④

（清）李登瀛

千古孙公迹，高风尚庶几。不知文锦贵，空见彩云飞。

石碣余残日，疏林带落晖。悠然远山暮，清露袭人衣。⑤

（清）周嗣昌

彩霞夜夜映荒台，落日挥戈何处来。

请君细问鸿门月，两地光明一样猜。⑥

① （清）乾隆《新乡县志》卷十九《名迹》（上）。

② （清）乾隆《新乡县志》卷十九《名迹》（上）。

③ （清）乾隆《新乡县志》卷十九《名迹》（上）。

④ （清）乾隆《新乡县志》卷十九《名迹》（上）。

⑤ （清）乾隆《新乡县志》卷十九《名迹》（上）。

⑥ （清）乾隆《新乡县志》卷十九《名迹》（上）。

（清）畅俊

夕照西山日日来，落霞孤鹜紧相催。

披襟欲握千峰紫，不让岩溪七里台。①

（清）宋之范

闻道公私肥遯来，不爐不扇那能摧。

夕阳残照犹堪挹，目送飞云即啸台。②

（民国）佚名

夕阳掩映太行东，山色霞光一抹红。

遥望李台平野阔，奇峰倒影镜奁中。③

六 牧野春耕

明正德《新乡县志》记载："牧野在县东北三里，昔武王伐纣之处，自周抵今，悉为黍稷之乡，故曰'牧野春耕'。"乾隆《新乡县志》载："牧野在县东北八里，即古牧野，武王伐纣陈师之地，今太公庙尚存。"

（元）王恽

野人川浴振裳衣，况接恩波沐凤池。

莫讶出门何刺刺，须知去国自迟迟。

河桥饮饯无千骑，文物声名又一诗。

有泪不挥离别际，西风空送雁行悲。④

（明）邝璠

当代何人伐大商，居民从此乐耕桑。

有心铸剑为桑器，无义提戈说战场。

白昼云开知日适，青霄锄月为谁忙。

---

① （清）乾隆《新乡县志》卷十九《名迹》（上）。

② （清）乾隆《新乡县志》卷十九《名迹》（上）。

③ 民国《新乡县续志》卷二《名迹》。

④ （清）乾隆《新乡县志》卷十九《名迹》（上）。

西城父老论前迹，不恨宁王恨受王。①

（明）陈俊

野号称由牧义成，至商添有倒戈名。

从定戡教回熙皞，依旧耕耘乐太平。

播种扰来春土沃，饷余归去晚风轻。

可令理义开中习，不畏戎夷有利兵。②

（明）卢大谟

癸亥陈师地，熊熊八百侯。华山已纵马，牧野化耕牛。

社雨一犁足，春风百草柔。陇云犹未破，簷日又鸣鸠。③

（明）刘理顺

牧野当年事，西山义士伤。白旄风日暗，黄钺电雷张。

亿万谁臣服，三千各奋扬。徘徊高阜上，天命信难常。④

（明）张问仁

萧萧岭上野云多，旧是鹰扬千羽过。

鸟火流来周室鼎，牝鸡啼起孟津戈。

三千猛士销红土，八百雄图冷绿莎。

指点当年征战地，到今明月照长坡。⑤

（清）蒋家驹

行山薄青翠，卫水日萧森。历此山与水，顿生今古心。

东望朝歌城，禾黍秋正深。檀车不再见，中原几陆沉。

黄钺埋野土，鸟飞噪夕阴。悠悠垂纶者，何处觅知音。⑥

---

① （明）正德《新乡县志》卷六《题咏》。

② （明）正德《新乡县志》卷六《题咏》。

③ （清）乾隆《新乡县志》卷十九《名迹》（上）。

④ （清）乾隆《新乡县志》卷十九《名迹》（上）。

⑤ （清）乾隆《新乡县志》卷十九《名迹》（上）。

⑥ （清）乾隆《新乡县志》卷十九《名迹》（上）。

（清）尚滨馨

旧是征诛地，今当含哺天。淡云笼晓日，细草晻原田。
春计一犁两，风生万井烟。家家歌大有，朋酒庆丰年。①

（清）王铎

会盟古未见，整旅此重过。何似仍侯服，相寻在斧柯。
苦烟遮坏土，毒草附寒坡。今日樵苏唱，疑闻琴操歌。②

（清）许作梅

牧野平畴禾黍枯，兴亡何代不征诛。
巡师宁尔归群后，作誓谁人怨独夫。
卫水东环仍战垒，行山北望此殷都。
三千宝玉投焚日，谁为君王数绣襦。③

（清）李登瀛

牧村旧是如林地，野老犹传昧爽时。
百万剑戈空虎豹，三千敦旅尽熊罴。
冈陵未改兴王气，禾黍还生故国悲。
往事茫茫徒怅望，夕阳衰草吊残碑。④

（清）周嗣昌

牧野由来古战场，田田疑是尽成荒。
岂知放马归牛后，百亩忧悠春更长。⑤

（清）畅俊

洋洋牧野庆同春，桓赫谁惊被襫人。
膴有周原如禹甸，壶浆万古戴王仁。⑥

---

① （清）乾隆《新乡县志》卷十九《名迹》（上）。
② （清）乾隆《新乡县志》卷十九《名迹》（上）。
③ （清）乾隆《新乡县志》卷十九《名迹》（上）。
④ （清）乾隆《新乡县志》卷十九《名迹》（上）。
⑤ （清）乾隆《新乡县志》卷十九《名迹》（上）。
⑥ （清）乾隆《新乡县志》卷十九《名迹》（上）。

（清）宋之范

十有三年是大春，归耕放马乂东人。

屡丰犹忆当年盛，土沃心臧赖至仁。①

（清）尚重

今昔凭搔首，乾坤总戏场。壶浆迎义战，牧笛悦春光。

秾绿沿山野，花红满卫阳。柴门鸡大静，细雨正茫茫。②

（民国）佚名

湾环流水远东城，牧野村边画意生。

正是一犁新雨足，有人驱犊事春耕。③

七　原庄夏景

明正德《新乡县志》记载："原庄在县北十五里，土饶地肥，甲于他境，每遇初夏，桑麻掩映，黍稷蒙密，奇花好鸟，不能尽识，故曰'原庄夏景'。"清乾隆《新乡县志》记载："原庄夏景，绿树荫浓，鸟声上下，坐卧其间，可以溽暑。"

（明）邝瓒

公余乘兴访山庄，正值清和画景长。

连陌黍生垂露落，接坡麦熟佛云黄。

林鸠唤雨声声缓，江燕冲风队队忙。

谁似王维诗有画，吟成一幅古今扬。④

（明）陈俊

得暇游观意最频，原庄景物又宜人。

迎暇路槿侵衣赤，向日园葵照眼新。

畏暑暂将槐作盖，倦行权猜草为茵。

---

① （清）乾隆《新乡县志》卷十九《名迹》（上）。

② （清）乾隆《新乡县志》卷十九《名迹》（上）。

③ 民国《新乡县续志》卷二《名迹》。

④ （明）正德《新乡县志》卷六《题咏》。

览余不觉诗送□，泚笔题来似有神。①

（明）卢大谟

波面开妆镜，桑麻修绿云。香泉招北海，暑薄对南熏。
荻字渔竿乱，溪文燕尾分。牧童何处笛，应是隔村闻。②

（明）余相

草树阴森白日长，此中人境上羲皇。
柴关雨歇莓台静，墟里风回禾黍香。
忽而奇云开远岫，翛然飞鹭下横塘。
我来拟奏南熏曲，避暑宁须河朔觞。③

（清）王时泰

遥望西郊外，烟波十里余。氤氲调火政，葱郁没村墟。
卑湿千英润，清香百卉舒。耕云兼钓月，不叹食无鱼。④

（清）李登瀛

别有清凉境，人间暑气收。微云飐水面，好鸟啭枝头。
夜月千林雪，松风十里秋。玉壶冰更冷，散坐且忘忧。⑤

（清）周嗣昌

每逢逃暑过原庄，千顷波流天共长。
地近百泉分胜棨，年年风送稻花香。⑥

（清）畅俊

婆娑万柳数原庄，那用蒲葵遣艳阳。

---

① （明）正德《新乡县志》卷六《题咏》。
② （清）乾隆《新乡县志》卷十九《名迹》（上）。
③ （清）乾隆《新乡县志》卷十九《名迹》（上）。
④ （清）乾隆《新乡县志》卷十九《名迹》（上）。
⑤ （清）乾隆《新乡县志》卷十九《名迹》（上）。
⑥ （清）乾隆《新乡县志》卷十九《名迹》（上）。

一阵荷风香送晚，犹堪高卧傲羲皇。①

（清）宋之范

无风也自有余凉，绿树阴浓罩太阳。
选胜如堪长卜此，右丞潇洒辋川庄。②

（清）尚重

避暑觅深径，清幽此地收。高林茆屋外，小艇浅溪头。
朝旭风光淡，晚凉月色秋。北窗非愿寂，入世已多忧。③

（民国）佚名

缕缕荷风送晚凉，藉消炎夏到原庄。
一湾流水千章木，绿荫中开绿野堂。④

八　卫水金波

明正德《新乡县志》记载："卫水出辉县苏门山下，经新乡北门东流入淇，其水悠扬而不汹涌，每遇光风丽日，波动成纹，水日交辉，色如喷金，故曰'卫水金波'。"据《新乡县志》载："水光澄澈，凡百步许，每遇微风拂之，浪纹如织。"又："卫河之源发辉县苏门山，至合河镇入界，合小丹河东流绕县北城下，折而东入卫辉府，今为运道，一名御河。"

（明）邝璠

苏门山下发流长，晚向新城绚日光。
不似汉江铺练白，却同卫水涌金黄。
柳边莺调古簧处，花下绛迷课蜜访。
为忆宣尼明道体，几番来叹□汪洋。⑤

---

① （清）乾隆《新乡县志》卷十九《名迹》（上）。
② （清）乾隆《新乡县志》卷十九《名迹》（上）。
③ （清）乾隆《新乡县志》卷十九《名迹》（上）。
④ 民国《新乡县续志》卷二《名迹》。
⑤ （明）正德《新乡县志》卷六《题咏》。

（明）陈俊

源发苏门作卫河，天澄云静起轻波。

纹如缕细风吹软，色似金明日迎多。

混混有泉终至海，滔滔不息自盈科。

无穷道体于斯见，自取犹形孺子歌。①

（清）李登瀛

苏门一带水，潋滟绕城隅。斜照疑明灭，流光半有无。

平沙还作练，喷露不成珠。绝似秋江景，清辉入画图。②

（清）畅泰兆

湛湛苏门水，城隅潆漩过。晴晖珠吐浪，斜照玉飞波。

鼓棹澄光碎，连天素练多。川流长不息，隔浦听渔歌。③

（清）周嗣昌

百泉流水绕城隅，日映回澜入画图。

更有江帆来荡漾，令人不敢说西湖。④

（清）畅俊

湛波十里绕城阴，映日星星万点金。

此境由来宜单父，高山流水助清音。⑤

（清）畅于熊

波回曲曲绕山城，几度临流试浅清。

新月乍升浮素练，斜阳返照漾空明。

但知东去归瑶岛，不问西来落玉京。

破浪乘槎谁得似，晚风遥飐水云平。⑥

---

① （明）正德《新乡县志》卷六《题咏》。

② （清）乾隆《新乡县志》卷十九《名迹》（上）。

③ （清）乾隆《新乡县志》卷十九《名迹》（上）。

④ （清）乾隆《新乡县志》卷十九《名迹》（上）。

⑤ （清）乾隆《新乡县志》卷十九《名迹》（上）。

⑥ （清）乾隆《新乡县志》卷十九《名迹》（上）。

（清）宋之范

一泓清可测渊深，直似西湖波涌金。

巧笑有时和佩玉，木兰舟上听商音。①

（清）尚重

百折泉源道，平波漾碧溇。微风金绉涌，轻棹浪痕无，

日丽明沙岸，月涵老蚌珠。悠悠烟水色，不克绘廊图。②

（民国）佚名

悠悠卫水绕城阴，日映波光点点金。

岸柳新黄沙草碧，清流不受俗尘侵。③

以上是明代确定的新乡八景及诗咏，延续至今已 500 余年。

2009 年，在新乡解放暨建市 60 周年之际，市委宣传部、市建委、市文化局、市广电局、新乡日报社联合开展了"新乡新八景"推荐评选活动。据报道，经过各界人士的积极参与，遴选了新乡新八景：

1. 河朔图书馆及卫河公园景区

2. 卫河新飞大道至牧野大桥段周边景区（新乡市宏力大桥等）

3. 凤泉区凤凰山景区（新乡凤凰山森林公园等）

4. 潞王陵景区

5. 新乡市和谐公园景点

6. 新乡人民公园景区

7. 新乡东方文化商业步行街

8. 和谐广场、新乡市平原博物院等景点

但是，具体如何命名迄无下文。

坊间流传一个版本如下：

1. 河朔春韵——卫河公园

2. 双湖秋月——牧野湖

---

① （清）乾隆《新乡县志》卷十九《名迹》（上）。

② （清）乾隆《新乡县志》卷十九《名迹》（上）。

③ 民国《新乡县续志》卷二《名迹》。

3. 凤山耸翠——凤凰山森林公园

4. 潞陵夕照——潞王陵园

5. 和谐晨曦——和谐公园

6. 芳园霞蔚——人民公园

7. 商街德馨——东方文化商业步行街

8. 浩博瑞光——平原博物院

以上是局限于市区范围的八景，以下是民间学者从整个新乡地区范围提出的新八景。

1. 比干英风；2. 同盟夕照；3. 百泉清晖；4. 学堂金声；

5. 博浪击沙；6. 白云自在；7. 陈桥虬槐；8. 潞王蟠龙。①

第二节　卫辉八景

卫辉市位于黄河北部、太行东麓、卫水之滨，是牧野大战发生地、姜太公故里、中国财神文化之乡、中国最佳文化生态旅游城市、中国优秀民族建筑文化传承保护示范城市、河南省历史文化名城。

殷商时期为畿内牧野地，西汉高祖二年（前205）设置汲县，先后为郡治（汲郡）、州治（卫州）、路治（卫辉路）、府治（卫辉府）和道治（豫北道、河北道），已有3000多年的历史，素有"南通十省，北拱神京"之称。辖7镇6乡共13个乡镇、342个行政村、10个街道办事处、15个居委会，总人口50万。市区人口15万人，城镇化率居新乡八县（市、区）之首。

以苍峪山、跑马岭、灵泉峡等为代表的山水景观和以比干庙、望京楼、香泉寺等为代表的人文景观独具特色。比干庙、跑马岭休闲生态园、龙卧岩分别为国家4A级、3A级、4A级旅游景区。共有比干庙、望京楼、姜太公故里、孔子击磬处等国家、省、市级文物保护单位、文化古迹114处。

清康熙《汲县志》记载了汲县（今卫辉市）八景，分别是：

---

① 樊荣：《新乡历史文化论纲》，中国文史出版社2016年版，第115页。

太行叠翠、卫水拖篮、黄岗牧唱、慕化渔歌、忠臣古冢、君子芳村、秋涧书声、香泉水响。①

此中或有卫辉之山河表里，或有卫辉之圣贤遗迹；有实录，也或有传说于其中，颇有韵味。

一 太行叠翠

指卫辉城西北的太行山。唐朝魏王李泰地理专著《括地志》载："太行连亘河北（黄河以北）诸州，凡数千里，始于怀（今河南济源市，古属怀州所辖）而终于幽（今北京市），为天下之脊。"明万历《卫辉府志》记载："太行山在县西北五十里，西南跨怀庆，北接彰德，迤逦燕云，绵亘数千里。其间峰谷岩洞，景物万状，虽名因地立名，然实皆太行也。"②"卫辉府左孟门，右太行。大河经其南，常山跨其北。南滨大河，西压上党。峰麓奇峻，泉甘水温。左右山河，古称重镇。北通燕赵，南走京洛，河山之间一都会也。群山列屏，通道八省。两河之要地，中土之名区也。"③清人张际亮《卫辉道上望太行山》："太行莽莽自西来，千叠云屏翠作堆。"④

（明）于谦《太行山》

信马行行过太行，一川野色共苍茫。

云蒸雨气千峰暗，树带溪声五月凉。

世事无端成蝶梦，长途随处转羊肠。

解鞍磐礴星轺驿，却上高楼问故乡。⑤

二 卫水拖篮

指流经卫辉的卫河。明万历《卫辉府志》记载："卫河在县西，源出

---

① （清）康熙《汲县志》卷一《八景》。

② （明）万历《卫辉府志》卷一《地理志》。

③ （明）万历《卫辉府志》卷一《地理志》。

④ 霍德柱：《诗情卫辉——卫辉古诗名篇鉴赏》，卫辉市图书馆内部编印，第255页。

⑤ 潘长顺等主编：《新乡历代名胜诗选》，中国文史出版社1992年版，第149—150页。

辉县苏门山，南经新乡，东绕府城，会淇水，经浚县，达临清，至天津入海。"① 远观流水之纹状，犹如拖着一条蓝色织锦。

（清）郭遇熙《卫河新柳》

韶光何处逗芳新，夹岸青青映绿莘。

疑是锦江垂弱线，缕丝犹带云和春。

枝纤婀娜楚宫腰，眉画弯弯虢国娇。

映日晖晖舒翠叶，凌波渺渺寿青条。②

三　黄岗牧唱

指城北的黄土岗。"黄土岗在府城西北十里。迤逦西接太行，土色皆黄，因名。"③ 相传周武王克殷，放牛于此，牧童唱和，共庆升平。

（明）许仲琳《周武王》

八十公公杖策行，相逢欣笑话生平。

眼中不识干戈事，耳内稀闻战鼓声。

每见麒麟鸾凤现，时听丝竹管弦鸣。

于今世上称宁宇，不似当年枕席惊。④

四　募化渔歌

指位于卫辉市庞寨乡东纸坊村的募化潭。"募化潭在县正东二十五里。漫衍十余里，阔百步许，深处黝黑不可测。水旱不加盈缩。中产鱼，颇饶。旧为邑人臧氏别业，岁饥，以鱼给人，人慕其惠化之。因名。"⑤

相传募化潭是由坟墓坍陷形成的，与浚县新镇淇门村一口水井相连，井口天天喷放水莲花，观赏的人络绎不绝。群众水桶掉入井中，在这口井

---

① （明）万历《卫辉府志》卷一《山川》。

② 潘长顺等主编：《新乡历代名胜诗选》，中国文史出版社1992年版，第26—27页。

③ （明）万历《卫辉府志》卷一《山川》。

④ （明）许仲琳：《封神演义》（下），北方文学出版社2013年版，第634页。题目为编者所加。

⑤ （明）万历《卫辉府志》卷一《山川》。

中是打捞不上来的，只有到卫辉市庞寨乡的募化潭边寻找。面对潭水，唱起渔歌，桶就会从潭中涌出来。这就是俗语所讲的"淇门井里掉只桶，要到募化潭边等"的来历。淇门人在井口边建有石碑和砖塔。募化潭由于常年积水不漏，鱼虾很多。所产红鲤鱼与众不同，红尾金边，色泽艳丽。募化潭四周芦苇环绕，绿树成荫，潭内碧波如涟，风光迤逦。

（明）袁宏道《行卫辉野村中即事》

渚雁沙鸥喽喽，菜畦麦陇纵横。藤萝也解人意，垂蔓争胃前旌。

茅屋犬卧人边，麦陇鸦啼牛背。倘逢种柳先生，仆夫停车少待。①

五　忠臣古冢

忠臣古冢指比干庙，位于卫辉市顿坊店乡比干庙村。商朝末期，比干因纣王暴虐无道，谏而被纣王挖心。死后葬于卫辉，因墓而庙。比干庙是中国第一座墓庙合一的建筑，被称为"天下第一庙"；比干墓是第一座史有记载的坟丘式墓葬，被称为"天下第一墓"；比干庙里有孔子剑刻碑，上书"殷比干莫"，这是孔子留在世上的唯一真迹。比干不仅留下了这样一座庙宇，这里还成了"林"姓的"根"，比干就成了林姓的始祖。

（明）彭石《比干墓》

万古乾坤八尺坟，当年一死为忠君。

谩劳异代加封谥，正恐英魂不忍闻。②

六　君子芳村

就是现在的卫辉市安都乡君子村。君子村得名，缘自春秋时卫国贤大夫蘧伯玉。蘧伯玉，名瑗，字伯玉。"卫地多君子"，蘧伯玉是其中的杰出代表，孔子称他为"君子"，《论语》上也有记载："君子哉蘧伯玉。""蘧伯玉昔居于此，因名。"③

---

①　霍德柱：《诗情卫辉——卫辉古诗名篇鉴赏》，卫辉市图书馆内部编印，第107页。

②　（清）乾隆《汲县志》卷十四《艺文（下）》。

③　（明）万历《卫辉府志》卷一《古迹》。

（明）米寿图《君子村》

空蒙烟树里，残碣几千春。旧里钦君子，知非愧古人。

芳踪余简策，芝室已荆榛。为忆当年事，斋心欲共论。①

（清）任宅心《君子村》

莫向蓬村问凤猷，松杉犹带旧风流。

知非五十人如在，花落花开忆胜游。②

七　秋涧书声

位于卫辉市太公镇古子涧村，是元代翰林学士王恽在家乡的读书处。清乾隆《汲县志》记载："秋涧读书处在戴村东山上，元学士王恽读书于此，上有记。"③ 王恽（1227—1304），字仲谋，号秋涧。一生仕宦，刚直不阿，清贫守职，好学善文。

（清）孟玠《秋涧书声》

秋郊秋色住云根，一带寒潭是古村。

韦绝兰枝谁诵读，书摊鸟迹自朝昏。

云翻石浪迷花径，翠绣苔痕砌荜门。

天为才人留胜地，深山剖出一乾坤。④

八　香泉水响

指卫辉市太公镇西北霖落山中香泉寺。明万历《卫辉府志》记载："香泉寺在府城西北霖落山。寺近香泉，因名。元延祐间重建。"⑤ 元代王恽《霖落山记》有语："其香泉自经洞石罅中流出，穿云溜石，复从乳岩半腹下泻，作瀑布流，飞溅丛石间，珠跳玉迸，顷刻百斛，山藉以润，寺仰以清也。"⑥

① （清）乾隆《汲县志》卷二《舆地（下）》。
② （清）乾隆《汲县志》卷二《舆地（下）》。
③ （清）乾隆《汲县志》卷二《舆地（下）》。
④ （清）乾隆《汲县志》卷十四《艺文（下）》。
⑤ （明）万历《卫辉府志》卷五《祠祀志·寺观》。
⑥ （明）万历《卫辉府志》卷一《地理志·山川》。

（清）孟玠《霖落香泉》

岚光飞映山之泉，香蔼云坛地自偏。

钵接金灯千岭碧，门留玉带万年传。

翻经法语添新溜，说偈寒山伴老禅。

林鹤如吟招隐赋，买山谁入洞中天？①

除卫辉八景外，还有"香泉八景"（或称"霖落八景"）。

霖落山在汲县县城西北 17 公里处，因常有泉水霖落而下，故名，属太行山余脉，山体长 13 公里，宽约 3 公里，面积 40 余平方公里。清康熙《汲县志》记载："霖落山在西北三十五里，重峦叠嶂，瑰特千状，古木奇石，森立四围，中有香泉寺。"②

中州第一个女修志家汲县人魏青铛《民国汲县今志》：

> 好事者亦品题为八景，曰佛洞烟霞，曰古塔凌云，曰凉台翫月，曰洞水涛声，曰竿山叠翠，曰乳岩寒溜，曰香泉甘洌，曰炉山夕照。特惜景幽而途邃，蜡屐罕经，故少见题咏著录耳。元时县人王恽有《游霖落山记》，清时王祖晋有《游霖落山》诗。③

清人赵汝棠《霖落八景诗并序》里亦专门列出"香泉八景"或"霖落八景"。

（清）赵汝霖《霖落八景诗》（并序）④

嘉庆壬申冬，从家大人游霖落，遂假榻老僧，延师设帐。余追随杖履，日流连于邃石幽泉。见前人题咏甚伙，有以"香泉八景"为题者，余诗兴亦怦然欲动。夫霖落，名山也；香泉，胜境也。佳构如林，岂烦鄙人觇（诊）缕？然吾谓大造钟灵，原无尽藏，深者得之而见深，浅者得之而见浅，正如明月清风，取之不尽，用之不竭。余

---

① （清）乾隆《汲县志》卷十四《艺文（下）》。

② （清）康熙《汲县志》卷二《舆地（下）》。

③ 魏青铛：《民国汲县今志》第十九章《名胜与古迹·霖落山》。

④ （清）赵汝棠：《霖落八景诗并序》，见霍德柱《诗情卫辉——卫辉古诗名篇鉴赏》，卫辉市图书馆内部编印，第 249—250 页。

不揣固陋，赋七律八首，欲题诸壁，未果。癸酉秋，邻邑不靖，从大人束装旋里。至道光癸巳，二十年来尘务纷繁，久不作山林想，因大人重葺东寺拜殿，命余勒碑，检诸箧笥，残稿犹存，遂携族侄金城复至霖落。勒碑毕，亦将诗稿镌诸片石，以志当年从游之意，至于贻笑方家，则有所弗恤耳。

1. 佛洞烟霞

佛洞幽深竹路通，羊肠隐约图画中。
云封谷口迷松径，花落山腰锁梵宫。
座袅祥光烟淡荡，石蒸瑞霭日瞳昽。
旧镌贝叶模糊在，老柏阴阴满碧空。

2. 古塔凌云

鹿苑浮屠号雀离，不知何代雁埋时。
七重岊峚烟霄近，八宝玲珑殿阁卑。
晓日辉煌千柱澈，晚风摇动一铃危。
白云变幻无今古，屹对竿山自等差。

3. 凉台玩月

何代凉台构得成，此间玩月最分明。
匣开金镜三秋满，帘卷云罗一幅横。
眺处关山随意阔，坐来河汉澈心清。
裴裹终夜□□□，触我悠然世外情。

4. 涧水涛声

一派清溪绕寺前，盘涡触石几经年。
滔滔倒峡惊翔鹭，滚滚飞泷望跕鸢。
雪浪奔腾声震地，银涛泙湃势连天。
涧中那待阳侯弄，不啻灵胥日往还。

5. 竿山迭翠

霖落山中第一山，龙湾凤岭两相环。
晚霞辉暎蚬旌灿，旭日光含翠山殷。
幡际风来摇蜀锦，竿标雨歇点苔斑。
逼人爽气禅心静，无限岚光指顾间。

6. 乳岩寒溜

霖落诸峰峭碧空，乳岩石齿漱玲珑。
醍醐灌顶佛头际，甘露沁心僧眼中。
滴滴归源嗟有限，嗷嗷待哺叹无穷。
此山安得盈天下，补足乾坤化育功。

7. 香泉甘洌

寺号香泉泉果香，泉香寺古两芬芳。
共传嘉醴生斯地，不比灵膏降彼苍。
冽仿曹溪流处冷，甘同玉酒饮来凉。
时看佛洞涓涓滴，滴乳岩前意味长。

8. 炉山夕照

日暮烟凝万壑阴，博炉顶上景萧森。
乌踆返照落犹缓，鸦背夕阳多未沉。
岚气斜开千迭翠，波光碎点一溪金。
冲烟更见牛羊下，带月僧归莫并吟。

赵汝霖《霖落八景诗》（并序）为香泉寺东寺千佛洞（华严洞）前碑刻，长137厘米，高69厘米，字体秀雅，生气勃勃。此碑以"香泉八景"为题，为现存碑刻中所仅有，保留了八景的名称及内涵，丰富了宝刹的文化积淀。作者赵汝棠是新乡县人赵珂之子，赵氏家族乃清朝道光年间新乡县名门大户，与香泉寺渊源颇深。赵珂七世同居，道光四年（1824）赐立"七世同居坊"，现依然立于新乡饮马口。

第三节 长垣八景

2019 年 8 月，经国务院批准，长垣撤县设市，由省直辖新乡市代管。总面积 1051 平方公里。2018 年末，长垣市总人口 88 万人。截至 2019 年，长垣市下辖 5 个街道、11 镇、2 乡和 1 个省级高新技术产业园区，市政府驻蒲西街道人民路 368 号。

长垣位于豫东北地区，居郑州、新乡、安阳、濮阳、开封、菏泽等城市之间，东隔黄河与山东省东明县相望，南与封丘县、兰考县毗连，北与滑县、濮阳县接壤，因古时"县有防垣"而得名。

明嘉靖《长垣县志》记载："长垣，是为古匡。""东连兖境，西接滑台，澶渊在其北，黄河经其南。虽四野平衍，而无山溪之险，然修木广甸，淤土丰林，堤岸障大河之冲，镇店据要害之处。诚王畿之名区，圣宁之大县也。"①

长垣，春秋时称蒲邑、匡邑。西周时属卫国。春秋时期，卫国于长垣之地同时置蒲邑（今长垣县城）、匡邑。著名的匡人围孔，发生在此地。历史上著名的截击战—桂陵之战，就发生在长垣县张三寨乡北部大岗村一带。②

关于长垣风景名胜，统算起来有十八景之多。广泛流传的《四致八景歌》就有八种版本，流传最广影响最大的是这样一首：

> 四致八景，出在蒲城。北杏坛，南蘧公，子路坟，府君厅。毛家潭有个秋月明，铜钟、石鼓准时响，双头石鱼水上行。尊经阁，琉璃井，北门里头玉芽生，玄帝庙上灵芝草，白衣阁上金小虫，圣人琴，自己鸣，关夫子勒马听琴声，金马驹，卫王城，桧楷二树最有名，我

---

① （明）嘉靖《长垣县志》卷一《形势》。

② 中共新乡市委宣传部、中共新乡市委政策研究室编著：《新乡五千年》（增订本），华夏出版社 2004 年版，第 49—50 页。

说这话并不假，你没看，竹林寺有影无踪。①

"四致"，是指长垣县城四个方向的四处名胜古迹，即四个景致。

北杏坛即学堂岗圣庙，孔子讲学旧址。

南蘧公即蘧伯玉，名瑗，春秋时卫国蒲邑（河南长垣）人，卫国士大夫，孔子称其为君子。伯玉为孔子挚友，对孔子儒家思想形成产生过重大影响。现今的蘧公祠，坐落在蘧公故里——伯玉村西。

子路坟，在县东北三里岳庄，子路曾为古蒲首任县令，在位三年，政绩卓著，孔子称为"三善之地"。邑人感其德，死后葬其遗物为坟，立祠祭奠。

府君厅在县西耿庄烂柯台上，是纪念唐代治理黄河有功的崔子玉而建的庙宇，树木茂密，风景幽美，今遗址无存。

这首歌在长垣民间已传播几百年，它承载着长垣厚重的历史，包含着长垣民众对家乡历史上早年的光芒所萌生的骄傲情感。依照歌中所唱，其内容包含位于今县城北、南、东、西的杏坛圣庙、蘧公祠、子路墓、府君厅四处主景，以及散布于城内城外的毛家潭、铜钟、石鼓、双头石鱼、尊经阁、琉璃井等，共十八处景致。

长垣名胜古迹传说中的"四致八景"，除四致是古迹外，对八景应有所区别。"毛潭"在傅堤村北、原潭深水清，秋月潜影、宛如沉璧。毛潭于1933年被黄水淤平。"桧、楷"二树在原寡过书院，属稀有植物，今无。"尊经阁"系藏书处。"琉璃井"在黉学处，因声音清脆，故名。②金马驹、关夫子勒马听琴等则带有明显的神话传说色彩。长垣大地上确实存在并明白记载于史书的青岗寺（青岗夕照）、淘北河（淘北渔歌）等著名景致不在歌中。因而，"四致八景歌"带有明显的民歌成分，虽在很大程度上反映了前史存在，但不能彻底包含和等同于史实。

研究者以"四致八景歌"为主要内容，以明清《长垣县志》等史书记载为主要根据，以现存地上文物为主要佐证，选定长垣八景如下：

---

① 长垣县地方史志编委会编纂：《长垣县志》，中州古籍出版社1991年版，第490页；关媛媛主编：《风物长垣》，河南大学出版社2013年版，第193页；宋广民主编：《长垣古代八景》，长垣县政协文史委、长垣县文史研究会2017年编制，第3页。

② 长垣县地方史志编委会编纂：《长垣县志》，中州古籍出版社1991年版，第490页。

杏坛琴韵、蘧祠书声、仲墓晚霭、烂柯遗梦、毛潭秋月、淘北渔歌、青岗夕照、竹林烟雨。

一 杏坛琴韵

杏坛在长垣县北十里学堂岗，"相传孔子尝过此讲学"①。

长垣"四野平旷，无高山、大川，然太行发脉西北，故境多岗峦"。学堂岗"在县北十里，平广突兀，登之俯视四旁，真一邑主山。近岗土皆赤色，乡人多以造神，亦地脉坚凝也"。②《名胜志》载："昔孔子聘列国，与弟子弦诵于此，故曰学堂岗。"历代县志对学堂岗皆有描述，民国《长垣县志》记载："岗极高耸，与小岗③南北相望，上有孔子庙，建自何代言者不一。元遭兵火，残废无存。明天顺三年重建，嗣后屡经修葺。庙门内为大成门，再内为大成殿，内塑孔子与子路、曾皙、冉有、公西华四贤言志像。殿左右两门为'春风''化雨'。后有杏坛，坛后二亭，左为'问志'右为'咏归'。后院堂曰'深造'，东西有'成德''达材'二斋。庙貌宽广，形势巍峨，碑碣林立。惟大成殿前二碑光璧如鉴，古柏参天，大可数围。每值春际，白云缭绕，绿荫相映，远道望之，俨如山庄，允称名胜之地。"④

明正德九年（1514），开州知州张懋贤于曾皙像前置瑟，改春风亭为"展才亭"，化雨亭为"鸣琴亭"。清康熙年间，种杏树数十株。明代《长垣县志》载："工匠陈海、崔旺等，夜闻琴瑟之声，清越盈耳，众惊起，异之。""常闻夫子琴声，故庙东南隅有关夫子勒马听琴处，足证当时灵胜。"⑤

可见学堂岗确属当年孔子周游列国途中弹琴讲道之地，"杏坛琴韵"至今仍在长垣大地清越回响。

今学堂岗古杏坛仍遗存大殿、碑亭各一座，孔子与"四子"言志雕

① （明）嘉靖《长垣县志》卷四《学校》。
② （清）康熙《长垣县志》卷一《山川》。
③ 民国《长垣县志》卷三《地理志》记载："小岗在县北九里，与学堂岗南北相望，隆然高起，广约数十亩。虽经河水浸刷淤垫，现仍突兀特起，高出平地数寻。"
④ 民国《长垣县志》卷三《地理志·名胜》。
⑤ 民国《长垣县志》卷三《地理志·名胜》。

塑一组，崔景荣、李化龙等朝廷重臣名士撰文碑石数通，为"长垣古代八景"现在保存最完整者。

明代苑马寺卿开州王崇庆《学堂岗》诗一首：

> 尼父遗祠何处藏，蒲城郭外有高岗。
> 每思衰凤自陈迹，况睹获麟空断肠。
> 云去水流樵唱远，春来花落燕泥香。
> 可怜日暮无津问，白首柴扉梦欲狂。①

清长垣县教谕王景源《学堂岗谒圣感赋》：

> 圣跸流连偶驻车，云烟缥缈复客舆。
> 千秋俎豆高山仰，一代宫墙落照余。
> 历历唐碑无漫漶，萧萧汉柏尚扶疏。
> 春风化雨依然在，愧对兵农礼乐书。②

二　蘧祠书声

明嘉靖《长垣县志》载："蘧公祠在县南十里。"③ 明代邰永春《重修伯玉祠记》记载："蒲之南计十里许有蘧伯玉塚，塚前有祠，人谓之蘧公祠，祠有像有廊有庑，春秋有祀，盖其来旧矣。"④

蘧公即蘧瑗，字伯玉，"卫之贤大夫也"，"外宽而内正，仁而有智，吾夫子以君子哉称之。谓其邦有道则仕，邦无道则可卷而怀之"。"先民论古之君子孝慈友弟达于一乡，谓'乡先生'。及其殁也，乃祭于社而咸所不废焉。则伯玉之行实岂特著于一乡？而其祠祀亦岂可少乎其茔与祠？"蘧公"其行之有以动后世而爱之，自不能已也"。因此地方官员"怀古思贤"，"仍其旧而葺之，尊崇祇事，以风示当世"。⑤

现蘧伯玉祠位于蘧公故里——伯玉村西，坐北面南，总面积约1万平

方米。祠有两个院落，山门为砖木结构建筑，上悬匾额："内黄侯祠"。第一庭院中心主体建筑曰"君子堂"，堂前碑刻林立，多为明、清官府重修蘧子祠碑记。过"君子堂"进入第二庭院，中心主体建筑曰"寡过轩"，红柱绿瓦，飞檐重脊。有蘧伯玉塑像，栩栩如生，两书童左右侍立。"寡过轩"东西山墙各有名人诗碑，书法甚佳，学生常至此捶石拓字，奉为字帖。

在长垣城内东南隅，还有一处古建筑，明正德年间，初为子路祠，嘉靖中并祀蘧伯玉，后改祀子路于北街，此处独祀蘧伯玉，曰"蘧公祠"。清康熙五十九年（1720）知县赵国麟修蘧子祠，改曰"寡过书院"。有前后二堂，前曰"君子堂"，后曰"及圣堂"，号有"知非轩"和"寡过轩"。该祠毁于日军之手。

明进士翰林长垣县县丞陈东光《谒蘧公祠》：

> 君子高风何处追，星垣南畔有荒祠。
> 一庭芳草闻清昼，半亩佳城对古陂。
> 寡过心存应未朽，卷舒道在总堪师。
> 至今伯玉犹名里，萍藻乡人不尽思。①

长垣政协宋广民诗一首：

> 蒲草丰茂柳色清，蘧公祠堂慕蘧公。
> 千古一人真君子，百代唯此笃圣明。
> 外宽内直性忠恕，胸襟坦荡情虔诚。
> 仰望总觉隔尘沙，恨不当初悔晚生。②

三 仲墓晚霭

仲墓就是仲由墓，也叫子路墓或子路坟，在今县城东北落阵屯村西南、岳庄村北处。

---

① 民国《长垣县志》卷十五《艺文志·诗》。

② 宋广民主编：《长垣古代八景》，长垣县政协文史委、长垣县文史研究会 2017 年编制，第 6 页。以下录宋广民诗均见此书。

仲由（前542—前480），字子路，又季路，鲁国人，孔门十哲之一。

仲由性情刚直，好勇尚武，曾陵暴过孔子，孔子对他启发诱导，设礼以教，子路接受孔子的劝导，请为弟子，跟随孔子周游列国，做孔子的侍卫。后做卫国大夫孔悝的蒲邑（今长垣）宰，以政事见称，为人伉直，好勇力，任内开挖沟渠，救穷济贫，政绩突出，辖域大治。

明嘉靖《长垣县志》载："仲由墓在城东北三里，墓前有祠。正统间重修，济南杜仁杰记。天顺间知县刘弘增修。弘治十八年（1505），知县白思诚悉撤其旧新之。"① "子路墓在东关外，有祠，正堂两厢严然森列。"② 后历代皆有修葺。

长垣仲由墓千百年来经过多次修建，规模宏大，气势俨然。每至黄昏时分，青烟云气蒸腾旋绕于殿宇墓冢之上，盘桓于苍柏青松之间，一幅神秘灵异之态势，一派圣伟庄肃之境况。由此，"仲墓晚霭"被长垣人民赞为胜景。

子路一生与长垣可谓形神交深。当年孔子周游列国至匡地，被匡人"围而拘之"，是子路不顾个人安危挺身救下孔子性命。后来子路为蒲"县令"，被孔子"三称其善"之事妇孺皆知。及至因内乱子路战死，蒲人深怀感恩戴德之心葬其圣骨于长垣热土。录宋广民诗一首：

> 救匡治蒲铸三善，丰资绰约三千年。
>
> 见义必为逞刚毅，遇危而拯显雄健。
>
> 经络河渠丰茂林，纵横阡陌润沃田。
>
> 所幸仲由开局好，古蒲代代有新篇。

四　烂柯遗梦

古蒲烂柯台旧址在今长垣蒲西区西耿村。明嘉靖《长垣县志》记载："府君庙在县西三里耿村，即烂柯台，知县杜纬重修。"③ 民国《长垣县志》记载："烂柯台在长垣县西三里，台之东有崔府君庙，西有贡张刘三

① （明）嘉靖《长垣县志》卷八《古迹》。

② （清）康熙《长垣县志》卷二《塚墓》。

③ （明）嘉靖《新乡县志》卷三《庙貌》。

公祠。"崔府君庙，俗称"府君厅"，因唐开元中卫令崔瑗以治水有功而祀之。①

"嘉靖三十五年，知县钟崇武于台之南建团亭，设石棋盘，又南起凭虚阁，宛然仙境。"明万历、清嘉庆和民国二十三年（1934）有重修，尤其是民国时期，重修了"大殿三间、山门一座及周围院墙，并塑崔府君神像。棋盘初移置西关鹤林庵，复移于城内，今不可寻矣"。② 古蒲之烂柯台一如陶潜笔下之武陵桃源，以无说有，似有还无。

在长垣县西三里耿村东北，传说此处有一老者，名叫王质，一天他去田中劳作，看到树下有两位老人在下棋，就把手中的斧子别在腰上，坐在边上看。看着看着，他发现身旁的树叶一会黄一会绿，也不知道变了多少回。时间过了许久，王质要起身回家，突然斧头掉到了地上，斧把已经全糟了。王质心里奇怪，但也没多想。当他回到村里一看，村里大不一样，村里几个老人问他找谁，他说出自己的名姓之后，几位老人大吃一惊，说，数百年前有一老前辈名唤王质，去犁地未归，无有踪影。王质听了这话，简直是惊呆了，无奈之下只好走出了村，不知所踪。后人为纪念他，便就把府君厅改为烂柯台。③

后以"烂柯"指世事变幻，烂柯人可指樵夫，也可指久离家而刚回故乡的人，亦指饱经世事变幻的人。"烂柯人"的故事常常被人们用来形容人世间的沧桑巨变。相似例子还有晋干宝《搜神记》，还有南朝刘义庆《幽明录》等记载刘晨、阮肇遇仙的故事。

唐代诗人刘禹锡诗中"到乡翻似烂柯人"一句④，就引用了这个典故。诗人用王质自比，表达了他遭贬离开京城20多年后，人世的沧桑巨变所带给他的恍如隔世的感觉。

---

① 民国《长垣县志》卷三《疆域志》。

② 民国《长垣县志》卷三《地理志·古迹》。

③ 相似的故事有南朝梁任昉《述异记》："信安郡石室山，晋时王质伐木至、见童子数人棋而歌，质因听之。童子以一物与质，如枣核，质含之而不觉饥。俄顷，童子谓曰：'何不去'？质起视，斧柯尽烂。既归，无复时人。"

④ （唐）刘禹锡《酬乐天扬州初逢席上见赠》："巴山楚水凄凉地，二十三年弃置身。怀旧空吟闻笛赋，到乡翻似烂柯人。沉舟侧畔千帆过，病树前头万木春。今日听君歌一曲，暂凭杯酒长精神。"

明隆庆年间长垣知县胡宥《烂柯台》诗：

> 桑田凡几变，一局未曾终。世路茫茫里，高台回入空。
> 看弈自何年，柯踪已复灭，仙令去不回，政声犹未绝。①

清人孙烈《烂柯台》诗：

> 烂柯人去此台空，树木萧疏起雁鸿。
> 古道轮蹄斜日外，谁家鸡犬暮云中。
> 千秋徒忆赤松子，一局全输白石翁。
> 寻得仙源须尽醉，隔村遥见酒旗红。②

五　青岗夕照

青岗在长垣县城西北 20 里樊相镇青岗村，"平地突起，土皆青色，故名。岗顶有寺，曰龙泉。下有白莲池，南二百步有小阜，相传为英王塚"③。登岗"俯望无际，古意苍茫"，向为蒲城内外雅士达人观霞赏晚之佳处。千百年来，"青岗夕照"被人们赞为古蒲胜景。

明代长垣人成宰《重登青岗寺》诗：

> 瑶草金花长欲齐，廿年曾此一攀跻。
> 看山烟嶂樵须问，入寺云深路欲迷。
> 新构楼台多下下，旧知禅主落东西。
> 怜予病懒偏宜静，旋草新诗壁上题。④

明万历年间进士成少龙曾有诗《游青岗寺》曰：

---

① 民国《长垣县志》卷十五《艺文志·诗》。
② 民国《长垣县志》卷十五《艺文志·诗》。孙烈，字耿光，倜傥多艺，以诗书尚其志，遨游河朔间，垣之绅士多友焉。
③ 民国《长垣县志》卷三《地理志·山脉》。
④ 民国《长垣县志》卷三《艺文志·诗》。成宰，字以赞，号忠山，河南长垣人，嘉靖乙卯（1555 年）举人，历任安邑教谕、兰阳教谕、陈留知县，官至睢州知州，政绩卓著，州人万品称颂，著有《适和堂诗集》。

迤逦青岗寺，登临曲径幽。闲僧眠海日，野鸟啭云楸。

背削千寻岸，前萦万里湫。东来堤影灭，紫气绕林稠。①

苍树、曲径、古寺、老僧、归鸟、夕辉，以及远处堤影河踪，头顶紫气萦回，等等。可见当年"青岗夕照"的妙处。而今古寺不存，青岗犹在。

六 毛潭秋月

毛潭，又称"毛家潭"。"四致八景歌"中的"毛家潭有个秋月明"即指此。《长垣县志》载："毛潭，未详，俗云黄河泛滥而成，以其上居民有毛姓者，故名。"② 清康熙《长垣县志》记载："毛家潭在县东南十五里，水深满，四时不竭。相传中有神物，天旱往往于此致祷。亦多鱼鲜蒲荷，故人称'毛潭秋月'，为邑一景。"并载："万历丙戌大旱后，浅枯不复衍沃。岂地脉固亦有盈虚欤！"③ 清嘉庆《长垣县志》记载："毛家潭在县东南十五里，今涸。"

可见曾清照长垣故人的毛潭于明代万历年间已逐步枯没。而"毛潭秋月"，却永久嵌刻于长垣人心田，至今净澈澄明，华光如洗。录宋广民诗一首：

秋潭澄澈意未寒，皎月如轮水上眠。

孤舟系柳蒲草静，短亭倒影绿荷闲。

古潭如梦秋节好，嘉禾夜香笼轻烟。

如此美景可入画，好作夜半枕上看。

七 竹林烟雨

古蒲竹林寺在今县城东 35 里的苗寨镇柳冢村一带。柳冢村一带在金、元之际为长垣县城所在地。

---

① 长垣县地方史志编纂委员会：《明清民国长垣县志（整理本）》，1993 年内部印制，第
334 页。

② （明）嘉靖《长垣县志》卷八《古迹》。

③ （清）康熙《长垣县志》卷一《山川》。

清康熙《长垣县志》记载："柳冢村在今县东北四十里，地名鲍堌，金迁长垣县于此。今有废城，宽垒深壕，犹然险阻，中间居民成聚，东隅古寺古塔，风景顿殊，每烟云四起，林木苍茫，鸟声喧杂，令人兴吊古之思焉。"[①] "竹林寺烟雨，为邑胜景，今犹多苍树竹林断石，古意森然。"

明代初年，黄河由向东流入黄海改为向北流入渤海，位于苗寨镇柳冢村一带的长垣县城被改道向北流的黄河吞没，县城被逼迁至现在所在地。竹林寺等建筑也随黄河的不断泛滥消失得无影无踪，一百多年里笼罩竹林寺的烟雨戛然停歇。旧日城池胜迹，现在仅余黄沙村墟。从此，"竹林烟雨"胜景仅成长垣后人梦境。

录宋广民诗一首：

> 竹林烟雨锁大河，烟雨堪比黄沙多。
>
> 空口氤氲障天地，苍翠葱茏掩村郭。
>
> 旧城寂灭青竹茂，古塔寺角枕浪波。
>
> 竹枝养眼雨润心，六百年里未销磨。

八　淘北渔歌

淘北即淘北河，也称"淘背河"。清康熙《长垣县志》载："淘背（北）河在县南三十里，自封丘县东流至纸坊集入河。凡遇黄河大溢，即由此东行，亦一要害。"[②]

咸丰五年（1855）六月，黄河决口于北岸铜瓦厢，由盘岗里入县境，将淘北河冲断。后又黄河两次西移，将淘北河冲没。

旧日淘北河为县域内黄河首要支河，曲流数十里，绿水舔岸，柳荫蒲丰，群鱼跃波，轻舟穿行，一派"北方江南"景象。自明及清，县民及李化龙等许多达人儒士每每于此举桨击流，以"淘北渔歌"入诗。今虽河迹难寻，终是渔歌未灭，正可以诗隔世对唱。

明兵部尚书长垣人李化龙《秋日同友人淘北河泛舟》：

> 晚烟漠漠水苍苍，一片平林带夕阳。

---

① （清）康熙《长垣县志》卷一《古迹》。

② （清）康熙《长垣县志》卷一《山川》。

把酒放歌秋色里，不知何处是潇湘。

蓼花无数送扁舟，一曲清溪万顷秋。

此际风光何所似，楼船箫鼓下扬州。

长天秋色下垂杨，风起汀花夹岸香。

自是此中堪避世，谁传启事到沧浪。

年年湖上好经过，啸月吟风乐事多。

一笑莞然成莫逆，利名原不到渔蓑。①

2015 年 12 月，长垣县政协组织绘制了长 7 米、高 1.2 米的巨幅图卷重点展示了明清以来 20 个长垣景点，可作长垣版 "清明上河图"，这 20 个景点分别是：

城楼迎熏、宝塔迎晖、白塔晓钟、铜塔迎荷、古庙玉芝、宋槐挺翠、文庙风润、白阁听虫、魁星射门、蘧祠风清、城隍城隍、文治武功、三善遗辉、青岗夕照、杏坛春辉、竹林烟雨、烂柯遗梦、淘北渔歌、毛潭秋月、春满凤沟。②

第四节 原阳八景

原阳县属河南新乡市，地处豫北平原，南临黄河，东接封丘，西邻武陟、获嘉，背靠新乡、延津，南于中牟和郑州郊区隔河相望，历史悠久、文化灿烂、物华天宝、人杰地灵。全县辖 4 镇 8 乡 2 个办事处（其中原武镇、桥北乡、祝楼乡和龙源街道办事处委托新乡市平原新区管委会管辖），总人口 62 万（2016 年），区域总面积 1022 平方公里。

原阳古称博浪沙，因张良刺秦于此而闻名于世。自秦汉至元代，先后出过 16 位官邸宰相之职的著名历史人物。有张良刺秦古遗址，有保存完好、具有民族风格的明末清初民宅夏家院，以及陈平祠、张苍墓、毛遂墓、玲珑塔等名胜古迹。

秦时始置阳武县，西汉置原武县。宋神宗熙宁年间，并原武入阳武，

---

① 民国《长垣县志》卷十五《艺文志·诗》。

② 宋广民主编：《古蒲梦华》，长垣县政协文史委、长垣县文史研究会 2016 年编印。

宋哲宗元祐年间复置原武县。1950 年 3 月，原武、阳武二县合并为原阳县（以二县首字得名）。

一　原武八景

原武，古卷地。战国属魏。秦属三川郡。汉始置原武县，属河南郡。东汉属河南尹。晋省。东魏孝昌中复置，改名广武县，属广武郡。北齐省。隋复置，改曰原陵，属荥阳郡。唐初复名原武，属郑州荥阳郡。宋初省入阳武县。后复置，属郑州奉宁军。金属郑州。元属汴梁路。明清属开封府。雍正二年（1724），改属怀庆府。

清乾隆《原武县志》记载："原虽弹丸，其来也久，荒垄断碣，或为会盟区，或为战斗场，皆历历不可泯灭，使学士骚人悲歌慷慨。上下千古，有不能自禁者，故于其见之经传，其人足以资景仰，其言足以垂典训者，节录其文，缀于各古迹之下，使怀古者，有所考焉。"① 并附八景图。

清康熙《原武县志》有《景图说》："原陵（即原武）一望平坦，无名胜奇观足供登临。然夫人胸中自有邱壑，苟兴会所至，虽勺水、拳石，亦可与桃源、雁荡并作佳丽。矧遗迹种种尽堪物色者乎？续录于兹，以补旧志之缺。"②

民国《原武县志》记载："原武八景，旧有志，奚续为？然时移境迁而景亦迁。且今喜新而旧厌者日举，旧有之古迹而摧残之，殆不欲古迹之尽终古也。使不再记，恐无以传昔日之薪，存今日之果，留庐山面目于后世。此记之不得不续也。"③

1. 烟寺暮雨

烟寺指善护寺。明代进士副使、邑人阎邦宁《重修善护寺记》："原武县治东有善护寺，面深池而背乔林，左郊坰而右楼堞，碧殿峻层，浮屠冲霄，朱门洞启，金像庄严，壮哉观也。每节旦朝仪习于斯，有司之送迎庆贺必于斯，乡先生之登眺、儒硕之文会，与夫村童野叟之游观必于斯，

---

① （清）乾隆《原武县志》卷一《古迹》。
② （清）乾隆《原武县志》卷一《景图说》。
③ 民国《重修原武县志》卷二《八景》。

诚一方俱瞻之盛地也。"①

善护寺有玲珑塔，又名雁塔、徽塔，明万历《原武县志》记载为"宋徽宗（崇宁四年）时建"。②

乾隆《原武县志》记载："善护寺傍城之东，外有清溪环抱，雁塔雄峙其左。每当暮雨阴霭，零雨空濛，水光潋滟，树色烟笼，觉城郭人物隐隐如在图画中。"③

民国《原武县志》载："天午晴霁，亦有浮烟缭绕而袅袅。若日落云起，暮雨蒙蒙，雨气又霭霭乎四合。对雨观寺，盖奇景本在烟笼中。乃烟景又入雨景，雨景中反含烟景，真是一大幅画图也。"④

（清）詹槐芬

春雨如膏晚际浓，玲珑塔畔瑞云封。
牧人不惜牛羊下，野老初欣霡霖逢。
两岁骄阳溪水涸，三农枵腹寺烟慵。
为期恺泽无晨夕，景物新添返旧容。⑤

（清）张灿然

云水苍茫古寺赊，金堤一望隔平沙。
淖深欲阻诸天路，雨骤欷闻双树鸦。
璘草残碑迷鸟篆，敲钟老宿湿袈裟。
行人何处匆匆至，倾盖山门日已斜。⑥

---

① （清）乾隆《原武县志》卷九《艺文》。

② 孟迎朝、范洪潮主编：《原武阳武明清县志（合订本）》，2007年内部印制，第31页。

③ （清）康熙《原武县志》卷一《八景说》。

④ 民国《重修原武县志》卷二《八景》。

⑤ （清）康熙《原武县志》卷六《艺文·诗赋》。詹槐芬，字元直，号木斋，江西浮梁人，举人，清康熙二十六年（1687）任原武县知县，参与校订康熙二十九年（1690）《原武县志》，此志卷六《艺文·诗赋》收录了詹槐芬八景诗。

⑥ （清）康熙《原武县志》卷六《艺文·诗赋》。张灿然，字天章，清代人。邑廪膳生员，参订康熙二十九年（1690）《原武县志》，此志卷六收录了张灿然八景诗。

2. 龙潭月照

龙潭位于原武镇西关村，因潭中有五只泉眼，亦称"五龙池"。

民国《重修原武县志》主纂乔纯修在中秋节节后某晚欣赏了"龙潭月照"美景：

> 戊辰秋，中秋节节后一日也。晚游，出西城过桥，沿城海北行，转西，见一庙古甚，庙塑五龙神像。前有方池约半亩，砌以砖，俗曰五龙池。因向父老问龙潭月照处，曰不知。无如何，依池槛立。顷，月升。东望，从月光下见千朵女墙排列如画，西空阔，乏居民宅，而护城堤若大带远束状。南左，三官庙竦立；右关帝庙陪峙；中则洞辟重门，由门首直达池前。池后五龙庙背，有屋脊檐角隐见朔方者，三仙圣母阁也。俯视池中，月光下临，则池外古树森森，碑碣林立，交加掩映，举含于池水清澈空明中。余翻然悟曰："此非龙潭月照耶？嗟，嗟！此潭如此明澈，谁与触目感怀，澄乃心以澄中原乎？"①

（清）吴士达

泽国多陂涨，龙潭独著名。夜凉池有影，秋静月无声。

只少星光映，能添露气清。云行霖可作，何止濯尘缨。②

（清）任洵

灵雨禋龙德，开塘贮月盈。天光寒侵夜，水气静生明。

兔魄惊无着，骊珠信可擎。冰壶心自在，倚槛不胜情。③

3. 大河春涨

大河即黄河，"源自昆仑，而甘、而秦晋、而豫、而又齐鲁入海，皆黄河也。其豫而亘我县南者，水尤大，故曰大河"。"夏迭漫，常事也。惟春桃花开时，他水皆平不潮，此独陡涨，河工人谓为桃花汛。每惊涛溢

---

① 民国《重修原武县志》卷二《八景》。

② （清）乾隆《原武县志》卷十《艺文·诗赋》。吴士达，清代诸生，江西婺源人。所作原武八景诗收录在乾隆《原武县志》卷十《艺文·诗赋》。

③ （清）乾隆《原武县志》卷十《艺文·诗赋》。任洵，昆明人，清代延津令署原武。所作原武八景诗收录在乾隆《原武县志》卷十《艺文·诗赋》。

盈两岸，与岸上之千条柳丝摇曳风流者返映焉。转盼岸中，则岸中之中流击楫者，又如大江之龙舟竞渡焉。若夫逆水而行，其行迟迟者，若有不进则退之势焉。而势如疾矢顺流东之者，则直一帆风顺焉。至于随波上下与洪波争起伏者，则有渔舟之逐浪渔焉。"①

（清）詹槐芬

源出天潢次第开，东风浪暖自西来。

南堤北岸勤修筑，水立沙流惊溯洄。

信宿渔舟还泛泛，新畬滩土亦每每。

编氓不谙沧桑理，强讼公庭枉费财。②

（清）任洵

河水排空下，当春景正和。落桃乘浪暖，新柳拂帆多。

渔旁鸥汀醉，农依麦垄歌。临流欣有愿，长见不扬波。③

4. 金堤柳浪

金堤者，黄河之北岸堤也。大河之北，"金堤绵延，两旁新柳繁盛，岁当阳和时，条风布暖，摇荡晴丝，垂杨万本，飞絮起伏，一如雪浪排空"。④

（清）张灿然

长堤数里柳如衙，十载移植傍水涯。

雨过半湾清影瘦，风吹千柳涨痕斜。

层层夜涌谁夜月，哑哑朝鸣何处鸦？

把臂故人同一玩，几回敲句走惊沙。⑤

---

① 民国《重修原武县志》卷二《八景》。

② （清）康熙《原武县志》卷六《艺文·诗赋》。

③ （清）乾隆《原武县志》卷十《艺文·诗赋》。

④ （清）康熙《原武县志》卷一《景图说》。

⑤ （清）康熙《原武县志》卷六《艺文·诗赋》。

（清）詹槐芬

谩道西湖柳浪深，何关民莫费沉吟。

原堤万树条条绿，小堡千夫夕夕阴。

积累栽培劳拮据，旬时灌溉惧霖霪。

游人若羡莺花景，水不扬波听好音。①

5. 卷城晓烟

卷城，今原武镇卷城村，原武于战国时期称为"卷"，距当时原武县城北约六七里，旧址徒存，而宫室城郭不再，只是冈阜一村庄而已。每当旭日初升，烟雾弥漫之时，残堞之影摇曳于树色苍茫之际，人们便恍如置身于海市蜃楼之境，宛然当年卷城犹在也。

民国《重修原武县志》主纂乔纯修曾记载："读汉《天文志》，有蜃气象楼台，每见于旭日初出，沧溟浩渺之际，曰海市。一旦过圈城村南约百步，正闻鸡鸣嘐嘐，天方昧爽，其村边树影扶疏，似云非云，似雾非雾，从烟际缥缈轻笼淡锁中，倏见出千朵雉堞，排历历，宛然当年卷城犹在也。东映明星，残月挂于西，又从雉堞眼孔遥窥，见依依稀稀者多楼头台顶之重迭。而雉堞下若城门洞辟，恍惚间有金色马奔出绕城。至于籴粟幼子随卖花老翁前行，皆若有望而欲入状。倾，日出，烟散去。回首思，真是人间仙境。此实我所目睹者，不可与蜃嘘海市同观乎。"②

（清）任洵

秦楚频争后，卷仍古魏疆。烟生侵树茂，日上耀颓隍。

野色怜葱郁，遗踪叹渺茫。村农方出作，独与劝麻桑。③

（清）詹槐芬

晓过卷城忆古先，到今台址久茫然。

何伤于日枝头雾，不可以风马后烟。

倏然蜃楼谁瞥见，深藏金马洵虚传。

---

① （清）康熙《原武县志》卷六《艺文·诗赋》。

② 民国《重修原武县志》卷二《八景》。

③ （清）乾隆《原武县志》卷十《艺文·诗赋》。

后人嗜古休凭吊，土物藏心咏大田。①

6. 扈亭斜晖

扈亭，明万历《原武县志》记载：公元前 620 年，鲁"文公七年公会晋大夫盟于扈"。"扈，时为郑地，荥阳卷县西北有扈亭。"② 清康熙《原武县志》载：今相传县南盟仙庙为扈亭所在地。清乾隆《原武县志》称"扈亭城"。

春秋时期，南北争霸，扈为会盟要地，屡见经传，不能悉载。盟仙庙内祀二神，相传以为晋文公、楚庄王，康熙年间重修，盖其地即扈亭遗址。迄今久历星霜，栋宇摧残，鞠为茂草矣。所剩者，只有夕阳返照影射桑榆，樵歌牧笛响振林木而已。

民国《重修原武县志》记载："城东南里许有盟山庙，即古扈亭旧址。扈亭，古盟地，原以敦国好而息列国之争也。初必殿宇宏敞，足资盟会用。庙北枕天然渠，屈曲如小川；大堤带于南；附近有积土若山，山根古碑林立，目多老树。其与老树左映者，房垣重迭，庙东居民村也。树尤茂，恒蔽朝旭。惟西邻郊野，时有牧童樵子往来于其地。然地阔而天自空，每当夕晖斜照，则此庙之荒落苍苍乎暗淡其色者，俄顷则在在增辉。"③

（清）吴士达

万国趋王会，郊亭落日闲。斜薰芳草暖，回照上花殷。
猎马从禽返，耕牛引犊还。不辞归路晚，明月上前湾。④

（清）张灿然

当年列国罢同盟，卷衍空于河畔亭。
无数霜华连古庙，几经落日照疏棂。
乌声不断风前柳，花气长来野外萤。

---

① （清）康熙《原武县志》卷六《艺文·诗赋》。
② 孟迎朝、范洪潮主编：《原武阳武明清县志（合订本）》，2007 年内部印制，第 92 页。
③ 民国《重修原武县志》卷二《八景》。
④ （清）乾隆《原武县志》卷十《艺文·诗赋》。

乘兴等闲时一眺，白云红树满沙汀。①

7. 灵鹊晴沙

灵鹊指灵鹊山，明万历《原武县志》记载：灵鹊山又称"狗脊山"，"在县北护城堤外"。②清康熙《原武县志》记载，灵鹊山"中产沙"。③乾隆《原武县志》记载："灵鹊山，俗名狗脊山，在北护城堤外，中产粗沙，俗呼为马牙沙，后没于河。"④

灵鹊山实乃一土山，登高远眺，一望无际。后被河水冲没，鸟篆平沙，草绣金堤，邻僧垒塔，与树影参差，交相掩映，为当时一景。

民国《重修原武县志》记载：灵鹊山在北郭外，本土阜，无层峦迭峰之胜。既没于河，灵鹊几不翼飞。顾父老相传，此地微凸处即当年之山。山下有古刹，内松柏苍翠，与外之野花、蔓草、老树扶疏于山上者，皆足为灵鹊生色，佳景也。今成平沙一片，游人至此，不禁有旧观尽改，世代沧桑之感。然此沙当天放大晴，有无数金星映日之光，光之夺目，朗朗然明，反疑天上金星散落满地。而此地复时有鸟迹兽蹄留若篆痕，从日光下观，又未始不可引画获学书逸兴焉。

（清）詹槐芬

灵雀山夷灵雀飞，惟遗一片土沙肥。

民劳瘠壤思迁善，物不珍奇可疗饥。

三载素餐羞夜月，一村杼轴弄晴晖。

虽无高阜留名胜，也有平林望翠微。⑤

（清）任洵

山经河水没，灵鹊亦空名。断岸长依郭，荒原久辍耕。

雨余沙漾锦，烟际草含荣。空翠连僧舍，停车恋晚晴。⑥

---

① （清）康熙《原武县志》卷六《艺文·诗赋》。

② （明）万历《原武县志》卷一《山川》。

③ （清）康熙《原武县志》卷三《山川》。

④ （清）乾隆《原武县志》卷一《山川》。

⑤ （清）康熙《原武县志》卷六《艺文·诗赋》。

⑥ （清）乾隆《原武县志》卷十《艺文·诗赋》。

8. 曙阁残雪

曙阁即原武城东处偏高可百尺的玉皇阁。前祀天仙，后枕金堤。阁之西有莲沼，层冰洞若琉璃，其东南为济涉桥。每当彤云初霁，登桥而望，残雪依依，而鸳瓦之上，晓色历历可观。

有观赏者和北京西山晴雪相比："予寓燕都久，习见西山晴雪而好之。值大雪晴，必郊游远瞩以为快，常耿耿不忘于怀也。戊岁返里，急思一至吾原之谓曙阁残雪其地者。至，则有砖台为基，方半亩，高三丈许。阶而登，尽阶，有门一曰南天。花墙环其上，中起高阁。下视，天仙碧霞宫横于前，陪庙列左右。不久，彤云布，纷纷落瑞雪，雪而霁。次辰迎旭出，信步东门外，南望济涉桥，人迹错杂如鸿爪。又负郭。雪积坡上下，围于东，不之奇。乃仰瞻西北，有鸟翠革飞檐流冰，雪融过半，参差瓦鳞，白班驳。脊峰骨露，如鲁灵光，巍然中峙者玉皇阁，所谓曙阁残雪者也。胜景不让西山晴雪矣。"①

（清）詹槐芬

曙阁崔嵬望更超，弹丸广武无余饶。

北望卷扈多风月，南顾堤河美浪潮。

昨夜六花排素阵，晓来积雪满蓝桥。

试看旷野冰天玉，稍慰频年旱土焦。②

（清）吴士达

昨夜朔风息，朝暾海上来。闲凭高阁望，光照远村开。

庭院曾吟絮，乡园正探梅。沾濡知岁稔，把盏兴悠哉。③

二　阳武八景

康熙二十九年（1690）版《阳武县志》中提到四景，对其他景致不屑一提，认为从今沁阳到延津，诸如太行崔巍、黄河萦绕之景有雷同之感，"不过好事者强为附会耳。宜删。"留下了很大的遗憾。

---

① 民国《重修原武县志》卷二《八景》。

② （清）康熙《原武县志》卷六《艺文·诗赋》。

③ （清）乾隆《原武县志》卷十《艺文·诗赋》。

旧志：太行崔巍，黄河萦绕，按此二语，自野王东以至酸枣，数百里州县通用之辞也。似不宜混称，凡言景者，诸如八峰八水、六桥四明，奇花怪石，种种可纪名胜，以供游人登临赋诗之谓也。旧志八景如秋风夏暐、春翠晚照何处无之，不过好事者强为附会耳。宜删。①

提到的四景是：

太行崔巍、黄河萦绕、秋风夏暐、春翠晚照。

乾隆九年（1744）增修的《原武县志》除了"宜删之"之外，还附加了一段评论：

论曰：名山胜水，昔人所托以自见也。然苟非其人，率皆当时则显，没则已焉。夫惟贤人君子，为古今所推重，偶一寄迹，称说弗衰，如沙中之击，俎上之宰，并垂不朽，人以地传乎，亦地以人传而已。②

看了很无奈。在私人修史受到很大限制且不易流传的情况下，要想找到阳武八景有点困难了。

不过，笔者从明清《阳武县志》艺文志里，仍可发现阳武八景的蛛丝马迹，除上述四景外，推断有以下几景：

沙中之击、俎上之宰、洋山远横、官渡烟迷。

归纳起来，阳武八景为：

太行崔巍、黄河萦绕、秋风夏暐、春翠晚照、沙中之击、俎上之宰、洋山远横、官渡烟迷。

三　原阳新八景

以上原武八景和阳武八景均为历史时期八景。原阳县文联主席赵光岭

① （清）康熙《阳武县志》卷三《形胜·八景》。
② （清）乾隆《阳武县志》卷五《形胜·八景》。

提出新时代原阳新八景，分别是：

金堤长廊、滩涂牧场、卧波长桥、坝上酒肆、湖泊柳岸、槐林氧吧、桃源农家、黄金米带。①

第五节　辉县八景

辉县又称"共城"。明嘉靖《辉县志》记载：辉县"山川秀丽，人物淳美，土产饶裕，贤达俊逸"，②"大山如蹲龙，小山如踞虎；峰峦相掩映，松柏共阴森；源泉环绕，东接卫河"。③风景如画，美不胜收。清道光《辉县志》记载："辉邑为古共城之域，山川秀丽，苏门百泉之胜，甲于通省。"④清卫辉知府耿省修在《重修辉县志序》中说，自己未到卫辉任职时曾"遇友自豫至，盛称辉邑山川之秀美、风俗之敦庞甲于中州，心窃向焉"。⑤明代嘉靖六年（1527），"共城八景"载入县志，分别是：

崇山屏障、大川环绕、苏门晓色、凡城夜月、百泉涌金、层楼把翠、贞节古台、安乐遗窝。⑥

一　明嘉靖《辉县志》载辉县八景⑦

1. 崇山屏障

大行西阻，万仞壁立；方山韭山，巉岩比倚；共山叠翠，拖迤东出，对峙大行。

---

① 赵光岭：《原阳县历史文化通俗读本》，2019 年内部印制，第 8 页。

② （明）嘉靖《辉县志》，卫辉府知府刘希龙序。

③ （明）嘉靖《辉县志》卷一《形胜》。

④ （清）清道光《辉县志》，桂良序。

⑤ （清）清道光《辉县志》，耿省修序。

⑥ （明）嘉靖《辉县志》卷三《景致》。

⑦ （明）嘉靖《辉县志》卷三《景致》。

2. 大川环绕

百门泉水，西发澎湃，南流萦回，东接卫河，起伏环抱，襟带左右。

3. 苏门晓色

树木阴翳，台榭森严。旭日未升，水光山色，相为掩映。纲缊葱郁，如行云雾之中。

4. 凡城夜月

即共州凡城也，旧基尚存，月至望后，时有不缩，光辉愈甚，俗传如此。

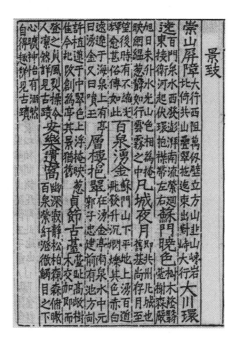

图 10-1 （明）嘉靖《辉县志》卷三《景致》

5. 百泉涌金

苏门山下，平地上涌，百道飞发，升沉炳烁，其色赤白，远达于海，泉上有亭，曰涌金，又曰喷玉。

6. 层楼挹翠

在涌金亭南泉水中，元郭子忠建。前有池方亩许，植莲于中，翠色上浮，掩映葱佳，今圮。改创为亭，其景犹旧。

7. 贞节古台

台址高敞，树木交加，即而登之，贞风烈操，令人凛然。

8. 安乐遗窝

幽深寂静，松柏森森，俯瞰百泉，萦纡澄彻，触目之下，心旷神怡，有洒然自得趣。

二 清代洪勋诗解共城八景

陈勋，号梅溪，字允升，浙江海宁人，进士。清康熙二十二年（1683）任辉县知县。诗出自清道光《辉县志》卷十九《艺文·诗·辉县八景》。

1. 崇山屏障

太行迢递百门西，翠压孤城望欲迷。
峦影浅深随夕照，溪光摇曳接丹梯。
虹开飞瀑连还断，雁带寒云远更低。
未遍登临尘尽涤，山青水碧一枝栖。

2. 大川环绕

灵源万斛泻平川，漱石穿云起暮烟。
惟有源头清见底，故教深处碧涵天。
月移匹练看如画，风入前溪听不眠。
千里挽输资国计，春流无恙惜涓涓。

3. 苏门晓色

一片晴霞晓气侵，苏门好景惬幽寻。
珠翻泉底鱼龙影，日射山腰云树深。

芳草经春常碍马，荒村近市亦成邻。

相逢谁是忘言者，台上空闻鸾啸音。

4. 百泉涌金

川上孤亭俯急湍，绿萍红荇映青山。

沙喷金玉分晴雨，客到春秋数往还。

竹里泉声千壑应，樽前诗思一鸥闲。

凭栏夺目光如许，点石今疑问水间。

5. 层楼挹翠

清晖高阁砥中流，回望苍烟入座收。

六月蓬莱几簟冷，四山岚气雨花浮。

松风竹籁留孤韵，人语溪声共一楼。

云影碧波天上下，恍疑神女弄珠游。

6. 贞节古台

千年松柏晚含英，妇道由来重死生。

人以荒台知卫国，天教贞节表共城。

源泉洗尽铅华态，淇竹长留粉黛清。

多少须眉应有愧，何尝闺阁擅高名。

7. 安乐遗窝

闲将四物养天真，想见当年学易人。

山弗求深心自远，川因不息地无尘。

花闲展齿侵苔绿，云护园扉冷竹筠。

解得簟中安乐趣，鱼竿诗卷尽生春。

8. 凡城夜月

皓魄经秋绚彩霞，天高露冷漾银沙。

溪云乍敛光犹湿，雉堞空悬影半斜。

柳压低桥迷野渡，烟凝老树好棲鸦。

绕湖款段归来晚，城角悲风咽暮笳。

三　清代滑彬诗解共城八景

滑彬（约1660—1730），字鲁斋。清康熙二十八年（1689）任辉县知县。博学好文，果断干练，视时间如生命，念乡民同手足。虽在辉县任职年余，却政绩显赫，为士民所敬仰。他纂修县志，表人功德。百姓都说滑彬当县官，"狱中无囚犯，监牢生蛛罗"。诗见清康熙《辉县志》卷七《八景》，诗前有简单解读，与明嘉靖志大致相同。

1. 崇山屏障

孤城西压万峰寒，荡漾泉流镜里看。

露湿烟浮迷晓翠，月清气爽识晴峦。

森森古木连云起，寂寂闲鸥狎水安。

堪意前人能选胜，至今遗碣未摧残。

2. 大川环绕

枕带长河一水幽，桃花春雨自安流。

光浮夜月鱼龙冷，响入林风草木秋。

清济汇源帆去稳，高田分灌谷应收。

登临更有堪凭吊，望里山川今古流。

3. 苏门晓色

晴岚晓映入帘青，极目高峰插翠屏。

静里泉声流画槛，兴来诗思满山亭。

深林宿鸟博风去，野径闲花带露零。

多少遗踪今寂寞，唯余落落照疏星。

4. 百泉涌金

岩下飞泉百谷通，朝朝喷薄与金同。

非缘云雨奔雷黑，宁为蛟螭浴日红。

石底澜翻淇竹冷，松林声彻啸台空。

山僧试取烹茶供，涤我烦襟思不穷。

5. 层楼挹翠

中流高阁一攀跻，睥视群峰雾欲迷。

鱼鸟机忘随处适，松筠翠滴望中齐。

高人长啸空余谷，理学传经尚有稽。

回首当年遗轶事，满庭芳草碧萋萋。

6. 贞节古台

台荒古柏尚嵯峨，劲节千秋自不磨。

红粉尽从淇水涤，高标应拟玉峰过。

当年卫俗原非古，此日共城独靡他。

试取遗碑勤拂拭，何人不向一悲歌。

7. 安乐遗窝

寻幽攀跻舍前车，桃竹成阴旧卜居。

河洛参稽尝不倦，功名经济欲何如。

此身天地堪为倡，吾道渊源赖有书。

试问先生安乐意，天心一画未形初。

8. 凡城夜月

夜深四野气偏清，月吐高城动客情。

临水波摇分曙色，逢秋露冷怯残更。

啼鸟渺渺苏门静，宿鹭娟娟银汉明。

漫道一官唯吏治，满尊绿醑正须倾。

三　文兆奭诗解共城八景

文兆奭，广西灵川县人。清乾隆十八年（1753）任辉县知县，邀集僚属及全县绅士共同商量，倡议在子高故里东关街北为高柴修建祠堂。曾修订乾隆《辉县志》。文兆奭诗收录在清乾隆《辉县志》卷三《地理·景致》。乾隆志里边汇集了陈勋、滑彬和文兆奭三人的诗，诗前有简单解读，与明嘉靖志大致相同。

1. 崇山屏障

　　　　巉岩万仞似藩屏，莫讶山灵铲不平。
　　　　百里井疆青嶂拥，万家烟火紫云横。
　　　　骖鸾有客排空去，飞舄何年踏翠行。
　　　　瞻顾崇山惭保障，若飞霖雨慰苍生。

2. 大川环绕

　　　　百泉蕴酿涌金多，派衍分流注卫河。
　　　　湾抱似虹苍碧转，萦回如带绿兰拖。
　　　　龙分黑白连潭锁，沙涨金银伏地过。
　　　　左右源泉与淇水，海门东接拥城阿。

3. 苏门晓色

　　　　水色山光翠霭分，依稀紫气淡星雯。
　　　　层峦倒影浮朝旭，流水回澜浸晓云。
　　　　泉树含烟巢翡翠，岩花承露结氤氲。
　　　　古台渐觉容光满，造物朝开碧落文。

4. 百泉涌金

　　　　岩下源泉万窍穿，金波逦迤浪沙边。
　　　　傍池溶日腾朝彩，逐水流霞散暮烟。
　　　　晨夕回澜光灿灿，古今流响韵涓涓。
　　　　多金涌出资财用，济运兼滋高下田。

5. 层楼挹翠

　　　　百尺层楼结构崇，当年云物画图中。

回峦泻峡翻银汉，古树笼烟拥碧丛。
水阁栏回清沼合，溪桥路接白云通。
一亭已废依秾翠，古柏森森起夕风。

6. 贞节古台

千载中阿共溯泗，高陵松柏仰崔嵬。
此生乃尔纲常在，之死靡他天地哀。
独向共山标峻节，永垂卫史冠贞才。
诗传至性成闺圣，日月争光照古台。

7. 安乐遗窝

大道弥纶宇宙通，先生高咏一窝中。
梧桐犹映天心月，杨柳曾摇水面风。
安士敦仁原有得，乐天知命更无穷。
先天礼数传皇极，千古遗踪景仰同。

8. 凡城夜月

清光全吐自娟娟，望后犹看影皎然。
月既有情常不晦，人频相赏更无眠。
不烦居士还留宿，莫笑姮娥别作缘。
城以凡名名最古，超凡团照一重天。

第六节　获嘉八景

清乾隆《获嘉县志》记载：获嘉"北峙太行，南带黄河，四野平坦，左夷右隆，卫邦之藩屏，河北之咽喉"；"东峙同盟，西环清水"。①"获嘉之为邑，介怀卫间，四望平衍，异壑奇峰，乃南面黄河，北枕行麓……

---

① （清）乾隆《获嘉县志》卷一《形胜》。

灵淑所钟，英隽辈出，至同盟仅存抔土，丹水几类蹄涔①而流，峙东西亦足为邑中形胜，人亦有言，山不在高，水不在深，岂以一拳一勺而略诸志山川。"②

获嘉八景出现在清乾隆《获嘉县志》之前，分别是：

> 同盟夕照、乱冢晴烟、行山滴翠、黄河舞浪、三桥夜雨、西寺晓钟、妆台春望、龙潭印月。③

当地文史研究者还有将以下八个名称作为获嘉八景：

> 同盟夕照、飞冢晴烟、行山滴翠、黄河舞浪、三桥夜雨、西寺晓钟、城西鸡鸣、龙潭印月。④

一 同盟夕照

同盟即同盟山，在获嘉城东北五里，土阜无石，相传武王伐纣与诸侯同盟于此，诸侯之兵臼土为之，上有武王庙，有校阅台。民国二十三年（1934），县长邹古愚重修，此时正值抗战时期，含义颇深，故立石纪念，以励后人：

> 值倭寇挟溥仪窃据东省，华北震动，惧民族意识消沉，势威屈服，作埃及、波兰之续，斯可哀矣。睹乔木而思故国，前人之遗迹足以启后人之观感。保此坯土片石，使来游者惕然。国耻未雪，中国乃中国人之中国也。今秋将遗迹一一修复，庙貌焕然一新，植树以纪念。孙中山先生革命之功与武王先后同揆也。工竣立石志之。⑤

同盟夕照为八景之首。该景以同盟山武王庙建筑群和落日余晖交相辉

---

① 蹄涔，读音 tí cén，亦作"蹏涔"。语本《淮南子·泛论训》："夫牛蹏之涔，不能生鳣鲔。"高诱注："涔，雨水也，满牛蹏迹中，言其小也。"后以"蹄涔"指容量、体积等微小。

② （清）乾隆《获嘉县志》卷二《山川》。

③ 在乾隆《获嘉县志》里，一再提到旧志里已有八景说法。

④ 李臣和、宋增文、孙伯同：《获嘉县八大景》，见刘锡元主编《中国民间故事集成·获嘉卷》，1985 年内部印制，第 292—296 页。

⑤ 民国《获嘉县志》卷一《山川》。

映的自然景象为其风物景观，以武王伐纣、牧野大战和大战前周武王与八百诸侯在此会盟等历史事件为其历史背景，不但景色优美，而且意境高雅，加之历代帝王将相、圣贤雅士、文人骚客多至此驻足留墨、寄情言志，故历经千年岁月雕琢后，其景、情、诗、画浑然一体，置身其中，莫不使人肃然起敬、思绪万千。

（明）获嘉教谕　陈禹漠

当日同盟处，兹成一古丘。三千提义旅，八百会诸侯。

杖铖曾歼受，檠弧亦敝周。兴亡真似奕，极睭古今愁。①

（清）获嘉　贺振能

升高吊古忆东征，牧野风雨向晚晴。

自是光天奋武志，无端山色号同盟。

千载盟坛香火空，高台无恙对秋风。

可怜台畔樵人语，不及当年宁尔功。②

二　乱冢晴烟

冢，高坟也（《说文》），高而大的坟，又称"京观"，是战后收集阵亡士兵尸体，进行集中掩埋而形成的大墓。牧野一战，士兵伤亡众多，故在获嘉境内留下了众多的坟冢。以县城西为最多，因冢多名多，故把这一片笼统地称为"乱冢"。

乾隆《获嘉县志》记载："乱冢在县治西，俗呼'虚粮冢'或云'京观'，殆非也。"就是说，大概不是"京观"的性质。因为这里曾是"卫古藩封地，当是故侯冢基。守土者好为将护，无令椎埋者暴骨，则九京加额矣。乱冢晴烟为旧志八景之一"。③ 还有人称文王冢"飞冢晴烟"，为获嘉八景之一。④

---

① （清）乾隆《获嘉县志》卷一《山川》。

② 民国《获嘉县志》卷十六《金石》。

③ （清）乾隆《获嘉县志》卷五《名迹·陵墓》。

④ 李臣和、宋增文、孙伯同：《获嘉县八大景》，见刘锡元主编《中国民间故事集成·获嘉卷》。1985年内部印制，第292—293页。

千百年来，获嘉人仰慕文王、武王的风德，铭记积善累仁的古训，对这些坟冢是敬重有加，从来不擅动坟冢的一草一土，这些坟冢虽经千年风雨剥蚀，但大都保存了下来，民国二十三年（1934）县志记载的就有100多个。

该景以县城西的多处乱冢在雨后放晴时水气升腾的自然景象为其风物景观，居高俯视，只见城西乱冢处白雾腾腾，雾中座座高冢如云中仙岛，又似雾中琼山，亦真亦幻，令人浮想联翩。

面对此景，诗人张谦写道：

> 古冢累累难遍识，断碑遗字苍苔蚀。
> 英雄一去掩荒丘，麦饭何人作寒食。
> 吁嗟埋玉知几年，堂堂岁月相推迁。
> 隧道荒凉长荆棘，墓门啼噪来乌鸢。
> 宿雨初收天欲晓，瞳瞳旭日升穹昊。
> 松楸处处起晴烟，萦回不许东风扫。
> 须臾布野迷成城，妆添物色何其清。
> 轻笼杨柳连村暗，低拂桃花隔水明。
> 闲来策马西郊外，浓淡纵横非一态。
> 遥望山川入画图，抚景徜徉心自快。①

诗人李智写道：

> 荒冢累累岁月更，霏微常见暖烟生。
> 乍经草色无端趣，轻覆花枝分外清。
> 寒逼令威愁漠漠，润沾翁仲泪盈盈。
> 英雄不尽豪华气，犹似当年恨不平。②

三 太行滴翠

太行滴翠，又名"太行美景"。获嘉"北峙太行"，当地人大多称之

---

① （清）乾隆《获嘉县志》卷五《名迹·陵墓》。
② （清）乾隆《获嘉县志》卷五《名迹·陵墓》。

为"北山"。太行山,又名五行山、王母山、女娲山,是中国东部地区的重要山脉和地理分界线。其实这一带正是南太行,雄、奇、秀、险、幽,特色鲜明。雨后初晴,太行滴翠,千姿百态,错落有致。

获嘉北南太行有很多太行支脉,如冠山,"去城六十五里,层崖峭壁,耸立千仞";西凤翅岭"气象轩敞";孟门山"层峰叠障,蟠延屈曲";白龙山"如白龙倒挂,气象巍峨";紫云山"云气缭绕,光彩绚烂,草木掩映"。

对这一美景,古人作诗赞云:

> 雨罢太行见碧天,虎坐羊地城门关。
> 万仞错落青且翠,阡陌纵横挂山巅。
> 飞流直下三千尺,喷云虎口吐青烟。
> 城头观景倒醉翁,太行美景在眼前。①

四 黄河舞浪

清乾隆《获嘉县志》记载:"黄河原流经获嘉南40里,明天顺六年南徙于原武县界,其圮遂淤,故道犹存而已,桑麻其上矣。黄河舞浪旧志为八景之一。"②

明世宗嘉靖十八年(1539),嘉靖皇帝南巡,从获嘉亢村驿黄河。望着波澜壮阔、浪花飞舞的黄河,嘉靖顿觉神清气爽,旅途的劳累一扫而光,随命侍驾的官员赋诗助兴。

侍驾的武英殿大学士夏言,做了一首词《念奴娇》呈给嘉靖帝。后来,人们便将这首词刻在碑上,立在亢村驿以做纪念。

邢表诗一首:

> 源出昆仑不尽头,乾坤如许古今浮。
> 半空风色淙淙响,三月桃花滚滚翻。
> 翻雪几看黄又白,拍天不辨马和牛。

---

① 李臣和、宋增文、孙伯同:《获嘉县八大景》,见刘锡元主编《中国民间故事集成·获嘉卷》,1985年内部印制,第293页。

② (清)乾隆《获嘉县志》卷二《山川》。

秉槎有路通宵汉，愿问当年博望侯。①

职在卿诗一首：

> 滚滚黄流旧泛槎，年来望眼尽桑麻。
> 波臣另吐千层浪，河伯潜移万顷沙。
> 堤卧东西余汉迹，道珠南北总皇家。
> 为嗟疏塞随时异，几度还瞻碣石霞。②

五　三桥夜雨

三桥就是位庄乡中鱼池村北大沙河上连接获嘉和辉县的桥，是太行山过卫河进入平原地区的必经要道。三桥之所以叫三桥，是因为其上游还有两座桥，分别叫大桥和二桥，而它是第三座桥。

夜雨寺"在县西北三桥，创于汉唐，修于宋元，久废。明嘉靖间僧常月更创。民国庙废，庙产归教育局"。③夜雨寺门外有雄狮矗立，栩栩如生，兼有翠柏参天翁翁郁郁，寺内雅静神秘不可测，晚间睡在寺房中，耳边总听雨声淅淅，出外观望则无雨，实实令人惊叹不解。

有游人赋诗云：

> 获嘉西北有三桥，三桥古修夜雨寺。
> 此寺西汉延至唐，宋元重修森然立。
> 门外雄狮啸翠柏，院内藤萝静苔条。
> 夕宿斋房听汉漏，惊叹夜雨临三桥。④

六　西寺晓钟

西寺就是崇兴寺，旧称普净寺，俗称"后大寺"。乾隆《获嘉县志》载："崇兴寺在县西北郭外，宋建，明洪武二十四年重修，泉甘土肥，林

---

① （清）乾隆《获嘉县志》卷二《山川》。
② （清）乾隆《获嘉县志》卷二《山川》。
③ 民国《获嘉县志》卷四《寺观》。
④ 李臣和、宋增文、孙伯同：《获嘉县八大景》，见刘锡元主编《中国民间故事集成·获嘉卷》，1985年内部印制，第294页。

木深茂，晨钟乍动，余韵悠扬，旧志'西寺晓钟'为八景之一。"①

明末悉毁于兵。清时，僧会司庆德修整。道光二十五年（1845），僧人珠润重修该寺，焕然改观。珠润重修时掘得一石幢，根据记录，崇兴寺是一座千年古寺。"西寺晓钟"景致清静悠远，文人墨客对此也是不惜笔墨，张谦、李智、邢表等都曾赋诗抒情。

清康熙四十三年（1704）任获嘉县令的邹汝鲁赋诗云：

> 月桂林梢鸟乱啼，晓钟声起寺廊西。
> 山僧不管人无寐，打落空梁燕子泥。
> 断续宫声杂羽声，宫声磅礴羽声清。
> 声声卷入西风里，惊破寒虫唧唧鸣。②

清贺振能诗一首：

> 西北招提向郭清，空门寂寞古苔生。
> 山回云影朝栖阁，地近钟声夜入城。
> 久欲参禅窥正觉，恰来行散爱春晴。
> 坐移红日闻僧话，已信人间万事轻。③

现在的崇兴寺是 2006 年新建的，占地 10 多亩，各种建筑 70 多间，有各种塑像 100 余座，大殿主像为释迦牟尼，殿顶为全木结构。

七　妆台春望

民国《获嘉县志》记载："妆台在县治北，世传纣行宫，妲己膏沐所也。土阜高丈许。旧有台，可登眺，今废。'妆台春望'为旧志八景之一。"④

获嘉古称"宁邑"，商时属京畿之地，是京畿西边的一个重要防守门户。当时的宁邑，可是温暖湿润、河流密布、水草丰美、动物众多，故史

---

① （清）乾隆《获嘉县志》卷四《寺观》。
② （清）乾隆《获嘉县志》卷四《寺观》。
③ （清）乾隆《获嘉县志》卷四《寺观》。
④ 民国《获嘉县志》卷四《古迹》。

书上又称宁为"大陆""吴泽"，是纣王重要的一处狩猎之地。除狩猎外，有时还在此举行一些祭祀仪式。为此，商王朝便在宁邑县城北修了一座行宫，以方便纣王来宁邑打猎休息。行宫建在一高台之上，生活设施一应俱全，打猎或祭祀时，纣王和妲己就在行宫中沐浴更衣、梳妆打扮。牧野大战中，行宫毁于战火。商亡后，行宫废，仅存高台，约有丈许，时间一长，人们只记得这高台叫"妆台"了。

获嘉为一平原，丈许高台已是很突兀了，一旦登上此台，四周景致皆收眼底，甚是舒心畅快。加之又有纣王、妲己的故事、武王伐纣的故事相佐，故常引人来此登高望远，为获嘉县八景之一。

李智诗一首：

> 登临闲眺纣妲台，淑气熙熙扑面来。
> 艳质已随春梦去，野花犹向夕阳开。
> 宫墙瓦落埋黄壤，寝殿基存半绿苔。
> 四顾山河增浩叹，商臣何事不兴衰。①

邢表诗一首：

> 曾闻商纣此行宫，妃子当年笑语同。
> 杨柳尚颦眉两黛，桃花还晕脸双红。
> 佩环声散东风外，罗绮香消芳草中。
> 翘首不胜伤往事，夕阳犹照古台空。②

八　龙潭映月

清乾隆《获嘉县志》记载："龙潭在县城南一里许，深渊澄澈，岁旱不涸，传有龙蛰其间，每祷雨，辄应。"且每月下旬不见月亮时，潭里能看见月亮，故曰"龙潭映月"，为县八景之一。

另据记载：龙潭在龙王庙内，"在广阳门外，明永乐十一年知县赵恭建。成化二十年，义官郭聪重修。清顺治八年知县冯朝云重修。庙内有龙

---

① 民国《获嘉县志》卷四《古迹》。

② 民国《获嘉县志》卷四《古迹》。

潭一所，虽旱不涸，祷雨辄应。'龙潭映月'为县八景之一"①。

有人赋诗云：

> 龙潭映月在南关，龙王庙内一深潭。
> 每月下旬不见月，俯首向潭月儿圆。
> 蜃吐雾气龙潭处，光映小城长堤间。
> 奇世美景古今少，龙潭映月万古传。②

康熙元年（1662）二月初八日，城南长堤内龙潭外，忽见在朝晖中显现出城墙城垛之状，有东城廓，无北城门，和获嘉城一模一样，房屋、树木、村庄等隐约可见，如同海市蜃楼一般，一会儿便消失了。当时的知县陈生吉非常高兴，认为这是天降祥瑞，于是率领众乡绅纷纷到南城献"瑞诗"以纪念。

明成化进士吴裕任获嘉县令时赋诗云：

> 闻说神龙此处蟠，碧潭流月景堪观。
> 半轮玉镜沉渊静，万顷金波彻底寒。
> 桂子影圆秋正爽，骊珠光吐夜初阑。
> 有时悟得庄生意，坐石闲观水面澜。③

明天顺进士邢表任获嘉县令时，赋诗云：

> 深渊百尺有龙蟠，月色天光剩可观。
> 兔魄西生银汉迥，骊珠上涌碧波寒。
> 影涵金鉴秋无际，清澈冰壶夜未阑。
> 俯首南楼高处望，分明鳞甲动层澜。④

---

① 民国《获嘉县志》卷四《祠祀》。
② 李臣和、宋增文、孙伯同：《获嘉县八大景》，见刘锡元主编《中国民间故事集成·获嘉卷》，1985 年内部印制，第 296 页。
③ （清）乾隆《获嘉县志》卷二《山川》。
④ （清）乾隆《获嘉县志》卷二《山川》。

第七节　封丘八景

封丘为古封父地，见诸《春秋传》者称虫牢、黄池、平丘、长丘。封丘之名始见于汉。汉武帝元狩元年置兖州陈留郡，领县十七，封丘、平丘居其二。清顺治《封丘县志》记载："封丘黑山亘其北，黄河经其南，左引东昏之墟，右陌博浪之阜，近附郡城，接境畿甸，堤阜缭绕，水陆济及，岩城深池重堤，山河迤逦，亦梁北之咽喉也。"①虽然"壤地偏小，不足百里，然面河沼落，北为大梁屏蔽"。②封丘地理位置非常重要，名胜古迹星罗棋布，典籍故事颇多，蕴藏着丰富的历史文化。

关于封丘八景的记载，清顺治《封丘县志》前志书里应该就有："封邑旧志以境内山川古迹汇为八景，然不出前编所载中矣。复类而志之于左以存旧云"，每一景致名称下有解读，分别是：

> 中滦夜雨、磨潭秋月、青陵古树、黄池芳草、封父旧亭、翟母遗塚、淳于晓钟、翟沟晴波。③

一　封丘八景

封丘县历史悠久，县志中记载八景"为一方胜景"，"邑人艳为美谈"。现将封丘八景简述如下。

1. 中滦夜雨

清顺治《封丘县志》卷一《古迹》八景解读："兵下河南，夜宿中滦，闻军中间雨声起，视之月白风清，天空如昼。"

中滦指中滦城村，现属封丘县荆隆宫乡，在县城西南35里处。据顺治《封丘县志》记载，中滦城为元末达鲁花赤黄汉臣所建。元时，漕运由淮入汴，至中滦城，陆运赴淇门，仍以舟载送京师。这就是建设中滦城的理由。后因劳费不赀，用朱清策从海运至直沽，中滦城遂废。明代数遭河决，居民逃徙几尽，村落丘墟。

---

① （清）顺治《封丘县志》卷一《封域·形势》，封丘县地方史志办公室2019年整理重印。

② 民国二十六年（1937）重印清顺治《封丘县志》序。

③ （清）顺治《封丘县志》卷一《古迹》。

元朝时，中滦城村是水陆码头，是南北交通要道，战略地位十分重要，为兵家必争之地。明洪武二十一年（1388），明太祖朱元璋令大将徐达、常遇春等，率甲兵 25 万，北取中原，兵下河南。大军由汴梁出发，于中銮城渡河，欲取卫辉等郡。大军夜宿中滦城中，夜闻雨声大作，起而视之，却"月白风清，澄空如昼"。

2. 磨潭秋月

清顺治《封丘县志》卷一《古迹》八景解读："以其周围俱平而中独高，故曰'磨脐潭'。每至秋月，如一镜澄澈，清光可掬。"

清顺治《封丘县志》记载："磨脐潭在邑东北四十里，湾上周围圆而下，中高，如磨脐然。""磨脐潭近亦淤塞。"①

此景观在今赵岗镇王湾村北。这里古有濮济二水，两水间有潭，周围低平、中间高，故曰"磨脐潭"。每至秋日，三五明月之夜，潭水清澈，平静如镜，空中月光，倒影其中，天地同辉，妙不可言，时人称此景曰"磨潭秋月"。

3. 青陵古树

清顺治《封丘县志》卷一《古迹》八景解读："宋康王筑青陵台，望韩凭妻息氏，竟执于台上。凭死，息氏亦投台下死，葬于里中。有连理木交枝生于其塚。又尝有鸳鸯鸟蝴蝶飞棲树上。"

战国时，宋康王游玩到青堆，见采桑女息氏貌美异常，心向往之。于是宋王为了能望见息氏，差人筑起高台，名曰"青陵台"。后来差人抢来息氏，囚禁台上。息氏丈夫韩凭愤而自尽，息氏不从宋王，亦投台而死。息氏留下遗书，要求与丈夫韩凭合葬。宋王恼羞成怒，偏偏将二人分埋大路两旁。韩凭夫妇下葬不久，两人坟墓上遂生两棵梓树，根结于下，枝交于上，相拥相抱，难解难分。人们称之为"相思树"。此即"青陵古树"之由来。该景在今留光镇青堆村。

康熙《封丘县续志》记载："青陵台在县东北青陵社，韩凭为宋康王舍人，妻何氏美，王欲之，捕舍人，筑青陵台。何氏作《乌鹊歌》以见志，遂自缢死，韩亦死，王埋韩凭夫妻。宿昔文梓生有鸳鸯雌雄各一，恒棲树上，音声感人，或云化为蝴蝶。《乐府》诸古书载此事者颇多，皆以

---

① （清）顺治《封丘县志》卷一《山川》。

为凭妻为何氏。独封志以何氏为息氏，字恐讹。"①

一般史书记载韩凭妻为何氏，独《封丘县志》记载为"息氏"，可能是把"息"字弄错了。

4. 黄池芳草

清顺治《封丘县志》卷一《古迹》八景解读："春秋吴王夫差会诸侯于黄池，亦水泽之薮也。其地多膏腴，草木翳茂。"

黄池是春秋战国时期的地名，位于封丘县城南10公里的坝台村。相传西周时，周穆王常来这里狩猎，称"黄之池，其马喷沙"。这里水草昌茂，野生动物成群，故云"黄池芳草"。

春秋末年，即公元前482年，吴王夫差为称霸诸侯，与晋国争做盟主，曾在这里召开诸侯大会，史称"黄池会盟"。

清顺治九年（1652），河决于此，积水为潭，深不可测。

5. 封父旧亭

清顺治《封丘县志》卷一《古迹》八景解读："夏后氏之世，封父为诸侯，建亭于县治安坊西北，为公余适情之所。今虽不存，在昔为一邑胜概"。

康熙《封丘县续志》记载："封父亭在县治坊西北。《唐书·宰相世系表》云：封民出自姜姓，炎帝裔孙钜为黄帝师，在夏侯氏之世，封父列为诸侯，其地汴州封丘有封父亭，即封父所都。""知县耿绂祚置扁（匾），识其亭。"②

就是说，夏启王时，姜封父在封丘建立封父侯国，后人为纪念这位开拓者，在今县城西街路北建有亭台，称为"封父旧亭"。

6. 翟母遗塚

清顺治《封丘县志》卷一《古迹》八景解读："汉高帝厄于楚，馁甚，母尝馈食，及帝业成，欲酬母恩，母已逝，乃封其墓，因置封丘县，岁时致祭焉。旧有翟母祠在县城中。"

楚汉战争中，刘邦被项羽打败，逃经封丘，在县西北隅遇翟母赠饭解困。刘邦建立了汉朝，当上了皇帝，想起了翟母。此时翟母已逝，为报答

---

① （清）康熙《封丘县续志》卷三《古迹》。

② （清）康熙《封丘县续志》卷三《古迹》。

当年恩德，刘邦就给翟母封墓，遂"始置封丘县"。清顺治《封丘县志》记载："翟母尝食汉高，盖仁母也，封邑得名以是，邑人可知。"① 翟母遗冢，位于县北街。

另有翟母井，"在县治西翟母故里。相传，天旱淘井，祷雨辄验，久淤。知县耿绂祚命匠挑之得出"②。

7. 淳于晓钟

清顺治《封丘县志》卷一《古迹》八景解读："每夜将旦，淳于岗上隐隐有钟声，始人以为怪，后因以为力农晨兴之候，每旦不爽"。

在县城东北约 10 公里处，有淳于岗（村）和淳于寺。寺内有口钟，每当天快亮时，淳于寺的大钟总是不敲自鸣。隐隐约约的钟声，声闻方圆十数里。开始人们很以为怪，后习为常。每天黎明，人们听到钟声，便开始一天的劳作。久而久之，人们谓之"淳于晓钟"。

清顺治《封丘县志》记载："淳于岗在县东北十八里，每夜将旦，岗上镗鞳，似有钟声。居民始以为怪，后因以为力农晨兴之候。"③

但是封丘河患频繁，后来淳于村也没有了岗阜，晨兴亦不复闻钟声矣。晋张华曾"闻长乐钟声知蜀铜山崩，而车上之铎可以起水底之铗（铁），意当时岗阜中亦有古乐器，子母相应而岁久，则灵物渐寝耳"。

8. 翟沟晴波

清顺治《封丘县志》卷一《古迹》八景解读："西接黄河支流，引渎东注，环带潆纡，澄澈如鉴。"

翟沟在县南八里，又名"濮渠""白沟""涤渠""湛渠"。西接黄河支流，引渎东入故道，"环带洄湢，澄澈可爱"，④ 故曰"翟沟晴波"。

《汉书·地理志》封丘下注曰："濮渠水首受沛（济）东北，至都关入羊里，水过郡三，行六百三十里。"

翟沟在春秋军事史上还留下英名。《左传·文公十一年》："初，宋武公之世，鄋瞒伐宋……败狄于长丘。"鄋瞒，狄国名。"狄"亦作"翟"。

---

① （清）顺治《封丘县志》卷一《沿革》。

② （清）康熙《封丘县续志》卷三《古迹》。

③ （清）顺治《封丘县志》卷一《山川》。

④ （清）顺治《封丘县志》卷一《山川》。洄（huí），水回旋而流。湢（bì），水惊涌貌。

三国曹魏时期著名学者孟康说："《春秋传》传败狄于长丘，今翟沟是。"时为公元前616年，长丘在封丘县南，翟沟之所以称"翟沟"，估计跟宋败狄于长丘有关。

狄（或"翟"），中国古族名。春秋前，长期活动于齐、鲁、晋、卫、宋、郑等国之间，与诸国有频繁的接触。因为他们主要居住于北方，故又通称"北狄"。鄋瞒攻打宋失败后，不汲取教训，又攻打齐国，失败灭亡。

清代顺治时，翟沟已填淤已久，"鍪无一勺之观，可慨也夫"！

二　历代诗咏八景

康熙《封丘县续志》记载："八景载于旧志且多名贤题咏，诚小邑之胜概也。"① 历代官员文人名士多有诗咏，现摘录如下：

1. 建业杨璧 《八景诗》②

中滦夜雨

九五龙飞自江左，三千虎贲捣燕京。

满天雨露望中土，一旦云霓慰此氓。

信是赫声动河浒，尽惊时雨发军营。

夜深起向辕门望，剑气冲霄星斗明。

磨潭秋月

地面平开四望倾，磨脐形势此中名。

玉波含霁澄然净，金兔窥潭分外清。

树曳源烟澄夜气，风飞幽籁散秋声。

高情静对浑忘去，欲向凫鸥一结盟。

青陵古树

青陵台废几千年，息氏双茔还依然。

---

① （清）康熙《封丘县续志》卷三《古迹》。胜概，亦作"胜槩"，美好的景物或境况。唐岑参《巩北秋兴寄崔明允》诗："胜概日相与，思君心郁陶。"唐杜甫《奉留赠集贤院崔于二学士》诗："故山多药物，胜概忆桃源。"

② （清）顺治《封丘县志》卷八《艺文·诗歌》。

追笑宋康徒怅望，俯看蝴蝶自周旋。
生平高节存榆柳，不朽荣名在简篇。
古树凄凄鸣乌鹊，犹疑精魄住林前。

黄池芳草

堪叹夫差争主盟，霸图寥落水东倾。
千年遗迹余芳草，三月韶光鸣乳莺。
珠满青毡团露细，径铺翠褥衬车轻。
莫将旧事牵心府，且放愁怀付酒觥。

封父旧亭

闻道亭由封父营，至今遗址近荒城。
历朝锦殿全无迹，此际闲亭尚有名。
千古云烟常聚散，四时花鸟自分明。
应知今昔同清赏，独抱瑶琴对景鸣。

翟母遗塚

英雄困馁正仓皇，箪食恩施肯便忘。
孤冢人传梁翟母，古城名起汉高皇。
一饭馈饷情偏厚，百战功勋报独凉。
玉食万邦应有自，韩彭遗陇竟何方。

淳于晓钟

淳于村落曙光清，到枕悠然何处声。
梦断忽惊蝴蝶散，听余只觉蒲牢鸣。
随风袅袅飘闺思，杂籁萧萧动旅情。
谁识常鸣不平意，却疑南郡有山倾。

翟沟晴波

绿水平铺一鉴张，波文细细飏晴光。
谁夸织女能工巧，自信飞廉喜鼓扬。
清浅浮空摇裴翠，澄虚落日炫文章。
时将蒲剑轻飘拂，触乱鱼丛与雁行。

2. 张鲤　《八景诗》①

中滦夜雨

竹箭三门送急湍，平收烟水上中滦。

干戈一怒飞雄骅，风雨群灵避灌坛。

戍色曲连沙柳静，籁声遥度野花寒。

晰湖龙去绵瓜瓞，王气千秋直北看。

磨潭秋月

金揪入望迥生妍，潭月交光荡影鲜。

璧拥圆沙鸥点雪，镜悬浮荇桂争烟。

黄羊照后吁多怪，赤鲤乘来诧几仙。

我自鸣琴惭宓子，只凭古调写清缘。

青陵古树

短樾阴阴蔓草芳，陵台无影度斜阳。

连枝恨似分韩冢，按翼魂犹笑宋王。

若有人兮依薜荔，长令粲者慕鸳鸯。

请看泌水洋洋泳，不是烹鱼定食鲂。

黄池芳草

力凿江淮战舰通，夷光犹贮馆娃宫。

好冠可忆双鍒梦，悬胆应收二隧功。

鸣鸟不闻王系解，束牲无主霸图空。

黄池自是中原地，麋鹿苏台未许同。

封父旧亭

骤日惊波去不停，何年神鼎铸精灵。

从刊九旅开群服，只乘孤亭空远坰。

林入春姿邀鹊鹈，沙浮晴色上箅筲。

一游一豫真侯度，夏谚于今尚可听。

---

① （清）顺治《封丘县志》卷八《艺文·诗歌》。

翟母遗塚

麋项中原未寝兵，莫因云气识炎精。

可知祠母酬分馈，始信封候诮蒉羹。

里社维馨存岁祀，松楸无恙避春耕。

王孙当日扶龙准，漂絮淮阴共擅名。

淳于晓钟

晓树荧荧缀露珠，霜钟鬼鬼落星衢。

疑铿远寺飞寥沉，却琐蟠冈殷郁纤。

田畯何须催被襫，方祗莫自奏淳于。

天中总是阴阳会，气籥遥通地籁殊。

翟沟晴波

直上青堆俯翟沟，纤萝不动水天悠。

写将匹练丛花影，分得湔云擘石流。

遂引鸂鹨来卜宅，只怜烟月憎拏舟。

可堪作吏疏南亩，高适风尘宛息愁。

3. 知县王策　《八景诗》①

中滦夜雨

圣主恢乾步，山川胥效灵。顺师此聚壁，夜闻渐沥声。

初疑将雨玉，终不似淋铃。照营余孤月，拱北见群星。

人意快吹籁，天心嘿洗兵。中滦千古异，别自有阴晴。

磨潭秋月

秋潭一鉴开，泂泏平如砥。何物实其中，兀似磨脐起。

得月此先明，扬波终不徙。烟敛尚复连，冰凝更独恃。

试方君子心，中立固如此。

青陵古树

独上青陵台，俯眺青陵树。霜色饱劲条，春情密芳裀。

---

① （清）顺治《封丘县志》卷八《艺文·诗歌》。

鸳鸯何所栖，蝴蝶还自舞。张罗者何为，沙虫同朽腐。
矫矫坠台人，生气存今古。丈夫列须眉，可愧红颜女。

黄池芳草

春色满黄池，细草和烟碧。放犊牧儿闻，缓骑王孙惜。
一自霸图空，千载成陈迹。遗矢铁未销，刑牲血犹赤。
何代无英雄，意气同归毕。

封父旧亭

驱车出孤城，辄就封城憩。问俗乐古风，劝穑忻丰岁。
父老犹能言，结亭人已逝。云影覆颓廊，苔色绿荒砌。
读碑泪欲流，拜棠思所税。民心亦何私，感之在慈惠。

翟母遗塚

漂母识王孙，翟母识汉主。一饭虽云微，提携出困苦。
生则酬千金，死而封抔土。始忆戛羹人，贤愚难共数。
独叹龙蛇游，燔林报割股。

淳于晓钟

村落散鸡犬，曙色半含晴。入耳何所似，蒲牢泣桐鲸。
启明竟无爽，于伦定有灵。隔云犹隐隐，赴壑故轰轰。
搅梦成大觉，催农率早耕。未须疑幻妄，鸣山亦此声。

翟沟晴波

黄河自天来，翟沟分其派。停滀抱孤城，曳练环如带。
浸月漾金波，涵云团飞盖。百里润以沾，千畴资所溉。
沉璧谢狂澜，燃犀见鳞怪。自扪止水心，与之同清泰。

4. 知县　余缙①

中滦夜雨

虎旅长驱济浩湍，洗兵河汉下中滦。

---

① （清）顺治《封丘县志》卷八《艺文·诗歌》。

烟云早辨真人气，风雨惊传大将坛。
野戍阴深刁斗静，荒城月白鼓鼙寒。
萧条胜迹丘墟尽，左右嵩行眼倦看。

磨潭秋月

小池寒碧自生妍，摇漾秋蟾桂魄鲜。
午夜晖飞金作缕，长空霞照玉吹烟。
冰壶孤映瑶台客，娥杆光传博望仙。
两镜相涵谁上下，水天一色共心缘。

青陵古树

一掷名躯万古芳，青山白石共秋阳。
新台空赋无嫣婉，旧恨相传有辟王。
木未愁栖双蛱蝶，冢边哀叫两鸳鸯。
可堪金石销沉后，莫辨青流鲤与鲂。

黄池芳草

棠楫兰舟河海通，谁将花草植吴宫。
三千犀甲摧雄壁，一剑鱼肠歼首功。
国相自屠君气墨，美人难得庙谟空。
池边碧草今安在，茂苑萋萋卉木同。

封父旧亭

纵辔芜城策未停，填眸榛栎恸生灵。
衣冠自古传王会，亭落于今只废垧。
鱼鸟浮沉同鹿豕，柳蒲苍翠类松篁。
闲寻封辟行游地，牧唱樵讴不忍听。

翟母遗塚

京索相持困短兵，饥逢箪食岂期精。
王孙偶饭同漂絮，帝子家餐愧栎羹。
古井早时常用汲，墓田芜处孰为耕。
只今邱陇无封树，犹胜投金濑水名。

淳于晓钟

断阜连岗类贯珠，声来窟室达天衢。

似鸣万古铜龙远，却震千家梦蝶纡。

括地何年移雉下，谈天空自诧淳于。

于今欲辨农兴候，乳鹊啼鸠节令殊。

翟沟晴波

碧涛寒影荡花沟，柳色银塘风日悠。

喜雨鸬鹚眠潋水，弄晴鸥凫狎新流。

浮生徒恋三升酝，泛宅谁飘一叶舟。

数点菰蒲漫青翠，河云渺渺莫胜愁。

5. 佚名 《八景诗》①

中滦夜雨

圣旅虎贲静不惊，天中岳渎共斯盟。

已开日月销兵气，故假风雷洒道行。

泽沛宵征沾细柳，星环北拱壮前旌。

中滦古雉随沙草，野老犹传大业成。

磨潭秋月

高丘独峙水之坻，练色潭开午夜时。

抱叶枯蝉寒照咽，惊纶小鲥澄波知。

交加林树疑华藻，掩映兼葭澹碧滋。

共说磨脐夕气爽，空悬明月到荒厘。

青陵古树

岳岳孤标土未删，芳姿流恨在沙湾。

妾心原种鸳鸯树，君力徒开云雨山。

苦月遥怜悬白璧，清霜长驻伴红颜。

莫须仿佛寻连理，魂并湘波已不还。

---

① （清）顺治《封丘县志》卷九《艺文·诗歌》。

黄池芳草

拂拂枪旗舞翠茸，废兴一望柳阴浓。
骏蹄饮罢歌黄竹，牛耳争先笑墨容。
忆旧王孙霜冽后，寻芳牧竖雁归重。
半塘碧水连沙瘠，试问雄风得再逢。

封父遗亭

何处荒榛问旧楹，一亭重辟子来成。
蘋蘩烟冷人千古，歌颂春深鸟数声。
作赋每怀定赋日，构茅犹是裂茅情。
应知化鹤频归后，柳绿花新分外明。

翟母遗塚

巾帼能青识帝眸，一餐无意及铭丘。
沐猴尚尔沉舟釜，逐鹿谁分风马牛。
天雨墓田留麦饭，人探沙井壮鸿沟。
月临魂傍芦花起，愧杀当年羹颉侯。

淳于晓钟

断冈桑柘影重重，良夜何其似扣钟。
冷雨侵林时唤鹤，疏烟引漏只呼松。
野僧一枕寒山梦，比屋千年凫氏封。
疑信端须探往事，半犁作息六时农。

翟沟晴波

碧涵风日漾晴波，况有微云覆绿莎。
危堞平临鸥鹭狎，支流西接桔槔多。
泛槎疑动天边石，垂钓犹怜水上梭。
贤母声名留胜迹，至今何处濯缨歌。

6. 知县王赐魁　《平丘八景》①

中滦夜雨

洗甲天河泻急湍，须知王气应中滦。

荒城不辨真灵迹，夜雨犹传神武坛。

胜事苍茫随草尽，余威惨洌伴云寒。

桑田极目留村舍，沙柳依依不忍看。

磨潭秋月

练光一色映波妍，荡漾脐心别样鲜。

金粟无香遥对水，玉枝有影若棲烟。

潭闲应宿忘机鸟，夜静偏宜素魄仙。

万籁声幽人寂寂，碧天银浪似为缘。

青陵古树

古树离离弈叶芳，千年秀色映斜阳。

山猿肠断啼贞魄，杜宇声悲泣宋王。

恨积枝头飞蛱蝶，情多冢畔宿鸳鸯。

青堆遗事和天老，一任河流鲤与鲂。

黄池芳草

南国舟樯一水通，池边会罢返吴宫。

忍羞携李终伸气，奋志中原自有功。

残碣犹存王业改，故台依旧霸图空。

萋萋芳草居然绿，鹿走鸟飞未一同。

封父旧亭

兔逐乌驰不少停，还留夏代旧时灵。

蒸尝犹识玄圭世，台榭已非姒氏垌。

半亩尘沙零碣石，几番风雨断箅篁。

棠阴遗爱无今古，童稚讴歌尚可听。

① （清）康熙《封丘县续志·诗歌》。平丘指封丘。

翟母遗塚

逐鹿中原正困兵，长裙有目辨炎精。

夙怜帝子供粗馔，可美村妇馈素羹。

抔土酬恩传汉泽，墓田留祀倩谁耕。

苍茫一望惟荒陇，赢得于今有令名。

淳于晓钟

古穴谁藏万斛珠，数声隐隐透中衢。

乍疑蜀窟鸣来远，犹似昭阳风送纡。

蝴蝶枕边惊睡客，南柯梦里醒淳于。

至今田父占晨作，候应村鸡声自殊。

翟沟晴波

翟波清溜泛晴沟，花柳争妍分外幽。

沙鸟啄开云影碎，蜻蜓点破水痕流。

淡含碧翠城迥带，轻漾萍菰镜里舟。

漫说江南多胜地，应知何处不忘愁。

第八节　延津八景

清乾隆《卫辉府志》记载：延津县"西峙太行，南经大河，北环卫源"，胙城"沁黄远带，淇卫交临"。①

黄河原经流延津县北，明宪宗成化十四年（1478），黄河决于县西暴村，泛溢70余里。次年，河水徙流县南，县北之流遂塞。自此，延津由黄河之南变为黄河之北。② 清雍正二年（1724）因有黄河相隔，延津由开封府改属卫辉府。雍正五年（1727）胙城县并入延津县，此后，胙城不再以县名存。

民国初废府设道，延津属豫北道。次年改为河北道，治在汲县，延津

---

① （清）乾隆《卫辉府志》卷四《形势》。

② 《延津县志》编纂委员会编：《延津县志》，生活·读书·新知三联书店1991年版，第20页。

属之。民国十六年（1927）撤道级建制，延津直属河南省。民国二十一年（1932），省划分行政区，延津属第四行政督察专员公署，治新乡，延津属之。1940 年，在延、浚、汲、淇四县结合部建立"四县边"办事处。

1949 年成立平原省，延津属平原省新乡专区。1952 年，平原省撤销，延津归新乡专署。1985 年撤地设市，延津属新乡市。

延津县历史文物研究者认为，延津历史"资料缺乏，旧志所载过于简略，且与其他文献互有矛盾，实在难以详考"①。县志印刷不精，保存不当，河南省地方志编委会认为有的县志"一误再误，面目全非，颠倒错乱，多所不经，草刻成编，文不雅驯"，② 甚至 280 余年未修志，历史上对文化建设重视不够，给当代研究者留下诸多困惑。

延津地处河南省北部，黄河由西南而东北横贯境内。明成化十五年（1479），黄河南徙，留下故道，沙丘连绵，盐碱遍地，土壤瘠薄，自然灾害连年不断，兵灾匪患接踵而至，人民生活苦不堪言。

明嘉靖《延津县志》中有县令韩贯诗一首：

> 北望沙门路，无风亦起尘。蓬首经布妇，赤脚煮盐人。
> 迎送昼兼夜，差徭旧并新。细评诸郡县，最苦是延津。

明万历《延津县志》（卷四）知县陈彝诗一首，也充分说明了这种境况：

> 一入延津访病疴，荒城虚廪蔓藤萝。
> 民贫到骨差尤重，地碱无毛赋尚多。
> 尘起沙门千百阵，树存酸枣两三柯。
> 年登每见人柽腹，纵有卓黄奈尔何。

但是，明进士刘咸《延津怀古》还是以乐观的心态面对了困难：

---

① 李贤才：《延津历史沿革浅考》，政协延津县文史资料研究委员会编：《延津文史资料》（第一辑），1987 年内部印制，第 4 页。

② 河南省地方志编委总编辑室：《河南地方志提要》（上），河南大学出版社 1990 年版，第 380—381 页。

碧潭清水漾金堤，酸枣依然满路歧。

津渡已无袁绍壁，黉官尚有蔡邕碑。

县门北顾回龙庙，驿路东经饮马池。

自古英雄争战地，于今尽属圣明时。

延津历史上有八景和十六景的记载，分述如下。

一　延津八景

明嘉靖《延津县志·景致》记载，延津八景分别为：

酸枣旧邑、饮马名池、碧潭夜色、金堤秋风、起城晓望、冢村沙迹、冰井甘泉、塔泉灵雨。

1. 酸枣旧邑

酸枣，在延津县北。春秋时期为郑国廪延邑。廪，本义米仓，此指沙土堆。因境内有虚廪堆延绵不绝而名（明嘉靖年间曾创办廪延书院）。明代李戴《石婆固东岳庙古酸枣记》："吾廪延，古酸枣邑也，以木得名，必为土之所宜，历观郊野，丛生则有之，未有成树者。惟石婆固东岳庙后遗一株（酸枣树），其大合抱，其高数丈，宛如怪石壁立……"[1] 今延津县石婆固镇有酸枣阁，内有大酸枣树一株，高数丈，其粗合抱不交，唯其死数年，但周围新植酸枣树已经果实累累。延津古时被称为酸枣县就是以此而得名。

战国时为韩所都。[2] 又属魏，为军事重镇。秦王政五年（前242年），发起"酸枣之役"，秦将蒙骜率军攻酸枣，拔酸枣及附近20余城。以境内多棘，置酸枣县。西汉文帝十二年（前168）黄河在酸枣县决口，东溃金堤。西汉武帝元狩元年（前122），酸枣县属陈留郡。东汉末年，天下贤人任旐曾任酸枣县令。

东汉献帝初平元年（190），袁绍、袁术、曹操等十几路人马齐聚酸枣，举行讨董卓大会，称"酸枣盟誓"或"酸枣会盟"，最后推举袁绍为

---

① （明）万历《延津县志》卷四《地理》。

② （明）嘉靖《延津县志·沿革》。

盟主。曹操驻军酸枣，与其他各路盟军从北、东、南三面对董卓构成夹击之势，以上几路诸侯亦因此被称为"酸枣联军"。曹操写《蒿里行》，记述了此段历史。

晋代移治所至今延津西南。南北朝后魏时期酸枣县并入小黄县。北齐酸枣县又并入南燕县。隋朝开皇六年（580）复置酸枣县，移治今延津。北宋政和七年（1117），以境内有延津渡名，改称延津县，沿袭至今。

明嘉靖《延津县志》记载，县有"酸枣山，在县西十五里，今名土山"①。

2. 饮马名池

饮马池，"在县南一里，宋康王（赵构）以亲王子为质契丹，逃归汴，神赐泥马乘之，饮马于此。东南行五里，马即滩化。今地名马滩铺"②。马滩铺位于今原阳县齐街乡。

3. 碧潭夜色

碧潭，指清水潭，明嘉靖《延津县志》记载："清水潭在县西十里，广二十亩。"③

清水潭碧波荡漾，夜色下美不胜收。

4. 金堤秋风

金堤，按《一统志》，自开封府荥阳县东至千乘海口，皆筑堤以御河患，通谓之"金堤"。今自城西北连延城南迤东堤防，即金堤也。④

秋风阵阵，天高气爽，站在黄河大堤上举目四望，近旁柳绿草茵，远处漫野金黄，田间人声镰声，奏出和谐的乐章，此情此景，在眼前呈现一幅优美的图画。

5. 起城晓望

起城，指吴起城，在今延津县榆林乡沙门村东北，此处是战国时期著名军事家吴起扼守黄河渡口的屯兵处。

明嘉靖《延津县志》记载："吴起城，今沙门镇即其地也。东西南北

---

① （明）嘉靖《延津县志·山川》。

② （明）嘉靖《延津县志·山川》。清康熙《开封府志》卷十六《古迹》记载作"饮马滩"。

③ （明）嘉靖《延津县志·山川》。

④ （明）嘉靖《延津县志·形势》。

广袤六七里，北有门二座，东西门各一，南镇黄河，无门。西关一井尚存，以一石盖之，其水不可食。其城如鹅形，谓之鹅城；其井如眼，谓之鹅眼。其地多石，自汉唐以来，居民取用其石不尽。每遇晓雾浮生，远视之晃如城垛，楼橹之状。"①

"沙门城址"是吴起城的另外一种称呼，有诗句："北望沙门路，无风亦起尘"，沙门村是黄河古渡口所在地。

6. 髹村沙迹

髹村位于延津县西南新安乡。夏代，延津是夏族活动的区域，髹村即因夏代寒浞（相传有穷之国后羿善射，夺夏帝之王位，共相寒浞杀羿，代立为王，袭有穷之国号）之子名髹，力大无比，凭力沙地行舟于此而得名。"髹荡舟"即指此而言。②

明嘉靖《延津县志》记载："髹村堤，县西昔夏髹行舟于此沙中。"③

7. 冰井甘泉

明嘉靖《延津县志》记载："冰井，在县西南二十里。昔韩襄王藏冰之所，今呼甜水井。"④

甘泉在延津城东五里，有一个村庄叫甘泉。明世宗嘉靖三十三年（1554），村里有一眼清澈透底的方井透泉。据传，水桶掉入井内，得到百米开外的深潭里去打捞，后来人们就用竹篦子罩在泉眼上，水桶再也不往泉眼里掉了，全村人吃水都来这儿挑，此泉不光甘甜，且清心明目，去火化痰。⑤

8. 塔泉灵雨

塔，指广唐寺白马塔，数十人登之可以望远。明嘉靖《延津县志》记载：白马塔"其下有泉眼，人不敢废，遇旱祷雨即应"⑥。

---

① （明）嘉靖《延津县志·古迹》。

② 李贤才：《延津历史沿革浅考》，政协延津县文史资料研究委员会编：《延津文史资料》（第一辑），1987 年内部印制，第 4—5 页。

③ （明）嘉靖《延津县志·形势》。

④ （明）嘉靖《延津县志·古迹》。

⑤ 张法祥主编：《新乡地名故事·延津县卷》，2011 年内部印制，第 54 页。

⑥ （明）嘉靖《延津县志·古迹》。

二　延津十六景

明朝李戴纂、刘元会修明万历二十六年（1598）《延津县志》卷四记载了十六景及郁华、越应扬作的十六景诗。李戴，字仁夫，本邑人，隆庆进士。刘元会，瀛海（今河北省河间县）人，延津知县。

1. 廪延旧堆

平王东迁，史称东周。东周前期即公元前 770 年至公元前 476 年，史称春秋时期（说法不一）。这一时期，西周分封的诸侯国日益强大，出现了诸侯林立，大国称霸的局面。当时延津为廪延邑。清康熙《河南府志》："廪延在延津县北。"① 《左传》：鲁隐公元年（前 722），郑共叔段初 "命西鄙北鄙贰于己"，后 "又收贰以为己邑，至于廪延"，即此。为郑、卫两属之地（南部属郑、北部属卫）。

廪延邑，以境内有虚廪堆延绵不断而得名，春秋时属郑地。《左传》里开篇有名的文章《郑伯克段于鄢》，主要讲述鲁隐公元年（前 722）郑庄公同其胞弟共叔段之间为了夺国君君权位而进行的一场殊死搏斗，里边就提到廪延。"多行不义必自毙""黄泉相见""掘地见母"等成语和典故，大家耳熟能详。

沙门四垒拥香台，二鄙曾收左传来。

见说廪延延且久，谁怜元廪旧虚堆。

2. 潭水双清

延津县城关镇有大潭村和小潭村。据传，北宋时因黄河决口后，留下个大、小水潭，村以潭名。②

潭水，指清水潭，明嘉靖《延津县志》记载："清水潭在县西十里，广二十亩。"③

---

① （清）康熙《开封府志》卷十六《古迹》。

② 新乡市地名办公室编：《河南省新乡市地名志》，陕西人民出版社 1990 年版，第 136—137 页。

③ （明）嘉靖《延津县志·山川》。

飞沙渺漠逐荒烟，动地风声车马阗。

民瘼益深思化日，潭潭拭目望青天。

3. 广塘古塔

广塘指延津县西北石婆固乡塔铺村广塘寺，古塔指寺内白马塔。广塘寺始建于南北朝时期南朝梁武帝天监丁酉年（517），比大觉寺早建225年。据当地群众传说，该塔修至八层，因水患停工，塔顶至今未封。

近年来，塔铺及广塘寺、白马塔因延津籍著名作家刘震云的小说《塔铺》而颇负盛名。

灵鹫莲峰出化城，法云空寂念无生。

慈航肯度诸方便，一拯民穷即大乘。

4. 酸枣遗踪

战国时期，七国称雄，连年战争。公元前375年，韩灭郑都酸枣。《元和郡县志》："酸枣故城，六国时韩王所理处，旧址犹存。"《水经注》："濮水又经酸枣县故城南，韩国矣。""酸枣寺门外，夹道左右，有两故台，访之当地故老云：韩王听讼观台，高十五级，虽楼榭泯灭，然广基似于山岳。""城北韩之市地也，聂政为濮阳严仲子报仇，刺韩相侠累，遂破面而死，其姊哭之于此。"

《大平寰宇记》："冰井在酸枣县西北二十里，为韩王藏冰之所。聂政冢在（酸枣县）西北二十里，有祠存。"然新郑县亦为韩国都城，有韩宫。或云聂政刺韩相侠累亦不在延津地，有待进一步考证。公元前369年，韩、赵、魏三家分晋，延津、胙城划属魏。秦王政五年（前242）秦将蒙骜攻魏，定酸枣、燕、虚等20城，置东郡，延津、胙城尽属秦地。

秦统一中国，分全国为36郡，后增至40郡，郡下设县。当时以延津境内多棘，初置酸枣县。《水经注》："昔天子建都名邦，或以合名，或以山林，故豫章以树氏郡，酸枣以棘名邦，故曰酸枣。"酸枣以县名自此始，若以地名则在此之前，鲁襄公三十年（前543），"郑游吉奔晋，驷马追之，及于酸枣"。魏文侯三十二年（前414），"魏伐郑，城酸枣"。由此可以看出，在置酸枣县以前 301 年，酸枣作为地名就存在了。①

关于酸枣阁：在县北 10 公里，石婆固之东原东岳庙之西，有大酸枣树一株，高数丈，其粗合抱不交。据传是唐朝尉迟敬德奉命监造东岳庙工程，曾系马挂策（鞭）其上。后人便把这棵千年古树作为古迹保留下来。至明代东岳庙倒塌，大树枯死，而根侧却另发新株，后人修围墙以护之，继而新株亦死。之后为保护树干，建方形阁楼即酸枣阁，上刻"挂鞭处"三字，立石镌明代史部尚书、延津人李戴所撰《古酸枣记》。酸枣树干位于阁之正中，宛如怪石壁立。

延津古代盛产酸枣，故此为邑名。唯独酸枣阁这里的酸枣树高参天，非常奇异。清余心孺曾撰《酸枣树赋》，康熙《延津县志》和乾隆《卫辉府志》收录。

> 由来斯枣名斯邑，特地参天独尔奇。
> 一自司空垂笔后，孤标千载茂声施。

5. 卓木高台

嘉靖《延津县志》记载："卓木台，二处。一在县东僧固。一在塔儿铺。永乐八年兴城伯赵彝督运皇木，彝筑高台，每隆寒竖木，便于人力。"②

> 帝室营营取殿林，兴城曾此便民来。
> 而今国柱方隆吉，旋斡无劳卓木台。

6. 韩国冰井

康熙《开封府志》记载："冰井，在延津县西南二十里。世传韩襄王藏冰之处。"③ 今有甜水井村，位于延津县小潭乡中部。全村共有 280 人，400 多亩耕地。该村是全乡有名的"温棚种植专业村"，实现了科学种植，同时该村还是有名的优质小麦种子繁育专业村。

---

① 李贤才：《延津历史沿革浅考》，政协延津县文史资料研究委员会编：《延津文史资料》（第一辑），1987 年内部印制，第 7—9 页。

② （明）嘉靖《延津县志·古迹》。

③ （清）康熙《开封府志》卷十六《古迹》。

　　韩襄王（？—前296），姬姓，韩氏，名仓，战国时期韩国君主。韩襄王时期的韩国在今天的河南一带，有地方文史研究者认为就在酸枣（今延津）。韩襄王实行政治改革，推行申不害提倡的中央集权君主专制体制，主张以"术"治国。申不害所讲的"术"，主要是指国君任用、监督和考核臣下的方法。"术者，因任而授官，循名而责实，操杀生之柄，课君臣之能者也。"（《韩非子·定法》）另外，延津还有韩王相建的韩宫。

　　　　饮水思源歌帝力，冰壶玉鉴碧潾潾。

　　　　不缘深有甘棠泽，那得延津万井春。

　　7. 中郎真迹

　　中郎指东汉时期名臣、文学家、书法家蔡邕。蔡邕（133—192），字伯喈，陈留郡圉县（今河南杞县南）人，才女蔡文姬之父，世称"蔡中郎"。

　　中郎真迹又称"蔡邕断碑"。蔡邕断碑"在延津县，邕尝为酸枣令刘熊撰去思碑"①，"去思碑"亦称"德政碑"，碑志之一种。旧时官吏离任时，地方士绅颂扬其"德政"，著文勒碑，表示去后留思之意。此碑是蔡邕为汉代酸枣令刘熊撰写的碑文。刘熊，字孟阳，广陵海西人。元代诗人王评曾为此碑题诗云：

　　　　苍苔满字土埋龟，风雨消磨绝妙词。

　　　　不向图经中旧见，无人识是蔡邕碑。②

　　此碑后来断裂残缺，今余者为碑之下截，呈不规则的方形。该碑碑文中说当时的酸枣县令刘熊系"广陵海西人"，乃"汉之宗室"，称道他执政时"勤恤民隐，恩威并行"，使酸枣百姓"富者不独逸乐，贫者得顺四时"。因此，全县吏民对他"爱若慈父，畏若神明"，这里虽多溢美之词，

---

　　① （清）康熙《开封府志》卷十六《古迹》。

　　② （明）万历《延津县志》卷四《诗》；杨镰主编：《全元诗》第68册，中华书局2013年版，第239页。王评，生平不详。

但在一定程度上反映了当时本县的社会吏治和民情。①

> 人向残碑重蔡邕，我从贤令重刘熊。
>
> 文章政事真双绝，千古流芳爱慕同。

明嘉靖《延津县志》记载："蔡邕碑，邕，尉氏人，事灵帝正五经文字，署祭酒，补御史，转中郎，迁尚书，为汉酸枣令刘熊隶撰绝妙。惜碑文破碎，仅存其半于学。"②

8. 吴起鹅城

吴起，战国时卫国人。爱好用兵之道，曾在曾参门下学习。吴起在鲁国谋事，帮助鲁国打败了齐国。后投奔魏国，魏文侯任吴起为将，攻打秦国，占领了秦国的五座城池。后命他镇守西河，使秦国不敢向东扩张，韩国和赵国都服从魏国。因吴起爱好名声，权位思想重，得罪了魏相公叔，遭其暗算。吴起害怕获罪，便辞别魏武侯，到了楚国。楚悼王任吴起为相国。他申明法令，去掉冗官，废除特权，注重强兵。向南平定百越；向北兼并陈、蔡两国，击退三晋的进攻；向西攻伐秦国。诸侯之国害怕楚国强大，原先楚国的贵族都想谋害吴起。等到楚悼王一死，吴起也被旧贵族乱箭射死。

吴起城位于黄河故道即今河南省延津县榆林乡沙门村与胙城乡十八里庄之间，是战国时期著名军事家吴起扼守黄河渡口的屯兵处。吴起城南北长约 3000 米，东西宽约 800 米。整个地形南窄北宽，城似鹅形，所以也叫"鹅城"。

> 戎马遗踪旧筑沙，太平犬不吠村家。
>
> 沧桑几变成今古，俯仰中原重感嗟。

9. 斗北尊经

斗北，亦北斗也。在中国文化中，对包括北斗七星在内的星辰的崇拜信仰由来已久。历代学子崇拜的魁星，即北斗七星的第一星（或前四

---

① 《延津县志》编纂委员会编：《延津县志》，生活·读书·新知三联书店 1991 年版，第578 页。

② （明）嘉靖《延津县志·古迹》。

星），有说魁星即文曲星，但文曲星和魁星同在北斗前四星中是无疑的。

尊经，为学宫尊经阁。李戴在《鼎建儒学尊经阁记》中，记述了尊经阁的建立过程。他说："禀延故中州文献地，其学宫文风自昔称盛"。万历改元后，在学宫明伦堂后建尊经阁，"气象弘丽，规模显敞，视昔焕然改观"，"应彼文星，落笔生彩，吐词为经，科第勋名，今古为烈于万斯年，地灵人杰"。①

> 紫虚华盖奕重重，万卷琅函瑞霭浓。
> 岂谓地灵开殿阁，远期人杰接夔龙。

10. 震东孕秀

此典故指"天官"李戴。李戴（1537—1607），字仁夫，号对泉，延津东街人。隆庆二年（1568）进士。历任官职为兴化知县、给事中、陕西参政、山东巡抚、刑部侍郎、户部尚书、工部尚书、吏部尚书。

震，雷声震动。据传李戴出生时李家红光满院，附近甘泉水如串串珍珠一直往外冒水。李戴，字仁夫，号对泉，名字就是由此泉而起。东，方向东面，延津东街。秀，特别优异的，亦指特别优异的人。震东孕秀，就是当时其母孕育并生育秀异的李戴，在延津东街引起轰动。②

李戴任山东巡抚时，山东恰逢大旱，李戴力请免除租税，赈济饥民，先后上疏12次，最终得到当时的皇帝允许。明万历间任山东直指（朝廷直接派往地方处理问题的官员）的毛在于所著《对泉说》一文对李戴在鲁所施惠政有较为详尽的记述，他说："凡可以去民疾苦而休养生息之者，无所不用其极。即数月之间，公之德泽，惠此六郡生灵者，渊深汪濊，岂直斯泉云乎哉。所谓寒泉之食，公信足以当之。"《初至遇旱躬赴泰山祈祷》为李戴初来山东亲赴泰山祈祷所作的诗，可以体味到他期盼国泰民安的心境，该诗云："忧民无计意悬悬，为叩山灵陆岳巅。风送雷声摇栋宇，云蒸雨色满山川。纷纷万壑垂飞练，隐隐千峰锁翠姻。安得甘霖徧九有，农家到处庆丰年。"李戴是一位关注平民疾苦，颇有惠政的

---

① （明）万历《延津县志》卷四《艺文》。
② 《甘泉和天官李戴》，张法祥编著：《延津乡村记忆》，团结出版社2016年版，第80—81页。

官吏。

李戴任职吏部六年，谨守新令，惠政爱民，引之以宽，豁达大度，时称是一位"弘仁化育"的"温然长者"。

禄嗣双星照梓台，弘仁化育向阳开。

熊罴梦叶奇男子，元是麒麟天赐来。

熊罴，猛兽。叶，通"协"。叶梦，符合梦中所见。祝贺人生子。《诗经·小雅·斯干》："维熊维罴，男子之祥。"

关于天官，唐武后光宅元年改吏部为"天官"，旋复旧，因此后世亦称吏部为天官。吏部尚书称为吏部天官，但其他部的尚书，如刑部尚书称为天官也是可以的。天官是一种官名。《周礼》中记载："廷分设六官，以天官冢宰居首，总御百官。"意思是朝廷分为六部，以天官为首，统领百官。

李戴死后，皇帝赐予"忠肃公"称号，被追赠为"少保"。葬于延津城东关的"天官坟"，占地百亩。①

11. 妙高楼阁

妙高楼阁指延津大觉寺白衣观音阁。李戴《鼎建大觉寺白衣观音阁记》中记载："吾延城中有大觉寺，古刹胜概也。居邑之西北隅，人皆曰西北乾方，一邑之寿山也，其形势宜高，谋建楼阁于寺后，塑白衣大士像。""越三载厥工告成，予往观之，登楼礼大士，凭槛眺望，一邑宇舍尽在目中，因叹曰：'危哉阁乎，居然大观也'。"此阁的创建，可以"壮一邑之形胜"。②

开士祇林无着阁，昙云花雨漫香莎。

未须金布八十顷，一卷白衣如意多。

大士，佛教对菩萨的通称或特指观世音菩萨。唐代湛然《法华文句记》卷二："大士者，《大论》称菩萨为大士，亦曰开士。"

---

① 姬光环：《"天官"李戴》，《新乡日报》2015 年 11 月 20 日第 5 版。

② （明）万历《延津县志》卷四《艺文》。

祇林即祇园，"祇树给孤独园"的简称。梵文的意译。著名佛教圣地，亦称胜林给孤独园、祇桓精舍、祇洹精舍、祇园精舍等，位于古印度憍萨罗国（亦作拘萨罗）王都舍卫城。佛世尊在此居住约25年，宣讲了许多著名的经典，如《楞严经》《金刚经》等。据《大唐西域记》，玄奘法师赴天竺取经来此时，精舍已然湮毁，"都城荒颓""伽蓝数百，圮坏良多"。

12. 万寿浮屠

万寿是指万寿塔，万寿塔位于河南省延津县城北街的大觉寺（古亦称"大乘寺"）内，高耸着一座六角七层的古塔，这就是万寿塔。浮屠即佛塔，也作"佛图""浮图"。

据延津县志记载，万寿塔始建于唐天宝年间，毁于明嘉靖二十八年（1549），又二年，知县李元春劝令士民重修，修了两层因财力不足而停工。隆庆三年（1569），知县陈彝募捐续修，又未完成。至万历十一年（1583），知县郝亦立再次施材续建，因郝奔丧，又未完成。直至万历十三年（1585），才有知县张光宇捐俸银命匠合顶，并铸千余斤重的铜宝瓶（塔葫芦）置于塔顶，至此才算竣工。重修该塔自破土到完成，共经历了3代皇帝、15任知县，历时36年。现为省级文物保护单位。

突兀浮图百尺梯，□凭井邑叹遗黎。
中天万寿如清问，好仗慈恩为品题。

在延津县大觉寺内有一通长明灯记碑，系元延祐七年（1320）雕制，由元代国史编修官揭傒斯撰文，大书法家赵孟頫书丹。长明灯，又名"续明灯"，或"无尽灯"，即佛前日夜常明的灯。

长明灯记碑主要介绍泰安王子野仙帖穆尔"割田千五百亩，入汴梁延津上乘寺，为长明灯资"之事。作者揭傒斯深谙野仙帖穆尔的想法，把捐"长明灯资"与忠君报国及"欲世世子孙竭忠本朝，达天子之明于天下，如膏火之继日月而无穷"联系起来，升华了野仙帖穆尔的思想境界，剖析了他礼佛中的治家之风及政治意图。

13. 巽地奎楼

巽地，东南方位。奎楼位于县城东南方向。

魁星，通"奎星"，也是中国古代星宿名称，是中国古代神话中所说的主宰文章兴衰的神，在儒士学子心目中，魁星具有至高无上的地位。中国很多地方都建有祭祀魁星的魁星楼，香火鼎盛。

魁星楼，又名"魁星阁""奎星阁"或"文星阁"，是为儒士学子心目中主宰文章兴衰的神魁星而建的。在中国很多地方都建有"魁星楼"或"魁星阁"，其正殿塑着魁星造像。魁星面目狰狞，金身青面，赤发环眼，头上还有两只角，整个仿佛是鬼的造型。

> 东南秀气萃城隈，楼阁重重百尺台。
>
> 地灵应见奎星聚，一方文运自今开。

魁星具有至高无上的地位。这魁星右手握一管大毛笔，称朱笔，意为用笔点定中试人的姓名，左手持一只墨斗，右脚金鸡独立，脚下踩着海中的一条大鳌鱼（一种大龟）的头部，意为"独占鳌头"，左脚摆出扬起后踢的样子以求在造型上呼应"魁"字右下的一笔大弯勾，脚上是北斗七星，见图如见字。古时候，各地都有魁星楼，读书人在魁星楼拜魁星，祈求在科举中榜上有名。魁星楼具有浓厚的中华民族风格和地方文化特色，是灿烂的中国文化遗产的一部分。

14. 濂洛高风

濂洛，濂指周敦颐；洛指程颐、程颢兄弟。濂洛对延津儒学学校、书院影响很大。

周敦颐（1017—1073），又名周元皓，原名周敦实，字茂叔，谥号元公，道州营道楼田保（今湖南省道县）人，世称濂溪先生。是北宋五子之一，宋朝儒家理学思想的开山鼻祖，文学家、哲学家。著有《周元公集》《爱莲说》《太极图说》《通书》（后人整编进《周元公集》）。周敦颐所提出的无极、太极、阴阳、五行、动静、主静、至诚、无欲、顺化等理学基本概念，为后世的理学家反复讨论和发挥，构成理学范畴体系中的重要内容。

二程，即程颢和程颐兄弟，河南洛阳人，他们的学说也被称为"洛学"，与同时代的张载所创的"关学"颇有渊源，二者理学思想对后世有较大影响，南宋朱熹正是继承和发展了他们的学说。他们的理学思想主要见于《遗书》《文集》和《经说》等，均收入《二程集》中，中华书局1981年出版该书校点本。

程颢字伯淳，又称明道先生。程颐字正叔，又称伊川先生，曾任国子监教授和崇政殿说书等职。二人都曾就学于周敦颐，并同为宋明理学的奠基者，世称二程。死后葬于洛阳伊川二程墓。

> 爱莲池畔翠微台，花外巾车司马来。
>
> 不蔓不枝香益远，图书堆里日悠哉。

据说，爱莲池在全国有好几处，对原址在什么地方，《爱莲说》在何地所写，颇有争议。其实，就算此池非彼池，又有什么关系，后人敬重的不就是你那池中莲荷之风骨，周公爱莲之情怀吗？

翠微，植物名，兰花的一个品种。另外，山色青翠缥缈称为翠微，也可指青翠掩映，代指青山，或形容山光水色的青绿缥缈。还是寺院名称。《旧唐书·太宗本纪》："夏四月乙丑，营太和宫于终南之上，改为翠微宫。"后废为寺。《南部新书》载：终南翠微寺。李白《答长安崔少府叔封游终南翠微寺太宗皇帝金沙泉见寄》："初登翠微岭，复憩金沙泉。"杜甫《重过何氏》"云薄翠微寺，天清皇子陂"。刘禹锡有《翠微寺有感》诗。

巾车，最早是古代一种官名；刘秀与冯异君臣相遇，使得巾车作为地名，广为人知。巾车也有表示整车出行、郑重其事的意思。后来巾车也指有帷幕的车子，成为一种车种名称。

15. 莲塘艺苑

莲塘指莲塘书院。清康熙《延津县志》收录有明代邑人吏部尚书李戴撰写的《重修莲塘书院记》："邑庠东北隅，一塘方广益亩，所从来远矣。匾其门曰'寻乐处'，因题心田会所为'莲塘书院'，每文会暇，群少长十余辈息焉、游焉，觞于斯，咏于斯，饭且茹于斯，春风沂水之乐，不啻过也。未几，成进士者二人，予幸厕焉，恩而选，暨岁登荐者四。吾延每奇斯，会必归之地。灵诚一时胜概也。"

后年久失修，李戴回乡筹资重修，"因请得其地，而复之浚塘。酌水仍植以莲，诛茆（同'茅'）为亭，列柏为垣，左贮图书，以应东壁。虽草创未完，已浸浸然还旧观矣"。"是以知人因地杰，地因人灵。盖交相为重也。仁山公有灵，亦必含笑九原矣。"莲塘清澈且涟漪，植之芙蕖

（莲花、荷花），根谢泥缁，外直中通，浚彼心源，无愧君子。①

李戴在《重修莲塘书院记》一文中，缅怀昔日书院的创建者又是舅氏的仁山高公，并携旧友重游书院，追忆命名莲塘书院的由来，以及和同学们在书院学习、休息、玩耍的情景，以及后来重修、植莲的过程，以莲喻人，高尚其志。

> 尽道仁山士品高，莲塘丽泽萃人豪。
> 亭亭君子英标在，继武联芳属誉髦。

莲塘书院出了李戴、刘致中两位同科进士。

英标，指贤能而有风采的人。宋范仲淹《依韵酬邠州通判王稷太傅》："南幽日日接英标，公外追随岂待招。"誉髦（yù máo），《诗·大雅·思齐》："古之人无斁，誉髦斯士。"誉髦斯士，"谓选拔英杰之士"。

16. 月亭鹤洞

鹤洞，修道者所居的洞穴。月亭鹤洞指延津一处道观。

> 天曹清白自源头，水月亭连光霁楼。
> 云洞有时翻雪羽，玉人无日不金瓯。

天曹，道家所称天上的官署。指仙官。金瓯，金的盆、盂之属；比喻疆土之完固，亦用以指国土；酒杯的美称。元本高明《琵琶记·蔡宅祝寿》："春花明彩袖，春酒泛金瓯。"明沉采《千金记·夜宴》："碧月照金瓯，银河灿珠斗。"玉人，比喻资质聪慧，神采俊秀的人。《晋书·裴秀传》："楷风神高迈，容仪俊爽，博涉群书，特精理义，时人谓之玉人。"

---

① （明）李戴：《重修莲塘书院记》，（清）康熙《延津县志》卷九《记》。

后 记

　　新乡亦称牧野，古鄘地，"地颇膏腴"，"地接太行王屋，苏门百泉诸名胜咸在襟带间，卫水绕北郭，潆回而东，灵秀所钟"；"人民风俗，勤播种而尚孝悌"，向为"河朔名区""河朔要区"。①

　　文献中记载新乡形胜之处甚多。新乡是牧野大战古战场，"殷商之旅，其会如林，誓于牧野"，"牧野洋洋，檀车煌煌，驷騵彭彭，维师尚父，时维鹰扬"，"勖哉夫子！尚桓桓，如虎如貔，如熊如罴"，《诗经·大明》和《尚书·牧誓》给我们展现了一幅激烈的战争场面。《史记·吴起列传》载：新乡"左孟门，右太行，大河经其南，常山在其北"。《宋史·地理志》："朝贡联络，舟车交集。"《文献通考》："左右山河，古称重镇。"《元志》："峰麓奇峻，地当总要，泉甘水温。"《元萧璘碑记》："新中之乡，即属卫邑也。北太行而南洪河，西百泉而东淇澳，坟衍广陆，皋隰沃流，实东州之丽邑也"。元王恽："北通燕赵，南走京洛，河山之间一都会也"。"太行东麓，浸以清泉，桑土衍沃，民俗殷阜"。"路通八省，星轺络绎"。《河南通志》："面黄河之流，博五陵之险。"②

　　明代刘咸《新乡道中》诗一首：

> 西望新乡见五陵，山形迢递镇临清。
>
> 络丝潭碧晓涛净，渡柳人闲春草生。
>
> 裴令发奸牛狱决，邵公病涉石桥横。
>
> 因寻古迹慰行役，重上汉家冯石城。③

---

① （清）乾隆《新乡县志·旧序》。
② （清）乾隆《新乡县志》卷八《形胜》。
③ （清）乾隆《新乡县志》卷八《形胜》。

明代褚其高《新乡境赋》赞新乡：

　　畿南首藩，河朔要地；八省极冲，一方重寄。孤城突突，如冈如陵；千村落落，如仰如企。区傍大渎之滨，邑入中州之治。东眺济水，南带浊河；北襟孟行之翠，西环沁水之波……①

清康熙《新乡县续志序》云：

　　新，古故朝歌地也。周兴，分北为邶，南为鄘，而新属于鄘。自汉以后属河内郡，迨隋析置新乡，盖取诸作新之义云尔。其地孟门列其左，太行峙其右，南望大河，美哉洋洋；西控上党，雄城百雉，斯列一郡之形势，而新与同其胜者也。②

　　从历代志书记载中可以看出，新乡山川秀丽、人物淳美、土产饶裕、贤达俊逸。历代府志县志中图考、沿革、疆域、城池（或城堡）、地理、山川、名胜（或形胜、景致）、古迹（或名迹）、关津（或关梁）、驿传、碑刻（或金石）、学校、祠祀、塚墓等，对本地的胜景都有相当的篇幅描述，艺文志里也有很多游记、诗赋热情赞颂，基本上各县县志里都有本地的"八景"或更多的景致描述，如延津除八景外，还有"十六景"。

　　然而对于具有如此深厚历史底蕴的新乡，笔者对新乡的认识却仍旧停留在浅层，因为各种原因，好像没有深层次地走进牧野大地。在本书撰写过程中，笔者考文征献，深入挖掘历代府志县志资料，力求书写具有历史纵深感，每一景致讲究出处，有根有据，具有和一般通俗性作品不一样的风格。在平时，或空闲，或周末，或节假日，博采群说，捃摭佚文，旁搜故简，残碑断碣亦罔不访求，足踏大街与小巷、通衢与僻壤，追本求源，不放一点马迹蛛丝，常纠世之所见图书之讹；每每沉浸于牧誓汲冢、黄沁卫丹、柏舟鄘风之中，草蛇灰线，雪泥鸿爪，无数次埋首三坟五典八索九丘至晨曦。因此，也想让更多的读者从更广阔的角度认识新乡，了解新乡，热爱新乡。

---

① （清）乾隆《新乡县志》卷八《形胜》。
② （清）乾隆《新乡县志·旧序》。

　　"名胜"，《汉典》解释为著名的古迹或风景优美的地方。百度百科解释为指具有观赏、文化或科学价值的山河、湖海、地貌、森林、动植物、化石、特殊地质、天文气象等自然景物和文物古迹，革命纪念地、历史遗址、园林、建筑、工程设施等人文景物以及它们所处的环境，风土人情等。"风景名胜"是指资源集中、自然环境优美、具有一定规模和游览条件，经县级以上人民政府审定命名、划定范围，供人们游览、观赏、休息和进行科学文化活动的地域。"古迹名胜"（文物保护单位）是先民在历史、文化、建筑、艺术上的具体遗产或遗址，包含古建筑物、传统聚落、古市街，考古遗址及其他历史文化遗迹，涵盖政治、军事、宗教、祭祀、居住、生活、娱乐、劳动、社会、经济、教育等多方面领域，弥补文字、历史等纪录之不足。显然，名胜既包括人文景观，也包括自然景观。

　　本书专门介绍新乡现行政区域内的名胜，以秀美山川、寺庙道观、塔阁路桥、祠堂故里、考古探秘、碑铭碑刻、文博馆堂、公园湖泊、陵墓坟茔、八景荟萃十个方面为切入点，对新乡地区的名胜娓娓道来，以期为广大读者尽可能地全面深入介绍新乡名胜的历史及现状，力图展现一个底蕴丰厚、多姿多彩的新乡。如"八景荟萃"一章的撰写，以前研究著述无人涉及，笔者筚路蓝缕，用力甚多，将本地八景资料集大成于一章，不耻下问数次请教各县耆老解读有关典故，实为本书之创新之处。获嘉"同盟古镇袁家村"为新建景点，富有特色，深受游客欢迎，笔者及时参观学习并联系古镇文案人员，专门作为一节进行撰写，以飨读友。

　　山不在高，水不在深。清乾隆《新乡县志》云："胜之有形者在地理，胜之无形者在人心，故制胜以人不以地。""新乡以太行为屏障，而三岗五陵陂陀崒崔，黄河故道形迹宛然，四达之区，中州一大都会也。揽胜椠于天成，而以无形者制有形，得人得地不徒一邑之苞桑巩固矣。"①古人心胸好开阔！所谓胸中有丘壑，眼里存山河；心中有丘壑，眉目作山河也。所谓风景，不只是奇山异水、鸟语花香，它是流动的。心中有风景，处处是风景；心中有风景，处处有花香；心有桃花源，处处皆风景。

　　从计划开始写作《牧野名胜》至今，历时四年。在本书的撰写过程中，得到了新乡学院和历史与社会发展学院领导的大力支持，学校党委副

---

① （清）乾隆《新乡县志》卷八《形胜》。

书记杨士斌教授鼓励有加，李景旺院长数次召开编撰会讨论写作提纲，不断理清写作思路。各县区领导和史志工作者提供了无私的帮助，如封丘县李晖同志和作家孙兴，新乡县文广旅游局局长郭玉常，辉县共城文化研究会名誉会长张天利，辉县作协郭兰玉，原阳县文联主席赵光岭和蔺瑞卿、李婵、张帆，长垣政协书画院秘书长李建新和马振川，延津县委宣传部刘承英，延津作协副主席张法祥，延津姓氏文化研究会会长李平川，新乡职业技术学院霍德柱，河南师范大学历史学院王仁磊，郑州师范学院杜学霞，河南省社科院张佐良，新乡市文物考古所傅山泉、李慧萍，新乡平原博物院银延林、吕名军等。我的研究生王园园、周建国、田耀桢和常芳彬、郭冬霞等帮助查找整理了部分资料。

在撰写过程中，参考了部分专家学者新的研究成果，一些游人的博客和个人公众号也让我印象深刻，对所用资料有的明确进行了标注，有的因本书体例所限没有注明出处，敬请谅解。在此，对帮助支持本书写作的领导和同志们表示衷心感谢。因篇幅所限，新乡境内名胜未能全部收入，有遗珠之憾。书中缺点错误难免，请专家学者和读者朋友不吝指教，以便进一步修订完善。

作　者

2020 年 9 月 9 日